문예신서
250

검은 태양

우울증과 멜랑콜리

줄리아 크리스테바

김인환 옮김

東 文 選

검은 태양

Julia Kristeva

SOLEIL NOIR
Dépression et mélancolie

차 례

"오, 내 영혼이여, 무엇 때문에 이렇게 서글픈가?
그리고 어째서 나를 혼란에 빠뜨리는가?"
다윗의 〈시편〉, **XLII**, 6-12.

"인간이 위대한 것은 그 자신이 비참하다는 것을
알고 있기 때문이다."
파스칼, 《팡세》(165)

"우리가 삶을 통하여 찾고 있는 것은 오직 그것,
죽기 이전에 우리 자신이 될 수 있게 해주는
가장 큰 슬픔인지도 모른다."
셀린, 《밤의 끝으로의 여행》

1

우울증 다스리기: 정신분석

멜랑콜리라는 우울증에 대한 글쓰기가 우울증으로 극심한 고통을 받고 있는 사람들에게 의미를 갖게 되는 것은, 단지 그 글이 우울증에서 비롯된 글이기 때문일 것이다. 이 책이 여러분에게 하고자 하는 이야기는 슬픔의 심연에 대해서이고, 가끔 그리고 자주 우리의 마음을 지속적으로 송두리째 빼앗고, 말을 하거나 행동을 할 기력마저도, 살고 싶은 의욕마저도 잃어버리게 만드는 의사소통 불능의 고통에 대해서이다. 이러한 절망은, 물론 부정적이지만, 존재하는 욕망과 창조해 낼 능력이 나에게 있다는 것을 상정하는 혐오감이 아니다. 우울증 상태에서 나의 존재가 동요할 태세가 되어 있을 때, 내 존재의 무의미는 비극적이지 않다. 그것은 분명하고 확실하며, 피할 수 없는 것으로 보이기 때문이다.

이 검은 태양은 어디에서 오는 것일까? 어떤 실성한 은하수에서 생긴 그 보이지 않는 무거운 빛이 나를 땅 위에, 침대에, 침묵과 자포자기 상태에 못박아 놓는 것일까?

방금 내가 입은 상처, 그 어떤 감정적인 혹은 직업적인 실패, 내 가까운 사람들과의 관계에 영향을 미치는 그러한 고통 내지 상의 슬픔은 쉽사리 드러날 수 있는 나의 절망의 시동 장치이다. 배반, 불치병, 정상인들이 속해 있는 징상이라고 여겨시는 범주에서 별안간 나를 끌어내려 왕따시키거나, 아니면 내가 사랑하는 사람을 그와 똑같은 과격한 영향력으로 덮치는 어떤 사고나 심신 장애, 또는 내가 알지 못하는 끔찍한 일들……. 이처럼 하루하루 우리를 괴롭히는 불행들의 목록은 끝이 없다. 이 모든 것이 갑자기 나에게 또 다른 삶을 안겨 준다. 그것은 매일처럼 고통과 삼켜 버리거나 쏟아내는 눈물로 가득 찬 삶이고, 함께 나눌 사람도 없는, 가끔은 불타오르기도 하지만, 가끔은 색깔도 없이 텅 빈 절망에 짓눌려 도저히 살아갈 수 없는 삶이다. 한마디로 생기를 잃은 삶, 살기 위해서 내가 하는 노력에 의해 가끔은 열광적이기도 하지만, 이 삶은 매순간 죽음을 향해 기울어지게 되어 있다. 복수로서의 죽음 혹은 해방으로서의 죽음은 이제 짓눌린 나의 절망 상태의 내면적인 문턱이고, 재난에 맞서기 위해 나 스스로를 동원시키는 순간들을 제외하고는 참을 수 없는 순간순간마다 무거운 짐으로 느껴지는 이 삶의 불가능한 의미이다. 나는 살아 있는 죽음을 살고, 절단되고 피 흘리는 시체가 된 육신을 살고, 느려지거나 중단된 리듬을, 고통 속에 소멸된, 지워졌거나 부풀려 과장된 시간을 살아가고 있다. 타인들의 의미 속에는 부재하고, 괴이하며, 순진한 행복에 우연적인 나는 그러한 나의 의기소침에서 지고한 형이상학적인 명철성을 얻어낸다. 삶과 죽음의 경계에서 나는 가끔 '존재'의 무의미의 증인이 되고, 인간 관계와 존재들의 부조리를 드러낸다는 자부심을 갖는다.

나의 고통은 말이 없는 그 자매인 나의 철학의 숨겨진 얼굴이다. 동시에 "철학한다는 것은 죽는 것을 배우는 일이다"라고 한 몽테뉴의 말은 고통이나 증오의 우울한 수용 없이는 이해될 수 없다.——그것은 하이데거의 불안과 우리의 '죽음을 위한 존재(être-pour-la-mort)'의 드러내기에서 절정을 이룰 것이다. 멜랑콜리로 향한 성향 없이는 정신 현상은 없으며,

단지 행위나 유희에로의 이행밖에 없을 것이다.

그러나 갑자기 나를 혼란에 빠뜨리는 재난에 비해 나의 우울증을 자극하는 돌발 사건들의 힘이 지나치게 큰 경우가 허다하다. 뿐만 아니라 내가 지금 여기서 겪고 있는 환멸은, 산인하긴 해도 내가 질대로 체념하지 못한다는 것을 알고 있는 과거의 외상들(traumas)을 메아리치게 하면서 검토하는 것처럼 보이기도 한다. 나는 외상들을 없애 버릴 수 없었다. 그리하여 나는 현재의 낙담에 선행하는 것들을 내가 옛날에 사랑했던 어떤 사람이나 사물의 상실 속에서, 죽음 혹은 상의 슬픔 속에서 찾아낼 수 있게 된다. 없어서는 안 될 그 존재의 사라짐은 내 자신에서 가장 값진 부분을 내게서 끊임없이 빼앗아 간다. 말하자면 나는 그 사라짐을 하나의 상처나 박탈로 체험하고, 나의 고통이 나를 배반했거나 나를 버린 그 남자 혹은 그 여자에 대해 쌓아 온 증오나 지배욕의 유예에 지나지 않는다는 것을 깨닫는다. 나의 우울증을 내가 상실할 줄 모른다는 것을 알려 준다. 아마도 내가 상실의 보완물을 찾아낼 수는 없었겠지? 모든 상실은 내 존재의 상실을——'존재' 자체의 상실을——야기하는 결과가 된다. 우울증 환자는 과격하고 침울한 무신론자이다.

멜랑콜리: 열렬한 사랑의 어두운 이면

비통한 관능적 쾌감, 서글픈 취기는, 그것이 두 사람을 서로 얽혀 붙여 놓는 사랑의 최면을 찢어 버리는 일시적인 명철성이 없을 경우, 우리의 이상 혹은 행복감이 종종 뚜렷하게 나타나는 상투적인 배경을 형성한다. 사랑을 잃어버린 운명의 존재임을 의식하고 있는 우리는 그 옛날에 잃어버린 사랑하는 대상의 그림자를 언뜻 연인에게서 발견하게 되면서 더 큰 슬픔에 빠진다. 우울증은 나르시스의 숨겨진 얼굴이고, 그를 죽음으로 몰아가는 얼굴이지만, 그가 신기루 속에서 자기 도취에 빠져 있을 때는 그가 알아보지 못하는 얼굴이다. 우울증에 대해 이야기하는 것은 또다시 우리를 나르시스 신화의 그 축축한 늪지대로 데려간다.[1] 그런데 우리가 거기서 보게 되는 것은 찬란하고도 부서지기 쉬운 사랑의 이상화가 아니라, 그 반대로 꼭 필요한 타인의 **상실**에 의한, 말하자면 타인과 지금 막 분리된 연약한 자아 위에 드리운 그림자이다. 이는 절망의 그림자이다.

절망의 의미(이것은 분명하거나 형이상학적이다)를 찾기보다는 오직 절망의 의미만이 존재한다고 말해 두자. 왕인 어린아이는 생애의 첫 몇 마디를 내뱉기 이진에 이미 치유할 수 없을 정도의 슬픔에 빠진다. 그것은 어쩔 수 없이 절망적으로 어머니로부터 분리되어 있기 때문인데, 이는 아이에게 우선은 상상 속에서, 그 다음에는 낱말들 속에서 다른 사랑의 대상들과 함께 어머니를 다시 찾으려 노력하도록 마음먹게 한다. 상징 체계의 0도(degré zéro)에 관심이 있는 기호학은 필연적으로 애정 상태뿐만 아니라 거기에서 파생되는 침울함, 즉 멜랑콜리에 대한 의문을 제기하게 되어 있다. 그 결과 사랑에 빠지지 않고는 글쓰기가 있을 수 없고, 공개적으로 또는 비밀스럽게 우울한 것만이 상상력이라는 것을 확인하게 된다.

사유—위기—멜랑콜리

그런데 멜랑콜리라는 우울증은 프랑스적인 것이 아니다. 개신교의 엄격성이 혹은 그리스정교의 모권적 중압은 개인을 우울한 환희에로 초대

---

1) Cf. Julia Kristeva, 《사랑의 역사 *Histoires d'amour*》, Denoël, Paris, 1983.

하지 않을 경우, 더 쉽사리 슬픔에 빠진 그 개인의 공범자가 된다고 자인한다. 프랑스 중세가 우리에게 섬세한 인물들과 함께 비애를 보여 주는 것이 사실이라면, 활력 넘치고 밝은 골족의 어조는 허무주의보다는 농담·관능 그리고 수사학에 속한다고 말할 수 있다. 파스칼·루소 그리고 네르발은 슬픈 인물들이고…… 예외적이다.

  말하는 존재에게 인생은 의미가 있는 삶이다. 삶은 의미의 정점까지도 구성한다. 그래서 말하는 존재가 삶의 의미를 잃게 되면, 그 인생은 쉽사리 길을 잃는다. 의미가 부서지면 인생은 위험에 처하기 때문이다. 회의적인 순간에 우울증 환자는 철학자가 된다. 그래서 우리는 헤라클레이토스와 소크라테스, 더 가깝게는 키에르케고르 덕분에 '존재'의 의미 혹은 무의미에 대한 가장 충격적인 글들을 읽을 수 있다. 그렇지만 철학자들과 멜랑콜리가 유지해 온 관계에 대한 완벽한 성찰을 찾아보기 위해서는 아리스토텔레스에까지 거슬러 올라가야 한다. 아리스토텔레스가 썼다고 추정되는 《문제집》(제30권, I)을 읽어보면 검은 담즙(melaina kole)이 위인들을 결정한다고 한다. (의심쩍은) 아리스토텔레스적인 그 성찰은 éthos-péritton, 즉 예외적인 성격을 토대로 삼고 있는데, 멜랑콜리가 이 예외적인 성격에 고유한 것으로 되어 있다. 히포크라테스의 개념들(네 가지 체질과 네 가지 기질)을 차용한 아리스토텔레스는 멜랑콜리를 병리학에서 끌어내면서, 그리고 그것을 본성에 위치시키면서, 또한 그리고 특히 인체의 조정 원리로 간주되어 온 **열기**와 대립된 에너지들의 통제된 상호 작용인 **메소테(mesotes)**에서 멜랑콜리를 생겨나게 하면서 새롭게 멜랑콜리를 개척하였다. 이러한 그리스적인 멜랑콜리의 개념은 오늘날 우리에게는 생소한 것으로 남아 있다. 그 개념은 검은 담즙의 행복한 대립물인 거품(aphros)이라고 은유적으로 해석되는 '잘 배합된 다양성(eukratos anomalia)'을 상징하기 때문이다. 공기(pneuma)와 액체의 이 백색 혼합물은 바닷물과 포도주와 마찬가지로 남성의 정액에 거품을 일게 한다. 멜랑콜리를 정액의 거품과 관능에 연결시키면서, 그리고 디오니소스와 아프로디테(953b 31-32)의 신화를 참조하면서 아리스토텔레스는 실제로 과학적인 설명과 신화적인 참조를 연결시키고 있다. 그가 환기시키는 멜랑콜리는 철학자의 질병이 아니라 그의 본성 자체, 즉 그의 **에토스**(éthos)이다. 그것은 《일리아드》(제6권, 200-203행)에서 우리에게 보여 주는 최초의 그리스인 우울증 환자 벨레로폰을 엄습한 멜랑콜리가 아니다: "신들의 저주를 받은 인간 벨레로폰은 비통함으로 가슴 아파하며, 인적을 피하여 알레이아 평원을 외롭게 방황하고 있었다." 신들로부터 버림받고, 신탁에 의해 유배당했기 때문에 자기 스스로를 잡아먹는 이 절망한 인간은 편집증이 아니라, 격리·부재·공허에 처하도록 선고받았던 것이다……. 아리스토텔레스와 함께 멜랑콜리는 천재성에 의해 균형이 잡혀 '존재' 안의 인간적 불안에 공연적이 되었다. 우리는 여기서 **정서**(Stimmung)로서 하이데거적인 고뇌의 도래를 볼 수 있었다. 셸링은 유사한 방법으로 '인간 자유의 본질'을, 즉 '인간과 자연의 공감'이라는 지표를 거기서 찾아냈다. 그래서 철학자는 '인간성의 과잉으로 인한 우울증 환자'[2]가 된다.

경계 상태로서, '존재'의 진정한 본성을 나타내는 예외성으로서의 멜랑콜리에 대한 이러한 관점은 중세에 와서 중대한 변동을 겪는다. 한편으로 중세적 사고는 후기 고대의 우주론으로 되돌아가고, 멜랑콜리를 정신과 사고의 유성인 토성과 연결시킨다.[3] 뒤러의 《멜랑콜리아》(1514)는 조형예술 속에 마르실리오 피치노에 와서 절정기를 맞았던 그 이론적 사변

---

2) Cf. 《천재가 지닌 멜랑콜리아 *La Melanconia dell'umo di genio*》, Ed. II Melangolo, a cura di Carlo Angelino, ed. Enrica Salvaneschi, Genova, 1981.

3) 사상과 예술의 역사에서의 멜랑콜리에 대해서는 E. Klibanski, E. Panofski, Fr. Saxl 이 쓴 기본 저서 《토성과 멜랑콜리 *Saturn and Melancholy*》, T. Nelson ed., 1964를 참조할 것.

들을 대담하게 옮겨 놓았다. 다른 한편 기독교 교리는 슬픔을 원죄로 간주하였다. 단테는 '이성의 선(善)을 잃은 고통스런 군중들'을 '비탄의 도시'(《지옥편》, 제3곡)에 배치시켰다. '서글픈 마음'을 갖는 것은 신을 잃었다는 것을 의미하고, 우울증 환자들은 '신과 그 적수들에 대해 화가 난 겁 많은 자들의 교파'를 만든다. 즉 그들의 징벌은 '죽음에 대해 어떤 희망도' 갖지 않는 데에 있다. 절망이 그들 자신들에 대하여 폭력적인 것이 되게 하는 자들, 자살한 자들, 방탕한 자들은 더더욱 이 징벌을 면할 수 없다. 그들은 나무로 변하도록 선고받는다.(《지옥편》, 제13곡) 그러나 중세의 수도사들은 슬픔을 가꾸어 나갔다. 즉 신비한 고행(acedia)인 슬픔은 신성한 진리를 역설적으로 깨닫게 하는 방법으로 받아들여졌고, 신앙의 중요한 체험을 구성하였다.

종교적인 풍토에 따라 다양하게 변할 수 있는 멜랑콜리는 종교적인 회의 속에서 확증되었다고 할 수 있다. 아무것도 신의 죽음보다 더 슬픈 것은 없고, 그래서 도스토예프스키 자신도 '부활의 진실'에 삽입된 홀바인의 그림에서 본 죽은 그리스도의 비통한 모습으로 인해 충격을 받았다. 종교적 · 정치적 우상들의 실추를 목격한 시대들, 그 위기의 시대들은 검은 체액에게는 특별히 유리한 시기이다. 실업자보다 애인에게 버림받은 여인이 자살할 확률이 더 높다는 것이 사실이지만, 위기의 시대에는 우울증이 주도권을 잡고, 자기 이야기를 하며, 자기 족보를 만들고, 자기의 표상들과 지식을 생산해 낸다. 물론 글로 씌어진 멜랑콜리는 더 이상 같은 이름을 가진 정신병원에서 일어나는 혼미 상태와는 큰 관련을 맺고 있지 않다. 우리가 지금까지 사용해 온 용어상의 혼돈(멜랑콜리는 무엇인가? 우울증은 무엇인가?)을 넘어서, 우리는 끊임없이 우리에게 질문을 던지는 수수께끼 같은 역설과 대면하고 있다. 그래서 상실, 상의 슬픔, 부재가 상상적 행위를 유발시키고 그것을 위협하여 실연에 빠뜨릴 정도로 계속 그것을 강화시킬 경우, 그 모든 것을 불러모으는 비애를 부인하는 것에서 작품이라는 물신(fétiche)이 만들어진다는 사실은 역시 주목할 만하다. 멜랑콜리로 인해 자신을 탕진하는 예술가는 동시에 그를 감싸는 상징 활동의 포기와도 가장 치열하게 싸우는 자이다……. 죽음이 그를 엄습할 때까지, 아니면 어떤 사람들에게는 상실한 대상의 무(無)를 이기는 최종의 승리로서 자살이 강요될 때까지…….

멜랑콜리/우울증

한 개인에게 순간적으로 혹은 만성적으로 소위 말하는 흥분 상태의 편집증 단계와 매우 자주 번갈아 나타나는 억제와 기호 해독 불능증이라는 정신병 증후를 우리는 **멜랑콜리**라고 부른다. 낙담과 흥분 상태의 두 현상이 강렬하지도 빈번하지도 않을 경우, 우리는 신경증적 우울증이라고 말할 수 있다. 멜랑콜리와 우울증의 차이를 모두 인정하는 프로이트의 이론은 두 경우에서 모두 똑같은 **모성적 대상에 의한 불가능한 상의 슬픔**을 밝혀낸다. 그런데 다음과 같은 질문이 생긴다: 어떤 부성적 결점 때문에 불가능한 상의 슬픔이 생겨날까? 아니면 어떤 생물학적인 연약함 때문일까? 멜랑콜리——정신병과 신경증의 증후들을 구별한 후에 그 총칭적인 용어를 다시 찾아보도록 하자——는 분석가의 질문을 생물학적인 것과 상징적인 것의 교차점에 위치시키는 굉장한 특권을 가지고 있다. 평행적인 계열인가? 연속적인 시퀀스들인가? 명확히 밝혀야 할 모험적인 교차인가, 창안해 내야 할 다른 관계인가?

멜랑콜리와 우울증의 이 두 용어는 실제로 그 경계선이 매우 불투명한 멜랑콜리적-우울증적(mélancolico-dépressif)이라고 불릴 수 있는 한 총체를 지칭하는데, 그 총체 속에서 정신의학은 '멜랑콜리'의 개념을 자발적으로 돌이킬 수 없는, 오직 항우울제의 투약에만 맡겨지는 질병으로 남겨 놓고 있다. 우리는 우울증의 여러 유형들 '정신병적인' 혹은 '신경증적인' 혹은 다른 분류에 따른 '불안성' '광조병(狂躁病)' '완만성' '공격성'의 세부 사항에 들어가지 않겠다. 또 유망한 영역이 아닌 항우울제들(억제제(IMAO), 삼환형(tricycliques), 이환형(hétérocyclique))이나 정신안정제(리튬염)의 확실한 효과를 약속은 하지만 아직은 별로 정확하지 않은 영역으로까지 들어가지도 않겠다. 단지 우리는 **프로이트적인 관점**에서 이 문제를 다루려고 한다. 거기에서 출발하여 우리는, 그 한계가 모호하다 해도 멜랑콜리적-우울증적인 총체 한가운데서 **대상 상실**과 **의미 생성적 관계들**의 수정이라는 공통된 경험을 밝혀내려고 노력할 것이다. 의미 생성의 관계와 특히 언어 활동은 멜랑콜리적-우울증적인 총체 안에서 어떤 반응을 전달하는 데 필요한 자가 자극 작용을 보장하지 못한다는 것이 판명되고 있다. 언어 활동은 하나의 '보상 체계'처럼 작용하지 않고, 그 반대로 우울증의 특징인 행동상의, 그리고 사고상의 완만화 속에 자리를 잡으면서 불안-처벌이라는 쌍을 과도하게 활동시킨다. 한편으로는 일시적 슬픔이나 상의 슬픔과 다른 한편으로는 멜랑콜리 증세의 혼미 상태와 임상적으로 그리고 질병분류학적으로 다르지만, 그 두 가지 즉 슬픔과 혼미 상태는 **대상 상실에 대한 불관용**과 **시니피앙의 실패**에 의거하여 퇴거 상태를 보상하는 해결책을 보장한다. 이 퇴거 상태에서 주체는 행동 정지로까지, 죽은 척하거나 자살하기로까지 자신을 감춘다. 그래서 우울증과 멜랑콜리에 대해 이야기할 때 우리는 항상 그 두 감정의 특성을 구별하지는 않겠지만, 그 두 가지 질병의 공통된 구조를 염두에 두고 거론할 것이다.

우울증 환자: 증오심을 품은 자, 혹은 상처받은 자.
상의 슬픔의 '대상'과 '쇼즈(Chose)'

전통적인 정신분석 이론(아브라함[4] · 프로이트[5] · 멜라니 클라인[6])에 의하
면 우울증은 상의 슬픔과 마찬가지로 상실한 대상에 대한 공격성을 숨기
고 있고, 그래서 자신의 상의 슬픔의 대상에 대하여 의기소침한 자의 양
면 감정을 드러낸다고 한다. "나는 그를 사랑한다(우울증 환자는 한 존재
나 상실한 대상에 대해 말하는 것처럼 보인다), 그보다 더 나는 그를 증오
한다. 내가 그를 사랑하기 때문에 그를 상실하지 않으려면 나는 그를 내
안에 깊이 간직해야 한다. 그러나 내가 그를 증오하기 때문에 내 안에 든
이 타자는 나쁜 나이고, 나는 나쁜 인간이고, 나는 쓸모없고, 나는 나를
죽인다." 자기에 대한 불만은 따라서 타인에 대한 불만이 되고, 자기를
죽이는 것은 타인의 학살에 대한 처절한 위장이 된다. 우리가 상상할 수
있듯이 이러한 논리는 엄격한 초자아와 자기와 타자의 이상화 내지는 과
소평가라는 복잡한 변증법을 상정하는데, 그러한 활동의 총체는 자기 **동
일화**의 메커니즘에 근거를 두고 있다. 왜냐하면 통합-내투사-투사를 통

---

4) Cf. K, Abraham, 〈편집증적-우울증적 광기와 그 인접 상태의 탐구와 정신분석 요
법에 대한 서언 Préliminaires à l'investigation et au traitement psychanalytique de la folie
maniaco-dépressive et des états voisins〉(1912), in 《전집》, Payot, Paris, 1965, t. I, pp.99-
113.

5) Cf. S. Freud, 〈상의 슬픔과 멜랑콜리 Deuil et mélancolie〉(1917), in 《메타심리학
Métapsychologie》, Gallimard, Paris, 1968, pp.147-174, *S. E.*, t. XIV, pp.237-258; *G.
W.*, t. X, pp.428-446.

6) Cf. M. Klein, 〈편집증적-우울증 상태의 정신병 발생론에 대한 공헌 Contribution à
l'étude de la psychogenèse des états maniaco-dépressifs〉(1934)와 〈상의 슬픔과 편집증
적-우울증 상태와의 관계 Le deuil et ses rapports avec les états maniaco-dépressifs〉, in
《정신분석 시론 *Essais de psychanalyse*》, Payot, Paris, 1967, pp.311-340 et 341-369.

하여 사랑하고 증오하는 타자와 자신을 동일시하면서 나는 내 자신 안에 폭군적이고 필요 불가결한 나의 심판관이 된 그의 숭고한 부분과, 나를 깎아내리고, 내가 없애 버리고 싶어하는 그의 비열한 부분을 자리잡게 한다. 결과적으로 우울증의 분석이 밝혀내게 되는 것은 자기에 대한 불평은 타자에 대한 증오이고, 그 증오는 생각지도 않은 성적 욕망을 지닌 전파임에 틀림없다는 사실이다. 우리는 전이(transfert) 안에서의 이러한 증오의 도래가 분석 주체(환자)에게와 마찬가지로 분석의에게도 위험을 가져온다는 것을 이해한다. 그리고 우울증(신경증적이라고 부르는 우울증까지도) 치료는 정신분열증의 세분화와 함께 진행된다는 사실도 알고 있다.

프로이트와 아브라함이 강조하였고, 우울증 환자들의 수많은 꿈과 환몽[7]에서 나타나는 멜랑콜리 증세의 식인 행위(cannibalisme)는 내가 없애 버리고 싶은 견디기 힘든 타자를 생생하게 더 잘 소유하기 위해 입 안에 (질이나 항문도 이 통제 작업에 동원될 수 있다) 넣고 싶어하는 욕망을 나타낸다. 상실하기보다는 차라리 조각내고, 분해하고, 자르고, 삼키고, 소화하고…… 멜랑콜리 증세의 식인 행위적 상상계[8]는 상실과 죽음의 현실에 대한 부인이다. 그것은 자아를 생존하게 함으로써 타자를 잃지나 않을까 하는 고뇌를 표명한다. 자아는 분명히 유기되어 있으나, 아직도 여전히 자아에게 자양분을 주고, 집어삼킴을 통해서——생기를 되찾는——타자로 변신하는 것과 분리되지는 않았다.

그런데 나르시스적인 성격에 대한 치료는 현대의 분석가들에게 우울증의 또 다른 양상을 이해하게 했다.[9] 슬픔은 그것이 욕구불만을 일으키기 때문에 적대적이라고 상상된 타자에 대항하는 숨은 공격이라기보다는,

---

7) Cf. 이 책의 제3장, pp.98-99.
8) 피에르 페디다(P. Fédida)가 〈멜랑콜리 증세의 식인 행위 Le cannibalisme mélancolique〉, in 《부재 L'Absence》, Gallimard, Paris, 1978, p.65에서 강조했듯이.

상처받고 불완전하며 텅 빈 원초적 자아의 신호라는 것이다. 그러한 개인은 자신이 침해당했다고 생각하지 않고, 어떤 근본적인 결점, 선천적인 결여로 인해 고통받고 있다고 생각한다. 그의 비애는 양면 감정을 품은 그 대상을 향해 비밀리에 계획한 복수나 과오를 숨기지 않는다. 그의 슬픔은 너무나 조숙해서 그 어떤 외적 인자(주체나 대상)도 그러한 지향 대상이 될 수가 없고, 상징화될 수도 명명될 수도 없는 나르시스적인 상처의 가장 원초적인 표현이 된다. 이러한 나르시스적인 우울증 환자에게 슬픔은, 더 정확하게는 타자가 없기 때문에 그가 집착하고 길들이고 애지중지하는 대상의 대용물이다. 이 경우 자살은 위장된 전투 행위가 아니라 슬픔과의 만남이고, 또 슬픔을 넘어, 결코 만져지지 않고, 무(無)와 숙음의 약속처럼 언제나 다른 곳에 있는 이 불가능한 사랑과의 결합이다.

'쇼즈'와 '대상'

나르시스적인 우울증 환자는 '대상'을 잃은 슬픔이 아니라 '쇼즈'를 잃은 상의 슬픔에 빠져 있다.[10] 그러므로 우리는 의미 작용에 반항하는 현실을, 애착과 혐오의 두 극(極)을 욕망의 대상이 두드러지게 나타나는 성욕의 거처라고 부르기로 하자.

네르발은 현존 없는 집요함과 표상 없는 빛을 암시하면서, 이에 대한 현란한 은유를 보여 준다. 즉 '쇼즈'는 꿈꾸는 태양이고, 밝은 동시에 어두

9) Cf. E. Jacobson, 《우울증》, 정상 · 신경증과 정신병적 상태의 비교 연구, N. Y. Int. Univ. Press, 1977. 프랑스어 번역, Payot, 1984; B. Grunberger, 〈우울증에 관한 연구〉와 〈우울증 환자의 자살〉, in 《나르시시즘》, Payot, Paris, 1975; G. Rosolato, 〈우울증의 나르시스적인 축〉, in 《상상계에 관한 시론》, Gallimard, Paris, 1979.

운 태양이다. "우리 각자는 훨씬 더 강렬한 광채에 대한 지각을 자주 갖는다 해도, 꿈속에서는 결코 태양을 볼 수 없다는 것을 알고 있다."[11]

이 원초적인 애착에서 시작하여 우울증 환자는 명명할 수 없는 최상의 행복과 표상할 수 없는 그 무엇을 박탈당했으며, 오직 집어삼킴만이 그것을 형상화할 수 있고, **호소**(inovocation)만이 지서할 수 있지 그 어떤 단어도 그것을 의미할 수 없다는 느낌을 가지고 있다. 그래서 우울증 환자에게는 어떤 성적 대상도 리비도를 가두어 버리고, 욕망의 관계들을 단절하는 장소 혹은 전(前)-대상에 대한 대체 불가능한 지각을 대신할 수가 없다. 자기의 '쇼즈'를 박탈당했음을 알고 있는 우울증 환자는 언제나 실망을 안겨 주는 모험과 사랑을 찾아 방황하고, 아니면 위로할 수 없고 실어증에 자신을 가둔 채, 명명할 수 없는 '쇼즈'와 단둘이 마주한다. '개인적 선사 시대의 아버지'[12]와의 '일차 동일화'는 그에게 '쇼즈'를 단념하게 해주는 수단, 가교가 될 것이다. 일차 동일화는 '쇼즈'에 대한 보상을 미리

---

10) 그리스 철학의 초기부터 **쇼즈**의 포착은 **명제**와 그 **진실**의 발화체와 연관되어 있다는 것을 확인했고, 하이데거는 **쇼즈**의 '역사적인' 성질에 대한 질문에 길을 열었다. 즉 "쇼즈를 향한 질문은 그 시작에서부터 기저의 움직임으로 되돌아간다."(《쇼즈는 무엇인가?》, 프랑스어 번역, Gallimard, Paris, 1965, p.57) 쇼즈에 대한 사유의 시작에 관한 이야기는 하지 않았으나 인간과 쇼즈 사이에서 역할을 맡은 중간부 안으로 사고를 펼치면서, 하이데거는 칸트를 관통하며 다음과 같이 지적한다. "선-차압(présaisie)으로서의 인간-쇼즈 사이의 이 간격은 그것이 우리 뒤의 전복 운동 속에서 동시에 포착한 쇼즈 너머에로 그 영향력을 확장한다."

하이데거의 질문에 의해 열린 틈 속에서, 그러나 이성적인 확신에 대한 프로이트적인 동요에 뒤이어, 우리는 **'쇼즈'**를 '어떤 것'이라는 의미로 이해하며 이야기할 것이다. 이 '어떤 것'은 이미 구성된 주체에 의해 거꾸로 보여져서, 성적인 그 무엇이라는 그 결정 자체 속에서도 결정되지 않은 것, 분리되지 않은 것, 포착할 수 없는 것처럼 나타난다. 우리는 이 **'대상**(Objet)'이라는 용어를 자기가 하는 말의 주인인 주체에 의해 발화된 명제가 확인하는 공간-시간적인 항구성에 남겨두려고 한다.

11) Nerval, 《오렐리아 *Aurélia*》 in 《전집》, La Pléiade, Gallimard, Paris, 1952, t. I, p.377.

12) Cf. S. Freud, 〈자아와 이드 Le moi et le ça〉(1923), in 《정신분석 시론》, Payot, 1976, p.200; *S. E.*, t. XIX, p.31; *G. W.* t. XIII, p.258.

준비하고, 동시에 주체를 또 다른 차원, 상상계에로의 진입이라는 차원과 연결하기 시작하는데, 이는 우울증 환자에게서 붕괴되는 신뢰 관계를 상기시켜 준다.

멜랑콜리 환자에게 일차 동일화는 다른 자기 동일화들을 보장하기에는 약하고 부족한 것으로 판명된다. 그것들은 상징적 차원에서의 자기 동일화이고, 거기에서부터 **성애적 쇼즈**가 쾌락의 환유의 연속성을 포착하고 보장하는 **욕망의 대상**이 될 수 있다. 멜랑콜리 증세의 '쇼즈'는, 마치 그것이 상실의 정신 내적(intrapsychique) 작업에 반대하는 것처럼 욕망하는 환유를 중단시킨다.[13] 어떻게 이 장소(lieu)에 다가갈 것인가? 승화는 다

___

13) 우리는 우리의 명제를 라캉의 명제와 차별화할 것인데, 라캉은 프로이트의 Entwurf (skecth, draft)에서부터 das Ding(the thing)의 개념을 설명하고 있다. 즉 "이 das Ding은 관계 안에 있지 않다. 말하자면 그것이 확실히 설명될 수 있을 만큼 성찰되어서, 그것은 인간으로 하여금 창조된 사물들을 참조하는 것처럼 그의 말들을 문제시하게 한다. das Ding 안에는 다른 것이 있다. das Ding 안에 있는 것은 진정한 비밀이다. (…) 원하는 그 무엇이다. 욕구이지 필요나 압력, 긴급함이 아니다. Not des Lebens(삶의 필요)의 상태는 삶의 긴급한 상태이고, (…) 반응에 따른 신체 기관에 의해 보존되어, 삶의 보존에 필요한 에너지의 양이다."(《정신분석학의 윤리 L'Ethique de la psychanalyse》, 1959년 12월 세미나, Seuil, Paris, 1986, p.58 sq) 여기서 문제는 네 살 이전의 정신현상적 기재(Niederschrift)인데 이것은 라캉에게 언제나 '이차적'이지만 '특질' '노력' '정신 내부 활동'과 가깝다. "Fremde(stranger)로서 Ding은 기이하고, 때로는 적대적이기까지 하다. 어쨌든 첫번째 외부처럼 (…) 되찾아야 하는 것이 문제가 되는 것은 절대적인 '타자'로서의 이 대상, das Ding이다. 우리는 기껏해야 회한으로서 그것을 되찾는다. (…) 그것을 희구하고 그것을 기다리는 상태 안에서, 쾌락 원칙의 이름으로, 그 아래로는 더 이상 어떤 지각도 노력도 없는 최적의 긴장이 찾아질 것이다."(p.65) 그리고 더 정확하게는 다음과 같다. "Das ding은 근원적으로 우리가 기의 바깥(hors-signifié)이라고 부르는 것이다. 이 기의 바깥과 그것과의 비장한 관계의 기능으로 주체는 자신의 거리를 유지하고, 관계의 세계, 모든 억압에 선행하는 최초의 정동 세계 안에서 자신을 구성한다. 모든 Entwurf의 최초의 분절은 그곳을 둘러싸고 만들어진다."(p.67-68) 그러나 프로이트가 쇼즈는 **외침**으로밖에 나타나지 않는다고 주장하였는데, 라캉은 **말**(mot)을 프랑스어의 mot라는 단어의 양가성을 강조하며 번역한다("mot, 그것은 침묵하는 것이다" "어떤 말도 발설되지 않았다"). "여기서 문제가 되는 쇼즈들은 (…) 침묵하는 쇼즈들이다. 그리고 침묵하는 쇼즈들은 파롤과 아무런 관계가 없는 쇼즈들과 똑같은 쇼즈가 아니다." ibid., p.68-69.

음과 같은 방향으로 시도한다. 즉 멜로디, 리듬, 의미론적인 다각성을 통하여 기호들을 해체하고 재구성하는, 소위 말하는 시적 형식만이 '쇼즈'에 대해 불확실하지만 적절한 영향력을 보장하는 것 같은 유일한 '그릇(contenant)'이라는 것이다.

우리는——의미와 가치를 박탈당한——무신론 우울증 환자를 상정한 바 있다. 그는 '내세(Au-delà)'를 의심하거나 알지 못한다고 자신을 비하할 수도 있다. 그러나 그가 어떤 무신론자이든지간에 절망한 자는 신비주의자이다. 말하자면 그는 자신의 전(前)-대상에 집착해 있고, '너(Toi)'를 믿는 것이 아니라, 말로 표현할 수 없는 그 자신의 내용물을 묵묵히 집요하게 믿는 신봉자이다. 그는 이 야릇함의 가장자리에 자신의 눈물과 희열을 바친다. 그의 정동(affects)·근육·점막과 피부의 긴장 속에서 그는 원초적 타자에 대한 자신의 소속감과 거리감을 동시에 느낀다. 이 원초적 타자는 여전히 표상하기와 명명하기를 피해 달아나지만 그의 신체적 방출과 그 자율 운동은 그 타자의 흔적을 지니고 있다. 언어 활동을 믿지 않는 우울증 환자는 확실히 상처를 받은, 그러나 정동의 노예가 되어 버린 다정다감한 사람이다. 정동, 바로 이것이 그의 쇼즈이다.

'쇼즈'는 기억도 없이 우리 안에 기재되어 말로 표현할 수 없는 우리 고뇌의 숨은 공범이 된다. 우리는 자살과의 결합을 통하여 퇴행적인 몽상이 약속하는 재회의 환희를 상상한다.

'쇼즈'의 출현은 형성중인 주체에게 생명의 도약을 불어넣는다. 말하자면 우리 모두는 조산아여서 보완물, 보철 기구, 보호막으로 지각된 타자에게 집착함으로써만 살아남을 수 있다. 그러나 이 삶의 욕동(pulsion de vie)은 철저하게 **동시에** 나를 거부하고, 고립시키고, 그(혹은 그녀)를 거부한다. 욕동적 양가성이 이 이타성의 시초에서만큼 위험한 경우는 없다. 거기서는 언어 활동의 여과를 거치지 않고 나는 나의 폭력성을 '부정

(non)' 속에, 그 어떤 기호 속에 기재할 수 없다. 나는 오직 몸짓, 경련, 외침으로써만 나의 폭력성을 배출할 수 있다. 나는 그것을 추진시키고, 그것을 투사한다. 내게 필요한 '쇼즈'는 역시 그리고 절대적으로 나의 적수, 내가 배척하는 것, 나의 증오의 감미로운 극(極)이다. '쇼즈'는 '말(Verbe)'이 아직 나의 '존재'가 아닌 의미 생성의 전초(avant-poste) 기간 동안에 나에게서 떨어져 나간다. '타자'가 되기 이전에, 하나의 원인인 동시에 추락인 무(無), 즉 '쇼즈'는 나의 배설물과 **추락**(cadere)에서 생기는 모든 것을 담고 있는 그릇이다. 그것은 슬픔 속에서 나와 뒤범벅이 되는 폐기물이다. 성서에 나오는 욥의 오물이다.

항문성은 우리에게 적절하지 않은 만큼이나 고유한 이 '쇼즈'의 자리잡기에 동원된다. 자아가 모습을 드러내지만 평가절하로 붕괴되고 마는 이 한계를 기억하는 멜랑콜리 환자는 자신의 항문성을 동원시켜, 강박증 환자에게 정상적으로 혹은 특별히 작용하는 것처럼 그것이 분리와 경계를 구성하는 요인이 되게 만들지는 못한다. 반대로 우울증 환자의 자아 전체는 탈성애화되었지만, 그래도 쾌락을 주는 항문성의 심연에 빠진다. 왜냐하면 항문성은 의미 있는 대상으로서가 아니라 자아의 경계 요소로서 지각된 원초적 '쇼즈'와 융합하는 향락의 매개자가 되었기 때문이다. 우울증 환자에게 '쇼즈'와 자아는 볼 수 없는 것과 명명할 수 없는 것 속으로 몰고 가는 추락이다. **추락**, 그것은 모든 쓰레기들, 모든 시체들이다.

불연속성(심적 외상 혹은 상실)의 일차 기재인 죽음의 욕동

일차 마조히즘에 관한 프로이트의 가설은 나르시스적인 멜랑콜리 증세의 몇 가지 양상과 연결된다. 거기서는 모든 리비도적 관계의 소멸은 대상을 향한 공격성이 자기 자신에 대한 적의로 변하는 단순한 방향 전환이 아닌 것처럼 보이지만, 그러나 대상 조정의 모든 가능성에 선행하는 것으로 인정되고 있다.

1915년에 창안된[14] '일차 마조히즘'의 개념은 '죽음의 욕동'의 출현에 뒤이어 프로이트의 작품, 특히 〈마조히즘의 구조적인 문제〉(1924)[15]에서 확립되었다. 생물은 무생물 다음에 나타났다는 것을 관찰한 프로이트는 특별한 욕동이 '그 이전의 상태로 되돌아가고자 하는'[16] 생물 속에 자리 잡고 있어야 한다고 생각했다. 죽음의 욕동을 긴장 해소와 관계맺기의 성애 원칙에 대립하여 무기물 상태와 항상성으로 회귀하는 경향이라고 주장한 《쾌락의 원칙을 넘어서》(1920)[17] 이후에 프로이트가 가정하게 된 것은 죽음의 욕동 혹은 파괴의 욕동의 일부분이, 특히 근육 조직을 통하여 외부 세계로 나아가고, 그래서 파괴·지배 혹은 강력한 의지의 욕동으로 변한다는 것이었다. 성욕에 바쳐진 죽음의 욕동은 사디즘을 형성한다. 그러나 프로이트는 다음과 같이 지적한다. "또 다른 부분은 외부로 향한 이 이동에 참가하지 않는다. 그것은 유기체 속에 들어 있고, 거기에 리비도적으로 연결되어 있다. (…) 바로 그 부분에서 우리는 근원적이고 성감적인 마조히즘을 알아보아야 한다."[18] 타인에 대한 증오가 이미 '사랑보다

---

14) Cf. S. Freud, 〈욕동과 욕동의 운명 Pulsions et destin des pulsions〉, in 《메타심리학》, coll. Idée, Gallimard, Paris, p.65; S. E., t. XIV, p.139; G. W., t. X. p.232.

15) Cf. S. Freud, 〈마조히즘의 구조적인 문제 Le problème économique du masochisme〉, 〈신경증, 정신병 그리고 도착증 Névrose, Psychose et Perversion〉, P.U.F. Paris, 1973, pp.287-297; S. E., t. XIX, pp.159-170; G. W., t. XIII, pp.371-383.

16) Cf. S. Freud, 〈정신분석 입문 Abrégé de psychanalyse〉, 〈결과, 사고, 문제 Résultats, Idées, Problèmes〉, t. II, P.U.F., Paris, 1985, pp.97-117; S. E., t. XXIII, pp.139-207; G. W., t. XVII, pp.67-138.

17) Cf. S. Freud, 《쾌락의 원칙을 넘어서 Au-delà du principe de plaisir》, in 《정신분석 시론》, op. cit., pp.7-81; S. E., t. XVIII, pp.7-64; G. W., t. XIII, pp.3-69.

더 오래된 것'[18]으로 간주되었기 때문에, **증오의** 이 **마조히즘적인 후퇴는** 역시 더 원초적인 증오의 실존을 가리키는 것일까? 프로이트는 그렇게 가정하는 것 같다. 사실 그는 죽음의 욕동을 무기물적인 재료에까지 거슬러 올라가는 계통 발생적 유산의 정신 내적인 표명으로 간주하였다. 그러나 프로이트 이후 분석가들 대부분이 따르지 않고 있는 이 사변들에 편들면서 우리가 확인할 수 있는 것은, 여러 가지 심적 구조와 심적 표명 안에 들어 있는 관계들의 선행성이 아니면 적어도 그 강력한 힘이다. 게다가 마조히즘의 빈도와 부정적인 치료 반응, 뿐만 아니라 대상과의 관계 이전의 것으로 보이는 유년기의 다양한 병리(소아성 식욕 부진증, 반추증〔신경성 위 장애로 인해 섭취한 음식물이 다시 구강으로 역류하는 병으로 신경쇠약 또는 히스테리 환자에게 많다〕, 몇몇 자폐증)는 죽음의 욕동에 대한 생각을 받아들이도록 부추기는데, 이것은 에너지들과 심적 기재들을 전달하기에 생물학적·논리적인 부적응처럼 보이면서 순환과 관계들을 파괴한다. 그 문제에 대해 프로이트는 다음과 같이 언급한다. "많은 사람들에 내재하는 마조히즘의 발현들, 신경증 환자들의 치료에 있어서 부정적인 반응과 죄책감의 발현이 집합되어 있는 그림을 총체적으로 그려 본다면, 우리는 더 이상 정신현상적 사건들의 흐름이 특히 쾌락에 대한 갈망으로 지배받고 있다는 생각에 집착해 있을 수 없을 것이다. 이 현상들은 정신 생활 안에 들어 있는 힘의 존재를 부정할 수 없는 지표들이고, 그 힘을 우리는 목적에 따라 공격의 욕동 혹은 파괴의 욕동이라는 이름을 붙이면서, 유기체가 지닌 원초적인 죽음의 욕동에서 끌어낸다."[20]

나르시스적 멜랑콜리는 삶의 욕동과 불화 상태에 있는 이 욕동을 표출

---

18) 〈마조히슴의 구조적인 문제〉, *op. cit.*, p.291; S. E., t. XIX, p.163; G. W., t. XIII, p.376. 인용자의 강조임.

19) 〈욕동과 욕동의 운명〉, *op. cit.*, p.64; S. E., t. XIV, p.139; G. W., t. X, p.232.

한다. 즉 멜랑콜리 환자의 초자아는 프로이트에게 '죽음의 욕동의 문화'[21] 처럼 보인다. 그러나 문제는 남아 있다. 즉 멜랑콜리 증세의 탈성애화는 쾌락의 원칙에 대립되는가? 아니면 반대로 암암리에 성애적인 멜랑콜리 증세의 후퇴가 언제나 대상 관계의 방향 전환이고, 타인에 대한 증오의 변용이라는 것을 의미하는가? 죽음의 욕동에 가장 많은 중요성을 부여한 멜라니 클라인의 작업은, 대부분의 경우 죽음의 욕동을 대상 관계에 종속 시키는 것 같은데, 이때 마조히즘과 멜랑콜리는 나쁜 대상 삽입의 변신 들처럼 나타난다. 그러나 클라인의 추론은 성애적 단계가 절단된 상황임 을 인정하면서도 성애적 관계가 이미 존재하였는지 아니면 단절되었는지 를 분명히 밝히지 않고 있다. (단절된 경우, 성애적 투입 중단이 도달하게 되는 것은 투사의 내투사일 것이다.)

우리는 특히 1946년에 소개된 분리에 대한 클라인의 정의에 주목할 것 이다. 한편으로 그 정의는 우울증 위치에서부터 그 뒤로, 보다 원초적인, 편집증적이고 정신분열증적인 위치로 자리를 옮긴다. 다른 한편으로 그 정의는 두 가지 요소의 분리(자아의 통일성을 보장하는 '좋은' 그리고 '나 쁜' 대상의 구별)와 세분화하는 분열을 구별하고 있는데, 후자는 대상에 영향을 미칠 뿐 아니라 그 대가로 자아 자체에 충격을 가하여 문자 그대 로 '토막 상태로 만든다(falling into pieces).'

---

20) Cf. S. Freud, 〈종결된 그리고 종결할 수 없는 분석 Analyse terminée et inter-minable〉, in 〈결과, 사고, 문제〉, t. II, *op. cit.*, p.258; *S. E.* t. XXIII, p.243; *G. W.*, t. XVI, p.88.

21) Cf. S. Freud, 〈자아와 이드〉, *op. cit.*, p.227; *S. E.* t. XIX, p.53; *G. W.*, t. XIII, p.283.

통합/비통합/탈통합

우리의 의견으로는 그러한 토막내기가 자아의 일관성에 장애를 일으키게 하는 욕동적 **비통합**(non-intégration)에 의한 것일 수 있고, 아니면 고뇌를 동반하고 정신분열증적 파편화를 야기시키는 **탈통합**(désintégration)에 의한 것일 수도 있다는 사실에 주목하는 것이 매우 중요한 것 같다.[22] 위니코트에게서 빌려 온 것 같은 첫번째 가정에서 비통합은 생물학적인 미숙의 결과이다. 즉 우리가 이 상황에서 타나토스를 언급할 수 있을 경우, 죽음의 욕동은 연속성(séquentialité)과 통합에 대한 생물학적인 부적응(기억에 대한 부적응이 아니라)처럼 보인다. 두번째 가정, 즉 죽음의 욕동의 방향 전환에 뒤이은 자아의 탈통합에 대한 가설에서, 우리는 "타나토스적인 위협 그 자체에 대한 타나토스적인 반응"[23]을 지켜보게 된다. 페렌치의 개념과 꽤 가까운 이 개념은 죽음의 욕동의 표현처럼 파편화와 탈통합을 지향하는 인간 존재의 성향을 강조하고 있다. "원초적 자아에게는 응집력이 대폭 결여되었고, 통합에 대한 성향을 탈통합과 토막 상태로 세분화되기의 성향과 번갈아 교대한다. (⋯) 내부에서 파괴된 존재의 불안은 계속 활동한다. 자아가 불안의 중압을 받으며 토막 상태로 세분화되는 것은 자아의 응집력 결여에서 비롯된다고 생각된다."[24] 정신분열증적 파편화가 세분화의 철저하고도 발작적인 표출이라면, 멜랑콜리 증세의 억압(정신 활동의 감속, 연속성의 결여)은 관계들의 탈통합을 나타내는 또 하

---

22) Cf. M. Klein, 《정신분석의 발전 Développement de la psychanalyse》, P.U.F., Paris(《Developments in Psycho-analysis》, Londres, Hoghart Press, 1952)

23) Cf. Jean-Michel Petot, 《멜라니 클라인, 자아와 좋은 대상 Mélanie Klein, le Moi et le Bon Objet》, Dunod, Paris, 1932, p.150.

24) Cf. M. Klein, 《정신분석의 발전》, op. cit., p.276 et 279.

나의 표출이라고 간주할 수 있을 것이다. 그렇다면 어떻게?

죽음의 욕동의 일탈에서 결과적으로 나타나는 **우울증적 정동**(affect dé-pressif)은 토막으로 세분하기에 대항하는 방어로 해석될 수 있다. 실재로 슬픔은 정동의 피막 속에서 자신의 통일성을 재통합하는 자아의 정동적 응집력을 재구성한다. 우울증적인 기질은 분명히 부정적[25]이지만, 자아에게 비언어적이기는 해도 하나의 통합을 제공하는 나르시스적인 버팀목(support)처럼 형성된다. 그러한 사실에서 우울증적 정동은 언어 상징의 무효와 중단을(우울증 환자의 "그것은 의미가 없어"라는 표현을) 보충해 주는 동시에, 우울증 환자의 자살 행위에로 이행에서 그를 보호한다. 그러나 이 보호는 허약하다. 언어 상징의 의미를 무효화하는 우울증적 부정은 행위의 의미 역시 무효화시키고, 그리하여 마치 몹시 기쁘고 '대양적인(océanique)'만큼 치명적인 비통합과의 결합처럼 주체에서 와해의 불안 없이 자살을 범하게 만든다.

이처럼 정신분열증적 세분화는 죽음에 대항하는——정신 장애의 신체화(somatisation)나 자살에 대항하는——방어이다. 반대로 우울증은 파편화라는 정신분열증적 불안을 감소시킨다. 그러나 우울증이 어떤 **고통의 성애화**에 의지할 기회를 갖지 못할 경우, 죽음의 욕동에 대항하는 방어로 기능할 수가 없다. 어떤 종류의 자살에 선행하는 마음의 평정은 원초적 퇴행이라고 해석할 수 있다. 그런 퇴행을 통해서 부인되었거나 혹은 마비된 의식의 행위가 타나토스를 자아 쪽으로 되돌리고, 통합되지 않은 자아의 잃어버린 낙원, 타자도 경계도 없는 낙원, 나무랄 데 없는 충만함의 환

---

25) A. Green(《삶의 나르시시즘, 죽음의 나르시시즘 *Narcissisme de vie, Narcissisme de mort*》, Éditions de Minuit, Paris, 1983, p.278)은 부정적인 나르시시즘의 개념을 이렇게 정의하고 있다. "자아를 파편화하여, 자기 성애화에로 이끌어 가는 세분화를 넘어서, **절대적인** 최초의 나르시시즘은 죽음에 대한 기억의 휴식을 원한다. 그것은 타자에 대한 비-욕망, 존재하지 않음, 비-존재에 대한 추구로, 불멸에의 또 다른 접근 형태이다."

몽을 되찾는다.

　그리하여 발화 주체는 방어적인 세분화에 의해서뿐 아니라 억압-지연, 연속성의 부인, 시니피앙의 중성화를 통하여 불쾌감에 대응할 수 있다. 비통합의 성향을 지닌 어떤 미성숙이나 또 다른 신경생리학적 특성들이 그러한 태도를 조건지을 수 있다. 그것이 방어적 태도인가? 우울증 환자는 죽음에 대해서가 아니라 성애적 대상이 선동하는 불안에 대해서 자신을 방어한다. 우울증 환자는 에로스를 참지 못하고, 타나토스로 인도하는 부정적 나르시시즘의 경계에 이르기까지 '쇼즈'와 함께 있기를 더 좋아한다. 우울증 환자는 자신의 비애를 통하여 에로스에 대한 방어를 받고 있지만, 그가 '쇼즈'의 설대적인 추종자이기 때문에 타나토스에 대한 방어는 받지 못한다. 타나토스의 메신저인 멜랑콜리 환자는 시니피앙의 허약성과 살아 있는 자의 덧없음의 증인이자 공범(complice-témoin)이다.

　프로이트는 다양한 욕동들과 특히 죽음의 욕동의 극작술을 무대에 올리는 데는 멜라니 클라인보다 덜 능숙했지만, 그래도 그는 급진적이었던 것 같다. 그가 보기에 발화 주체는 능력을 너머서 죽음을 욕망하고 있다. 이러한 논리의 극한에는 더 이상 욕망이 존재하지 않는다. 욕망 자체가 전달의 와해와 관계의 붕괴 속에서 해체되어 버리기 때문이다. 생물학적으로 미리 결정되었거나 전(前)-대상에 대한 나르시스적인 외상에서 비롯되었든, 아니면 더 평범하게는 공격성의 전복에 의해 생겨났든 간에, **생물학적이고 논리적인 연속성의 붕괴**처럼 묘사될 수 있을 이 현상은 그 근본적인 표출을 멜랑콜리 속에서 찾아낸다. 죽음의 욕동은 이러한 붕괴의 (논리적으로, 그리고 시간적으로) 최초의 기재일까?

　실제로 '죽음의 욕동'이 계속 이론적인 사변으로 남을 경우, 우울증의 경험은 환자와 관찰자를 기분이라는 수수께끼와 대면시킨다.

체질은 언어 활동인가?

　슬픔은 우울증의 기본적인 체질이다. 그래서 편집광적인 행복감이 우울증적 감정의 양극 형태 속에서 슬픔과 교차한다 해도, 비애는 절망한 자를 드러내 보이는 중요한 징후이다. 슬픔은 우리를 **정동들**, 즉 고뇌 · 공포 혹은 기쁨의 불가사의한 영역으로 인도한다.[26] 언어적인 혹은 기호론적인 자신의 표현들로 환원할 수 없는 슬픔을 (모든 감정 상태처럼) 외적인 혹은 내적인 외상들에 의해 유발된 **에너지 이동의 심적 표상**이다. 이 에너지 이동의 심적 표상들의 정확한 지위는 현 상태의 정신분석 이론과 기호론적 이론에서는 매우 불확실한 것으로 남아 있다. 즉 기존의 여러 학문들(특히 언어학)의 어떤 개념적인 틀로는 외관상으로 매우 초보적인 표상인 전-기호와 전-언어를 이해하기에는 적절하지 않다고 판명되었다. 흥분 · 긴장 혹은 심적 에너지의 갈등으로 인하여 정신 신체 기관 속에 터진 '슬픔'의 기분은 시동 장치에 대한 **특이한** 응답이 아니다. (나는 X에 대한, 오직 X에 대한 응답이나 기호로서 슬프지 않다.) 체질은 '일반화된 전이(transfert généralisé)' (E. 야콥슨)이고, 이것은 **모든** 행동과 모든 기호 체계(운동 기능에서 발성과 이상화까지)를 그것들에 동화되거나 그것들을 해체하지 않으면서 표시한다. 우리는 여기서 문제되는 것이 원초적인 에너지의 신호, 계통 발생적인 유산이고, 그러나 이것은 인간의 심적 공간 속에서 언어적 표상과 의식에 의해 **즉시** 이해되는 기호임을 알게 된다. 그런데 이 '이해'는 프로이트가 말하는 '구속된' 에너지, 언어화와

---

26) 정동에 관해서는 A. Green, 《살아 있는 담론 Le Discours vivant》, P.U.F., Paris, 1971과 E. Jacobson, op. cit.를 참조할 것.

결합 그리고 판단이 가능한 에너지의 범주에 속하지 않는다. 정동에 고유한 표상들과 특히 슬픔은 **변동하는** 에너지들의 투입이라고 말해 두자. 언어 기호 혹은 다른 기호들로 응집되기에는 충분히 안정되지 못했고, 전위와 압축이라는 일차 과정의 영향을 받고 있지만, 그래도 자아의 심급 (instance)에 종속되어 있는 이 변동하는 에너지의 투입은 슬픔을 통하여 초자아의 위협·주문·명령을 기록하기 때문이다. 그래서 체질은 **기재이고**, 순화되지 않은 에너지일 뿐 아니라, 에너지의 파열이기도 하다. 체질은 우리를 의미 생성(signifiance)의 양태에로 인도하는데, 의미 생성은 생체 에너지의 균형의 문턱에서, 상상계와 상징계의 전(前)-조건들을 보장한나(아니면 해체를 선언한나). 동물성과 상징성의 경계에서 체질은——특히 슬픔은——우리의 심적 외상에 대한 최종적인 반응이고, 기본적인 생체 항상 상태를 유지시키는 수단이다. 왜냐하면 자기 체질의 노예가 된 사람, 자신의 슬픔에 푹 빠진 사람은 정신 활동이나 관념 형성에 있어서 몇 가지 허약점을 보여 준다는 것이 사실이라면 체질의 다양화, 가지각색으로 채색된 슬픔, 비애 혹은 초상의 슬픔 속에서의 세련화는 물론 당당한 승리는 아닐지라도 미묘하고 투쟁적이며 창조적인 인간성의 표지라고 하는 것도 역시 사실이다…….

문학적 창조 행위는 정동을 증언하는 육체와 기호들의 모험이다. 이 모험은 분리의 표지로서, 그리고 상징 차원의 시초로서 슬픔을 증언하고, 내가 최선을 다해 나의 현실 경험과 조화시키려고 노력하는 기교와 상징의 세계 속에 나를 자리잡게 하는 승리의 표지로서 기쁨을 증언한다. 그러나 문학적 창조 행위는 이 증언을 체질과 전혀 다른 하나의 소재 속에 산출한다. 문학적 창조 행위는 정동을 리듬, 기호, 형식 속에 옮겨 놓는다. '세미오틱(sémiotique)'과 '생볼릭(symbolique)'[27]은 현재 존재하고, 독자에게 민감한 정동적 현실(이 책이 슬픔·고뇌 혹은 기쁨을 전달하기 때문에 나는 이 책을 좋아한다)을, 그렇지만 억압되고 분리된 그리고 패배당한 정동적 현실을 전달할 수 있는 표지가 된다.

상징적 등가물/상징

정동이 내적 혹은 외적인 사건들의 가장 원초적인 기재라고 가정할 경우, 인간은 어떻게 기호들에 이르게 되는가? 한나 시걸의 가설을 살펴보자. 그에 의하면 분리 이후(기호가 생기기 위해서는 반드시 '결여'가 있어

---

27) Cf. 저자의 《시적 언어의 혁명 *La Révolution du langage poétique*》, Le Seuil, Paris, 1974, chap. A. I. p.22-23 그리고 p.41-42. "우리는 '세미오틱'이라는 단어를 쓰면서 그 낱말의 그리스어의 의미를 수용한다. 그것은 변별적인 부호, 흔적, 지표, 전조적 기호, 증거, 새겨진 혹은 글로 씌어진 기호, 각인, 형적, 형상화를 뜻한다. (…) 여기서는 프로이트의 정신분석이 욕동의 소통과 구조화 장치를 전제하면서, 그리고 에너지와 그것이 찍어 놓은 자국을 **이동**하고 **압축**하는 이른바 **일차 과정**을 가정하면서 지적하고 있는 것이 문제가 된다. 이산량의 에너지가 앞으로 구성될 주체의 신체 속을 관류한다. 그렇게 되면 주체의 생성 과정에서 그 에너지들은 이 육체——항상 이미 기호화하고 있는 이 육체——에 가족 및 사회 구조가 강요하는 구속을 따라 제자리를 잡게 된다. '에너지의' 충전인 동시에 '심적 요소의' 표지이기도 한 욕동은 그래서 우리가 **코라**(chora)라고 부르는 것——즉 통제된 만큼이나 변화무쌍한 운동성 속에 그러한 욕동과 그 **정지**(stase)를 형성한 비표현적인 총체——을 분절한다."(p.22-23) 그 반대로 **생볼릭**은 판단과 문장과 동일시된다. "우리는 앞으로 세미오틱(욕동과 그 분절들)과 의미 작용의 영역을 구별할 것이다. 의미 작용의 영역은 언제나 명제 혹은 판단의 영역, 다시 말하면 조정(position)의 영역이다. 후설의 현상학이 **역설**(doxa)과 **정립**(thèse)의 개념을 통하여 다양하게 배합시키는 이 조정성은, 의미 생성의 과정 속에서 하나의 단절처럼 구조화되면서 주체가 그 대상들의 **동일화**를 조정성의 조건으로 만들어 간다. 우리는 의미 작용의 조정을 산출하는 이 단절을, 그것이 단어의 언술 행위이든 문장의 언술 행위이든 간에 **정립상**(phase thétique)이라고 부를 것이다. 언술 행위는 하나의 동일화를 요구한다. 즉 주체를 자신의 이미지로부터 그리고 그 이미지 안에서의 분리를, 동시에 그 주체의 대상들로부터 그리고 그 대상들 안에서의 분리를 요구하는 것이다. 언술 행위가 우선적으로 요구하는 것은 생볼릭으로 바뀐 한 공간에 그것들을 조정하는 것인데, 그렇게 함으로써 그 공간이 그처럼 분리된 두 가지 조정을 연결시켜서 '열린' 조정의 결합 체계 속에 그 조정들을 기록하거나 아니면 재분배할 수 있게 된다."(p.41-42)

야 한다는 사실에 주목하자)부터 어린아이는 결여된 것의 **상징적 등가물**인 대상들을, 아니면 모음 발생을 만들어 내거나 사용한다. 그 이후, 그리고 소위 말하는 우울증적 단계(position) 이후부터, 아이는 자신의 자아 속에 그가 상실되거나 변경된 이 외재성에 일치시키는 외부세계와는 무관한 요소들을 만들어 내면서 그를 휩쓸고 있는 슬픔을 의미하려고 노력한다. 이때 우리는 더 이상 등가물이 아니라 정확히 말하자면 **상징들**(symboles) 과 대면하게 되는 것이다.[28]

한나 시걸의 입장에 다음과 같은 사실을 덧붙여 보자. 그러한 슬픔을 극복할 수 있게 해주는 것, 그것은 더 이상 상실된 대상과의 자기 동일화 가 아니라 제3의 심급——아버지·형식·도식——과 자신을 동일화하는 자아의 능력이다. 부인(déni) 혹은 편집증의 단계("아니야, 나는 상실하지 않았어. 나는 기호들의 책략을 통하여, 또 나 자신을 위하여 나에게서 분리 된 것을 환기시키고, 의미하고, 존재하게 한다")의 조건인 이 자기 동일화 는, 남근적 혹은 상징적 자기 동일화라고 부를 수 있는 것으로서, 주체가 기호와 창조의 세계로 진입하는 것을 보장한다. 이 상징적 승리의 버팀목 인 아버지(père-appui)는 오이디푸스적인 아버지가 아니라, 프로이트가 '개인적 선사 시대의 아버지'라 불렀던 '상상적 아버지'이고, 이 아버지 가 일차 동일화를 보장해 준다. 그렇지만 이 개인적 선사 시대의 아버지가 상징적인 '법(Loi)' 안에서 오이디푸스적인 아버지 역할을 보장할 수 있 다는 것은 절대적으로 필요하다. 왜냐하면 바로 이 부성(父性)의 두 가지 국면을 조화롭게 결합시킨다는 기반 위에서 의사소통의 추상적이고 자의

---

28) Cf. Hanna Segal, 〈상징 형성에 관한 주해 Note on symbol formation〉, in 《정신분 석학 세계신문 International Journal of Psycho-analysis》, vol. XXXVII, 1957년, 6부, 프 랑스어역; 《정신분석지 Revue française de psychanalyse》, t. XXXIV, n° 4, 1970년, 7월 4일, pp.685-696.

적인 기호들이 선사적 동일화의 정동적 의미에 연결된 행운을 얻을 수 있고, 또한 잠재적인 우울증 환자의 죽은 언어가 타인들과의 관계 속에서 살아나는 의미를 얻어내는 행운을 가질 수도 있기 때문이다.

예를 들면 문학 창작과 같은 아주 색다른 상황에서 우울증의 이면으로서의 편집증적 단계인 상징 형성의 이 본질적 계기는 상징적인 친자 관계의 구성에 의해 표출될 수 있다. (그래서 우리는 주체의 현실적 혹은 상상적 역사에 속하는 고유명사들에 의지하고 있음도 볼 수 있는데, 주체는 자신을 이 역사의 계승자 내지는 그에 준하는 자로 표현한다. 그리고 이 고유명사들은 사실상 아버지의 결여를 넘어서 상실한 어머니에 대한 향수어린 애착을 추모하고 있다.)[29]

(암암리에 공격적인) 대상 우울증, (논리적으로 리비도의 대상 관계에 선행하는) 나르시스적인 우울증. 기호들과 투쟁하며, 기호들을 넘치게 하고, 위협하거나 변용시키는 정동성(affectivité). 이러한 표현에서부터 우리가 검토하게 될 의문은 다음과 같이 요약될 수 있다. 즉 미학적 창조와 특히 문학적 창조, 뿐만 아니라 상상적·허구적 본질을 다루는 종교적 담론은 하나의 장치를 제안하는데, 이 장치의 음률 체제, 등장인물들의 극작술, 함축된 상징 체계는 주체가 상징의 붕괴와 벌리는 투쟁의 가장 충실한 기호학적 표상이다. 이 문학적 표상은 정신적인 고통의 상호적이고 정신 내적인 원인들의 '의식화'라는 의미에서의 **가공**(élaboration)은 아니다. 그런 점에서 문학적 표상은 그러한 징후의 해체를 임무로 삼는 정신분석학적 방법과는 다르다. 그러나 문학적 (그리고 종교적) 표상은 현실적이고 상상적인 유효성을 지니는데, 그것은 가공보다는 카타르시스에 속한다고 하겠다. 그러한 표상은 각 시대를 통하여 모든 사회에서 사용된 한 치료 방법

---

29) Cf. 이 책의 제3장 네르발에 관한 부분, pp.190-197.

이다. 정신분석학자들이 특히 주체의 표상 가능성을 강화하면서 효과적으로 그 방법을 앞지른다고 주장할 경우, 그들에게는 우리의 위기를 승화하는 그러한 해결책에 더욱더 주의력을 기울이면서 그들의 실천을 더 풍요롭게 만들어 나가야 할 임무도 있는 것이다. 이는 중성화시키는 항우울제(antidépresseur)가 되기 위해서가 아니라 명철한 우울증 다스리기(contre-dépresseur)가 되기 위해서이다.

죽음은 표상 가능한가?

무의식이 쾌락 원칙의 지배를 받는다는 것을 가정함으로써 프로이트는 매우 논리적으로 무의식에는 죽음의 표상이 없다고 상정한다. 무의식은 부정(négation)을 알지 못하므로 죽음을 알지 못한다. 비-향락(non-jouissance)과 동의어이지만, 남근 박탈의 상상적 등가물인 죽음은 자기 모습을 볼 줄 모른다. 아마도 그런 이유로 죽음이 사변에게 길을 열어 주는지도 모른다.

그런데 임상 경험은 프로이트를 나르시시즘[30]으로 안내하여 죽음의 욕동[31]을 발견하게 하고 제2지형학[32]〔《자아와 이드》, 1923〕에 이르게 했을 때, 그는 에로스가 타나토스에 지배되어 위협을 받고, 그래서 결과적으로 죽음의 표상 가능성이 다른 용어들로 나타나게 되는 심적 기구의 한 비전을 인정하게 한다.

거세 공포, 그때까지 죽음에 대한 의식적인 고뇌에 잠재해 있는 것으로

---

30) 〈나르시시즘 입문 Pour introduire au narcissisme〉, 1914.
31) 《쾌락의 원칙을 넘어서》, 1920.
32) 〈자아와 이드〉, 1923.

알려진 이 공포는 사라지는 것이 아니라, **대상 상실의 공포 혹은 대상처럼 스스로 상실된다는 공포** 앞에서 모습을 감춘다.(멜랑콜리와 나르시스적 정신병의 병인론)

프로이트의 이러한 사고의 진화는 앙드레 그린이 강조했던 두 가지 의문을 남긴다.[33]

첫째, 죽음의 욕동의 **표상**은 어떤 것인가? 무의식이 알지 못하는 그 표상은 '제2의 프로이트'에게는, 프로이트의 표현을 뒤집어 말한다면 '초자아의 육성'이다. 그것은 자아 자체를 그 영향을 받고 있으면서도 그것을 알지 못하는 부분(자아의 무의식적인 부분)과 그것과 투쟁하는 또 다른 부분(거세와 죽음을 부인하고, 불멸성을 몽상하는 과대망상적 자아)으로 분열된다.

그런데 보다 근본적으로는, 그와 같은 분열이 모든 담론을 관통하지 않는가? 상징은 상실을 부정하기(Verneinung)로 구성되지만, 그러나 상징의 부인(Verleugnung)은 상실된 대상에 대해 증오와 지배력에 아주 가까운 심적 기재를 만들어 낸다.[34] 바로 이 심적 기재가 담론의 여백, 모음 체계, 운율 속에서, 분석가가 이해한 우울증을 바탕으로 재구성하여야 하는 생기를 잃은 단어들의 음절 속에서 해독되는 것이다.

그렇다면 죽음의 욕동은, 그것이 무의식에 표상되지 않을 경우——향락과 동시에——그 비존재(non-être)의 존재를 기록하는 심적 기구의 또 다른 층위를 창안해 내야 하는가? 무의식에게는 죽음인 이 공백·여백 혹은 간격을 증언하는 것은 분열된 자아가 산출한 것, 환몽과 허구의 구축물——결국 글쓰기의 기록부인 상상계의 장부——이 바로 그것이다.

---

33) 《삶의 나르시시즘, 죽음의 나르시시즘》, *op. cit.*, p.255 sq.
34) Cf. 이 책의 제2장 〈파롤의 삶과 죽음 Vie et mort de parole〉.

형태의 분열

상상적 구축물은 죽음의 욕동을 아버지에 대항하는 성애화된 공격성으로, 아니면 어머니의 육체에 대한 공포에 찬 혐오감으로 변형시킨다. 알려진 바와 같이 죽음의 욕동의 힘을 발견함과 동시에 프로이트는 그의 관심을 제1국소론의 이론적 모형(의식/전의식/무의식)에서 제2국소론의 모형으로 옮길 뿐만 아니라, 특히 그리고 제2국소론에 힘입어 그는 상상적 생산물(종교·예술·문학)의 분석 쪽으로 연구 방향을 돌린다. 거기서 프로이트는 죽음의 불안에 대한 표상을 발견한다.[35] 이것은 죽는다는 불안——이제는 거세 공포로 요약되지 않고, 거세 공포를 포괄하고, 거기에 상처를, 즉 육체와 자아의 완전성의 상실을 추가한 죽는다는 불안——이 그 표상을 '초의식적'이라는 형성물들, 말하자면 라캉이 말하는 분열된 주체의 상상적 구축물들 속에서 발견할 수 있다는 말인가? 물론 그러하다.

거기에서 남는 문제는 무의식 그 자체에 대한 또 다른 해석이 무의식에 고유한 직조 속에서, 다시 말하자면 어떤 종류의 꿈들이 우리에게 내비치는 것 같은 조직 속에서 죽음의 욕동의 **기호**가 아니라 그 **지표**인 표상의 이 비-표상적인 간격을 찾아낼 수 있느냐 하는 것이다. 경계례환자들(borderlines), 정신분열증 혹은 환각 상태를 겪는 환자들의 꿈은 종종 '추상화' 아니면 소리들의 폭포 또는 선들과 직조의 뒤얽힘이고, 분석의는 그 안에서 정신적이고 신체적 통일의 붕괴를——혹은 비-통합을——해독한다. 우리는 이러한 지표를 죽음의 욕동의 최종적인 표지라고 해설할

---

35) 이처럼 《토템과 터부 *Totem et Tabou*》(1913)에 나오는 부친 살해 혹은 〈불안한 야릇함 L'Inquiétante étrangeté〉(1919)에 나오는 치명적으로 위협적인 질(vagin).

수 있을 것이다. 성애화되었기에 필연적으로 전위된 죽음의 욕동의 이미지들 이외에도 그와 같은 작업은 죽음의, 심적 활동의 영도(degré zéro)에서 형식이 탈형식화되고, 추상화되고, 탈형상화되거나 공동화될 적에 **형식의 분열** 그 자체 속에서 정확히 탐지될 수 있다. 그것은 기재 불가능한 분해와 향락의 마지막 문턱이다……

  게다가 죽음의 표상 불가능함은, 신화적 사고에서는 여성의 몸이라는 또 하나의 표상 불가능한 것——원초적인 거처이면서 저승의 죽은 영혼들의 마지막 안식처——과 연결되어 있다. 죽음의 불안에 잠재해 있는 거세 공포는 물론 페니스가 없는 여성과 죽음 사이의 보편적인 결속의 중요한 부분을 설명한다. 그러나 죽음의 욕동의 가정은 또 다른 추론을 부과한다.

죽음을 부르는 여자

  남자에게 그리고 여자에게 어머니의 상실은 생물학적이고 정신적인 필요이고, 자립화의 첫 단계이다. 모친 살해는 그것이 최상의 방법으로 이루어지고 성애화될 수 있다면, 우리가 생명을 유지하는 데 필요한 것이고, 우리 자신의 개체화에 **필요 불가결한**(sine qua non) 조건이다. 왜냐하면 상실된 대상이 성애적 대상으로 되찾게 되거나(남성의 이성애와 여성의 동성애 경우처럼), 아니면 상실된 대상이 믿을 수 없는 상징적 노력에 의해 전치되어 그 출현을 우리가 찬양할 수밖에 없든지간에, 그것은 **타자**(이성애의 여성일 경우에는 이성(異性))를 성애화하거나 아니면 문화적 구축물들(남녀에 의한 사회 관계와 지적이고 미학적인 생산물의 투입을 생각하게 하는)을 '승화된' 성애 대상으로 변용시키기 때문이다. 개체에 따라, 그리고 허용된 환경에 따라 다소의 강약이 결정되는 모친 살해 충동의 폭력성은, 그것이 방해를 받을 경우 자아로의 역전(inversion)을 끌어들인다. 즉 어머니라는 대상이 내투사되었기 때문에, 결과적으로 모친 살해 대신에 우울증적이고 멜랑콜리적인 자아의 사형 집행이 일어나는 것이다. 엄마를 보호하기 위해 나는, 그것(ça)이 생기는 것이 바로 그녀, 죽음을 지닌 고통인 그녀에서부터라는 사실——환상적이고 보호자 같은 지식——을 알고 있으면서 나는 나를 죽인다……. 그리하여 나의 증오는 무사하게 되고, 나의 모친 살해 죄책감도 소멸된다. 내가 '그녀'와 동일화할 때 내 속에 품고 있는 증오로 인해 내가 조각들로 분쇄되는 것을 막기 위하여, 나는 '그녀'를 '죽음'의 이미지로 믿는다. 왜냐하면 이 혐오감은 원칙적으로 정신착란증적 사랑에 대항하는 개체화의 울타리로서 그녀 쪽을 향하고 있기 때문이다. 그래서 죽음의 이미지로서의 여성적 특성은 단순히 나의 거세 공포를 비쳐 주는 스크린이 아니라 모친 살해의 충동에 대한 상상적 안전 장치이고, 또 이러한 표상이 없다면 그 충동이 나를 범죄 행위로 밀어붙일 때 멜랑콜리 증세로 나를 분쇄해 버릴 것이다. 아니다, 죽음을 부르는 것은 '그녀'이다. 그래서 나는 그녀를 죽이기 위하여 나 자신을 죽이는 것이 아니라, 그녀를 공격하고, 괴롭히고, 표상한다…….

어머니와의 경상적(spéculaire) 동일화와 어머니의 몸과 모성적 자아의 내투사가 보다 직접적인 여자에게는, 모친 살해 충동을 죽음을 부르는 모성적 형상으로 반전시키는 역전이 불가능하거나 더 어렵게 된다. 실제로 내가 '그녀'이고(성적으로, 나르시시즘적으로), '그녀'가 나인데, 어떻게 '그녀'가 피에 굶주린 에리니스가 될 수 있겠는가? 결과적으로 내가 그녀에 대해 품고 있는 증오는 바깥을 향해 행사하지 못하고, 내 안에 갇혀 있게 된다. 거기에는 증오가 없고, 오직 내부에서 파멸되는 체질뿐이다. 이 체질은 스스로 벽을 쌓고, 나를 죽인다. 은밀한, 작은 불길처럼 서서히, 끊임없는 원한 속에서, 슬픔에 빠져들거나 아니면 나를 완성시키는 나의 죽음에 의해 증가된 상상적 충만감 이외에는 아무도 되찾을 수 없는 어두운 희망 속에서 내가 치사량의 수면제를 복용할 때까지. 남성 동성애자도 이와 똑같은 우울증 체제를 따른다. 다른 남자와 사디즘적인 열정에 빠지지 않는 동성애자는 세련된 멜랑콜리 환자이다.

여성 불멸성의 환몽은 처녀 생식이 가능한 여성 생식질의 유전에서 그 근거를 찾아낼 수 있다. 게다가 인공 생식 기술은 생각지도 못한 생식의 가능성을 여성의 육체에 부여하고 있다. 종의 보존에서 여성의 이 '전지전능함'이 남자의 임신을 가능하게 할 수도 있을 또 다른 기술적인 가능성으로 인하여 서서히 무너질 경우, 남성의 임신이라는 이 마지막 가능성은 비록 그것이 대다수 사람들의 양성 공유 환상을 만족시켜 준다 해도 오직 소수 사람들의 관심만을 끌 수 있을 것이다. 그러나 죽음 안에서, 그리고 죽음의 피안에서 영원불멸하다는 여성적인 확신(성처녀 마리아는 이 확신을 너무도 완벽하게 구현하고 있다)의 중요한 부분은, 심적 현상과의 '연결'이 불분명한 생물학적 가능성보다는 '부정적 나르시시즘' 안에 더 깊이 뿌리를 박고 있다.

부정적 나르시시즘은 그 절정에 이르면 타인에 대한 공격적인 정동(모친 살해)과 자기 자신 안에 들어 있는 비애의 정동을 감퇴시키게 되어, '대양적 공허(vide océanique)'라고 부를 수 있는 것과 대체한다. 여기서 문제되는 것은 마치 상태에 빠진 고통, 중단되어 버린 향락의 감정과 환몽이고, 만족스러운 만큼이나 공허한 기다림과 침묵이다. 죽음의 대양 한복판에서 멜랑콜리의 여환자는 언제나 그녀 안에 내버려지고, 그녀의 바깥에서는 결코 누구도 죽일 수 없는 죽은 여자이다.[36] 수치심이 강하고, 말하

---

36) Cf. 제3장, 〈죽이기 아니면 자살하기〉와 〈처녀 어머니〉.

기를 거부하고, 타인들과 말이나 욕망의 관계를 맺지 않는 그녀는 여하튼 충분한 쾌락을 제공해 주지 못하는 정신적인, 그리고 신체적인 타격을 자신에게 가하면서 소진되어 간다. 치명적인 일격── '죽은 여자'와 그녀가 죽이지 못한 '동일한 여자'와의 결정적인 결합──이 가해질 때까지.

우리가 한 여자가 이성(異性)을 성애 대상으로 찾아내기 위해 해야 하는 심적·지적·정동적인 무한한 노력에 대해 아무리 강조해도 지나치지 않을 것이다. 그의 계통 발생적인 몽상 속에서, 프로이트는 (원시 유목 민족의 아버지의 냉혹함이나 난폭함 등등 때문에) 남자가 여자들에게서 욕구 불만을 느꼈을 때 (혹은 느낄 때) 그 남자가 실현하는 지적 완성을 대하면서 감탄스러워할 때가 많았다. 이미 보이지 않는 자신이 질의 발견이 여성에게 무한한 감각적·사변적 그리고 지적 노력을 요구할 경우, 최초의 모성 대상의 성(sexe)과는 다른 성을 가진 성적 대상으로의 이행과 **동시에** 일어나는 상징 질서로의 이행은 대규모의 가공 작업을 표상하고, 그 작업에서 여자는 남자가 요구하는 것보다 더 높은 심적 잠재력을 투입한다. 이 과정이 순조롭게 완수될 적에 소녀들의 조숙한 각성, 많은 경우 학교 연령에 비해 보다 우수한 그녀들의 지적 수행 능력, 지속적으로 보여 주는 여성적인 성숙함 등등은 그 가공 작업의 증거가 된다. 그러나 여자들은 그 대가로 상실된…… 그 정도로 상실되지는 않은 그 대상의 문제성 많은 상의 슬픔을 끊임없이 기리면서 보상을 받는다. 그리고 그 대상은 계속 여성적인 안락함과 성숙함의 '지하 납골당' 안에 남아 있으면서 끈질기게 그녀들을 괴롭힌다. 이상(idéal)의 대대적 내투사가 부정적 성향을 지닌 나르시시즘과, **그리고** 사람들의 능력이 펼쳐지는 경기장에 참석하고 싶은 갈망을 동시에 충족시켜 주지 못하는 한.

2

파롤의 삶과 죽음

우울증 환자의 말을 상기해 보자. 반복이 많고 단조롭다. 말을 잇기가 불가능해서 문장이 중단되고, 소진되어, 멈춘다. 구(句)들도 형성되지 못한다. 반복적인 리듬, 단조로운 멜로디가 분쇄된 논리적인 연쇄들을 장악하여 그것들을 되풀이하고, 강박적인 기도문으로 변형시킨다. 결국 이 소박한 음악성마저 차례로 고갈되거나, 아니면 단지 침묵으로 정착될 수밖에 없을 때, 멜랑콜리 환자는 기호 해독 불능증의 공백 상태에 혹은 질서를 잡을 수 없는 관념적 혼돈의 과잉 속에 침잠하면서 발화와 함께 모든 관념화를 중단하는 것 같다.

분쇄된 연쇄: 생물학적 가정

이 위로할 수 없는 슬픔은 자주 절망을 지향하는 실제 성향을 숨긴다. 그 슬픔은 부분적으로 생물학적인 것일 수도 있다. 즉 신경 파동의 순환이 지나치게 빠르거나 지나치게 느린 것은 개인이 다양하게 소유하고 있

는 화학 물질에 달려 있기 때문이다.[1]

의학적인 담론은, 통계적으로 우위를 차지하기 때문에 정상이라고 간주된 감동·동작·행위 혹은 말의 연속성이 우울증 속에 억압되어 있다는 점을 주시한다. 즉 전반적인 태도의 리듬이 단절되었고, 행위와 연쇄(séquence)도 실현되기에는 더 이상 시간이나 장소도 가지고 있지 않다는 사실이다. 만일 비우울증적 맥락을 잇는 ('연쇄하기'의) 능력이라면, 우울증 환자는 반대로 자신의 고통에 얽매어 더 이상 연쇄를 이끌지도 못하고, 결국에는 행동하지도 않고 말도 하지 않는다.

'완만화 상태' : 두 가지 모형

많은 저자들이 멜랑콜리적-우울증적 상태의 특징인 운동, 정동, 관념의 완만함을 강조했다.[2] 정신 운동의 흥분 상태와 정신착란성 우울 상태, 더 일반적으로는 우울증적 체질까지도 이 완만화와 떼어 놓을 수 없을 것 같다.[3] 언어의 완만화도 똑같은 양식을 따른다. 어조가 느리고, 침묵이 길고 잦으며, 리듬은 완만하고, 억양은 단조롭다. 구문 자체도, 정신분열증

---

1) 이 분야에 관한 약리학의 발전을 상기해 보자. 1952년 델레이(Delaye)와 데니커(Deniker)에 의한 흥분 상태에 행사하는 신경 안정제 작용의 발견과, 1956년 쿤(Kuhn)과 클라인(Klein)이 행한 중요한 항우울제의 첫번째 사용, 그리고 1960년초 슈(Shou)가 행한 리튬염 사용의 기술 완성.

2) 우리는 다니엘 비들뢰쉐(Daniel Widlöcher)의 지휘 아래 이루어진 《우울증적 완만화 Le ralentissement dépressif》, P.U.F., Paris, 1983을 참조할 것이다. 이 저서는 그러한 작업의 현상을 명확히 밝히고, 우울증 상태에 고유한 완만화이 새로운 개념을 제시하고 있다. "우울증 환자가 되는 것은 하나의 행동 체계 속에 갇혀 있는 것이고, 여러 가지 양상에 따라서 행동하고 생각하고 말을 하는 것인데 완만함이 그 특징이다."(ibid, p.9)

3) Cf. R. Jouvent, ibid., pp.41-53.

에서 관찰할 수 있는 것과 똑같은 혼란과 무질서를 부각시키지는 않지만, 다시 복원할 수 없는 삭제(문맥으로는 재구성이 불가능한 목적어나 동사의 생략)로 특징되는 일이 자주 일어난다.

우울증적 완만화 상태에 잠재된 과정을 고찰하기 위해 제안된 모형들 중 하나인 '학습된 무력함(learned helplesness)'은 다음과 같은 관찰에 기반을 두고 있다. 모든 출구가 닫혔을 때, 동물도 사람처럼 도망가거나 싸우기보다는 자기 몸을 숨기기를 배운다. 따라서 우울증 증세라고 부를 수 있는 완만화와 무기력도 출구 없는 상황과 피할 수 없는 충격에 대한 방어에서 배운 반응이라는 것이다. 삼환형(trycyclique) 우울증 치료제는 분명히 도피 능력을 회복시켜 주는데, 이것은 학습된 무기력이 노라드레날린 작용의 감소 아니면 콜린 작용의 과대 활동성과 연관되어 있다는 것을 추측하게 한다.

또 다른 모형에 따르면 모든 행동은 반응의 시작을 조건짓는 보상에 기반을 두고 있는 자가자극(autostimulation)의 체계에 의해 통제를 받고 있다고 한다. 우리는 '양성 혹은 음성의 강화 체계(systèmes de renforcement positif ou négatif)'라는 개념에 이르게 된다. 그리고 우울증 상태에서 이 체계들은 동요를 받게 된다는 것을 가정하면서, 내포된 구조들과 매개물들을 연구하게 된다. 이 동요에 대해서 우리는 이중적인 설명을 제시하기에 이른다. 강화의 구조, 즉 노라드레날린 작용을 매개로 하는 종뇌(終腦)의 중앙망은 반응을 담당하고 있기 때문에 완만화와 우울증적 위축은 그것의 기능 장애에서 비롯된다. 마찬가지로 콜린 작용을 매개로 하는 뇌실 주변의 '처벌' 체계의 과잉 기능은 불안의 원인이 된다.[4] 종뇌의 중앙망

---

4) Cf. Y. Lecrubier, 〈우울증 상태의 생물학적 한계 Une limite biologique des états dépressifs〉, *ibid.*, p.85.

의 **청반핵**(locus coereleus)의 역할은 자가자극과 노라드레날린의 매개 작용에서 가장 중요한 것이다. 처벌을 기다리는 반응의 제거와 관련된 경험에서는 반대로 세로토닌이 증가한다. 그러므로 우울증 치료는 노라드레날린의 증가와 세로토닌의 감소를 필요로 한다.

청반핵이 행하는 중요한 역할은 많은 저자들에 의해 강조된 바 있다. "정상적인 공포나 불안을 유발시키는 '경보 체계'를 위한 중앙 중계 센터인 청반핵(LC)은 [⋯] 신체 안에 고통의 경로로부터 직접 신경 분포를 받아들이고, 마취된 동물에게도 유해한 자극의 반복적인 출현에 꾸준히 반응을 보낸다. [⋯] 게다가 거기에는 대뇌피질을 왕래하는 경로가 존재하고 있는데, 이 경로는 피드백(feed-back) 회로를 형성하고, **자극의 의미와 변별성**이 반응에 행사할 수 있는 영향을 설명한다. 바로 이 피드백 회로가 **한 감정 상태 혹은 여러 가지 감정 상태**의 인지 경험의 기반이 되는 부위에 접근할 수 있게 한다.[5]

'자극'과 '강화'로서의 언어 활동

증상의 두 가지 경로——정신적인 경로와 생물학적인 경로——를 고찰하는 현재의 시도에서 우리는 다시 한 번 인간에게 있어서 언어 활동의 중추적 중요성이라는 문제를 상정할 수 있다.

해결책이 없는 분리나 피할 수 없는 충격의 경험 또는 출구 없는 추격의 경험에서, 행동 이외에는 의지할 방법이 없는 동물과는 달리 어린아이

---

5) Cf. D. E. Redmond, Jr., 모르통 레이저(Morton Reiser)에 의해 인용된 《정신, 두뇌, 몸 Mind, Brain, Body》, Basic Books, New York, 1984, p.148. 인용자의 강조.

는 심적 표상과 언어 활동 속에서 투쟁 혹은 도피의 해결책을 찾아낼 수 있다. 아이는 투쟁과 도망가기, 그 사이에 존재하는 모든 단계를 상상하고 생각하며 말하는데, 바로 그것이 욕구불만이나 돌이킬 수 없는 유해물로 인하여 상처를 받고, 행동 정지에 몸을 웅크리거나 아니면 죽은 척하기를 피할 수 있게 한다. 그러나 도망가기/투쟁하기, 즉 죽은 척하기(flight/fight: learned helplesness)라는 멜랑콜리 증세의 딜레마에 대한 이러한 비우울증적 해결책이 형성될 수 있기 위해서는 그 아이에게 반드시 상징적이고 상상적인 코드 속에 들어 있는 **견고한 함축 의미**가 필요하다. 그리고 이 코드는 오직 그러한 조건에서만 자극이 되고 강화가 된다. 그래서 이 코드는 어떤 행동에 대한 반응을 알려 주는데, 이 행동 역시 암암리에 상징적이고, 언어 활동에 의해 혹은 언어 활동의 작용 속에서만 정보를 얻는다. 반대로 상징적 차원이 불충분하다고 밝혀질 경우, 주체는 활동 정지와 죽음으로 이르는 출구 없는 혼란 상태에 빠지게 된다. 말을 바꾸어 보면, 언어는 자신의 이질성(일차 과정 **그리고** 이차 과정, 욕망·증오·갈등의 관념적인 **그리고** 정서적인 매개) 속에서 아직 알려지지 않은 중개물을 통해서 신경생리학적 회로에 활성화의 효과를 불어넣는 (역으로는 억압의 효과를 불어넣는) 강력한 요소(facteur)이다. 그러한 관점에서 아직도 여러 가지 문제들이 미결 상태로 남아 있다.

우울증 환자에게서 확인할 수 있는 상징 능력의 감퇴는 우선 임상적으로 관찰할 수 있는 완만화의 한 요소인가? 아니면 그 감퇴가 근본적으로 생물학적인 전제 조건에서 드러나는 것인가? 심적 표상, 특히 단어들의 표상과 시상하부(視床下部)의 핵에 그 단어들을 연결하는 경로들을 지탱시켜 주는 (그런데 어떤 방법으로?) 신경세포와 내분비선 회로의 기능 장애가 그러한 감퇴를 조건짓는가? 아니면 여기서 문제되는 것이 오직 가족적·사회적인 환경에서 비롯되는 상징적 파급 효과의 부족인가?

정신분석가들은 앞으로 첫번째 가정을 배제하지 않은 채 두번째 가정을 밝히기에 전념하게 될 것이다. 따라서 우리는 주체에게 **상징적 파장 효과를 제거하는 메커니즘**이 어떤 것인지를 자문하게 될 것이다. 그런데 이 주체는 외관상으로는 사회 규범을 따르고, 더구나 비상하고 적절한 상징 능력을 지녔다. 우리는 치료의 역학과 해석의 특수 체제를 통하여, 발화하는 유기체인 이 이질적인 총체의 상상적이고 상징적인 차원에서 그가 지닌 최상의 능력을 회복시키려고 노력할 것이다. 그것은 우리에게 우울증 상태에 있는 사람의 **시니피앙의 부인**에 대해, 그리고 우울증 환자의 말 속에서, 뿐만 아니라 일차 과정의 중개를 통한 '상상적·상징적 접목'으로서의 해석적인 말 속에서 일차 과정의 역할에 대해 문제를 제기하게 할 것이다. 마지막으로 우리는 환자에게 상상적 차원의 정착을 용이하게 하기 위하여 **나르시스적인 인식과 이상화**의 중요성에 의문을 제기할 것이다. 이것은 많은 경우 욕망과 갈등에서부터 증오에 이르기까지의 매개 변수로서 의사소통 능력의 새로운 획득과 대등할 것이다.

앞으로 우리가 포기하게 될 '생물학적 한계'의 문제를 마지막으로 언급하면서, 심적 표상과 특히 언어적 표상의 층위가 최종적으로 시상하부의 다양한 회로들에 의해 신경학적으로 뇌의 생리학적 발생으로 이송된다는 사실을 말해 두기로 하겠다. (시상하부의 핵은 의미를 지탱시키는 기능을 가진——그런데 어떤 식으로?——대뇌피질과 **정동**을 지탱시키는 기능을 가진 뇌간의 주변 체계 그 양쪽에 연결되어 있다.) 현재로서 우리는 어떻게 그 이송이 생기는지 알지 못한다. 그런데 임상 경험을 통하여 우리는 그것이 **실제로** 일어난다는 생각을 하게 되었다. (그 예로 어떤 말이 지닌 흥분제 혹은 진정제 같은, '아편 같은' 효과를 상기할 수 있을 것이다.) 결국 상징 능력의 감퇴로 인해 촉진된 신경생리학적인 혼란이 그 원인임을 알아보게 하는 수많은 질병들——그리고 우울증——은 언어 활동의 효과에 접근할 수 없는 층위에 계속 고정되어 있다. 그래서 우울증 치료제의 보조 효과는 최소한의 신경생리학적 기반을 구축하는 데에 필요하다. 그 기반 위에서 상징의 결여와 결속을 분석하고, 새로운 상징성을 재구성하는 정신 치료 작업이 시동될 수 있을 것이다.

의미와 뇌 기능 사이에 가능한 다른 이송들

우울증 환자의 담론에 나타나는 언어적 요소 연속의 중단과, 더욱이 그 중단을 보완하는 소분절의 작용(리듬·멜로디)은 좌뇌의 결함으로 해석될 수 있다. 좌뇌는——일시적으로나마——우뇌의 지배를 위하여 언어의 생성을 장악하고, 우뇌는 정동과 감정, 그리고 '일차적인' '음악적인' 비언어적인 그 기재들을 장악한다.[6] 더구나 그러한 관찰에 첨가될 수 있는 것이 뇌의 이중적 기능 작용의 모형이다. 즉 신경세포적인, 전기 혹은 배선 회로가 깔린, 그리고 디지털적인 기능과, 내분비선과 체액에 의존하는 변동적이고 아날로그적인 기능의 모형이다.[7] 뇌의 몇몇 화학 물질, 말하자면 몇 가지 신경 전달 물질은 이중의 반응을 가지고 있는 것 같다. 즉 가끔은 '신경 단위적'이고, 가끔은 '내분비선적'인 반응 말이다. 결국 뇌의 이러한 이중성 안에서 여러 가지 정념이 주로 체액 속에 정착한다는 사실을 참작할 경우, 우리는 '중심의 유동 상태'에 대해 말할 수 있을 것이다. 만일 우리가 언어 활동이, 그 고유한 층위에서 이 '유동 상태'를 나

6) Cf. Michael Gazzaniga, 《반으로 나뉜 뇌 *The Bisected Brain*》, Meredith Corporation, New York, 1970. 그 이후로 많은 연구서들이 뇌의 두 반구간의 상징적 기능의 이러한 분할을 강조하게 된다.

7) Cf. J. D. Vincent, 《정념의 생물학 *Biologie des passions*》, Éd. O. Jacob, Paris, 1986.

타내야 한다는 것을 인정한다면, 언어적인 기능 속에서 '신경 단위적인 대뇌'에 더 가깝다고 생각되는 영역(문법적이고 논리적인 요소 연속 같은)과 '뇌-선(cerveau-glande)'에 더 가깝다고 생각되는 영역(담론의 초분절적인 구성 요소)을 위치시키는 일이 뒤따르게 된다. 그리하여 우리는 좌뇌와 신경 단위적 대뇌에 관련된 의미 생성의 '생볼릭적 양태'와 우뇌와 뇌-선에 관련된 '세미오틱적 양태'를 고찰할 수 있게 된다.

그러나 오늘날 생물학적인 기체와 표상들——그것들이 성조적(tonal)이든 통사적·감정적·인지적·세미오틱적·생볼릭적이든 간에——의 층위 사이에는——비약이 아니라면——어떤 대응(correspondance)을 구축할 수 있게 해주는 것이 아무것도 없다. 그러나 우리는 생물학과 **표상**이라는 그 두 가지 층위 사이의 가능한 대응 관계를 무시할 수는 없고, 또 한쪽에서 다른 한쪽으로의 반향——물론 우연적이고 예측할 수 없는 것이지만——을 시도하는 것도 생각할 수 없으며, 더구나 한쪽에 의한 다른 한쪽의 변용을 시도하는 것은 생각할 수도 없다.

결론적으로 노라드레날린과 세로토닌의 기능 장애나 그것들의 수용에서 오는 기능 장애가 염색체 접합(synapse)의 전도성을 방해하여, 우울증 상태를 조건지을 **수 있다**면, 그러한 몇몇 염색체 접합의 역할이 대뇌의 성형 구조(星形構造) 안에서는 절대적인 것이 될 수 없다.[8] 이러한 불완전 상태는 뇌에 가해지는 다른 화학적 현상과 외적 작용(생볼릭적인 작용도 포함하여)에 의해 방해받을 수 있고, 뇌는 생물학적인 다양한 변모를 통해 거기에 순응한다. 실제로 타자와의 관계의 경험, 그 폭력성 또는 환희는 이 생물학적인 영역에 그 표지를 결정적으로 각인하고, 우울증적 행동의

---

8) Cf. D. Widlöcher, 《우울증의 논리 Les Logiques de la dépression》, Fayard, Paris, 1986.

잘 알려진 모습을 완성한다. 분석의는 멜랑콜리와의 투쟁에서 화학 작용을 포기하지 않으면서, 이 상태의 언어화와 그 지양의 광범위한 범주를 자유자재로 처리한다(아니면 처리할 수 있게 된다). 이러한 간섭에 계속 주의를 기울이면서 분석의는 우울증적 담론의 특수한 변화와, 그리고 거기서 도출되는 그 자신의 해석적 파롤을 구축하는 데 만족하게 될 것이다.

그리하여 정신분석가는 우울증 상태와의 대결을 통해서 의미에 관련된 주체의 위치에 대해, 그리고 다양한 심적 기재를 가능하게 하는 언어 활동의 이질적 차원에 대해 자문하기에 이른다. 이 심적 기재는 그러한 다양성 때문에 뇌의 기능 작용의 수많은 양상에 접근이 가능하고, 따라서 인체 조직의 여러 활동에도 접근 가능한 수많은 경로를 가지게 된다. 결국 그런 각도에서 본다면 상상적 경험은 우리에게 우울증 상태에 내재하는 상징의 포기에 대항하여 인간이 벌이는 투쟁의 증언인 동시에, 해석적 담론을 풍요롭게 만들 수 있는 일련의 방법처럼 보이게 될 것이다.

정신분석학적 도약: 연쇄하기와 치환하기

분석가의 관점에서 보면 시니피앙들(파롤 혹은 행위)을 연쇄하는 가능성은 원초적이고 필요 불가결한 어떤 대상에 대해 이루어진 상의 슬픔과, 또 거기에 집착하는 다양한 정서에 달려 있는 것 같다. '쇼즈'에 대한 상의 슬픔인 이 가능성은 상실을 넘어서 상상적인 혹은 상징적인 영역에, 어떤 질서에 따라 분절되는 타인과의 상호 작용의 흔적을 옮겨 놓기에서 생겨난다.

원초적 대상에서 떨어져 나온 세미오틱의 흔적들은 우선 일차 과정(전위와 압축)에 따라 **계열**(séries)로 배치되고, 그 다음에는 문법과 논리의 이차 과정에 따라 통사와 문장으로 정돈된다. 오늘날 언어 활동에 관한 모든 학문은 담론이 **대화**(dialogue)라는 사실을 인정하는 데 동의하고 있다. 즉 담론의 운율적 · 발성적 그리고 통사적 질서잡기가 실현되려면 두 명의 대화자가 필요하다는 것이다. 그러나 주체와 다른 사람과의 분리의 필요성을 미리 암시하고 있는 이 기본 조건에 다음과 같은 사실이 첨가되어야 할 것이다. 즉 언어의 연쇄는 다소 공생적인 원초적 대상을 원초적인 '쇼즈'의 신기루에 소급해서 형태와 의미를 부여하는 진정한 재-구성인 **치-환**(trans-position)으로 대체하는 조건에서 이루어진다는 사실이다. 질서 바꾸기인 이 치환의 결정적인 활동은 두 가지 측면을 내포한다. 그것은 대상에 대한 기정된 상의 슬픔(그리고 그 그림자 속에 깃든 원초적인 '쇼즈'에 대한 상의 슬픔)과, 그리고 단지 계열로 정돈되기만이 가능한 기호들(정확히 말해서 대상의 부재에 의한 기표)의 영역에 주체가 동의하기이다. 그것에 대한 증언은 어린아이의 언어 습득 활동에서 찾아볼 수 있다. 용감한 방랑자로, 표상의 왕국에서 어머니를 찾기 위해 자기 요람을 떠날 때의 어린이 말이다. 우울증 환자는 그가 의미하기를 포기하고, '쇼즈'와의 재회를 기리는 고뇌의 침묵 혹은 눈물의 경련 속에 침잠할 때는, 거꾸로 그것에 대한 또 하나의 증인이 된다.

Trans(넘어서)-poser(놓다)는 그리스어로 **메타포레인**(métaphorein), 즉 옮겨 놓다(transporter)에 해당한다. 언어란 처음부터 번역이다. 그러나 정동적인 상실이 작용하는 영역에서는 단념이고 균열이다. 만일 내가 엄마를 잃어버린 것에 동의하지 않는다면, 나는 엄마를 상상할 수도, 이름을 부를 수도 없을 테니까. 정신병 아이는 이 비극을 잘 알고 있다. 그는 능력이 없는 번역가이고, 은유라는 것을 알지 못한다. 그에게는 우울증적 담론이 정신병 위험의 '정상적인' 표면이다. 우리를 휩쓸어 버리는 슬픔, 우리를 마비시키는 완만화는 광기에 대항하는 하나의——가끔은 최후의

——방패이기도 하다.

말하는 존재의 운명은 근원적인 초상의 슬픔과 그것에 이어지는 연속적인 초상을 가공하는 우리의 능력을 증명하는 이러한 계열적 혹은 문장적 치환을, 항상 더 먼 곳에 혹은 더 가까운 곳에 끊임없이 옮겨 놓는 데 있는가? 우리가 지닌 말하기 재능과, 타인을 위한 시간 속에 우리를 위치시키는 능력은 오직 하나의 심연을 넘어서만 존재할 수 있을 것이다. 말하는 존재는, 시간 속에 지속할 수 있는 그의 능력에서 시작하여 열광적이고 학문적인, 아니면 단지 오락적인 그의 구축물의 구성에 이르기까지 그의 기반에 하나의 단절·포기·불안을 요구한다.

이 기본적인 상실의 부정(dénégation)은 우리에게 기호의 세계를 열어 주지만, 그러나 상의 슬픔은 자주 미완 상태에 있다. 상의 슬픔은 부정을 뒤엎고, 기호들을 그것들이 의미하는 중립성에서 끌어내면서 기호들의 기억에 자신을 상기시킨다. 상의 슬픔은 기호들을 정동으로 가득 차게 만드는데, 이것은 기호들을 양의적이고 반복적인 것으로 만들거나 아니면 단순히 자음 반복적인 것, 음악적인 것, 혹은 가끔 비상식적인 것이 되게 하는 효과를 갖는다. 그래서 번역——말하는 존재인 우리의 운명——은 고통의 장(場)에서 멀리 떨어진 기호 체계 같은 메타언어와 외국어들을 향한 현기증나는 행진을 멈춘다. 번역은 명명할 수 없는 것을 포착할 목적으로, 모국어 안에서 '총체적이고 새로우며 언어에 생소한 낱말(말라르메)'을 찾아내기 위해 스스로 생소한 것이 되려고 애쓴다. 따라서 정동의 과잉은 새로운 언어들——기이한 연쇄, 개인 언어, 시적 언어——을 만들어 내는 것 이외에는 자신을 표현할 다른 방법을 갖지 못한다. 원초적인 '쇼즈'의 무게가 그 과잉을 이겨낼 때까지, 그리고 온갖 번역 가능성이 불가능해질 때까지. 그래서 멜랑콜리는 기호 해독 불능증에서, 의미의 상실에서 끝난다. 내가 번역하거나 은유로 표현하기를 더 이상 할 수 없을 경우, 나는 침묵하고, 나는 죽는다.

부정의 부인

잠시 우울증 환자가 무언증(mutisme)에 빠지기 전에 내뱉는 말에 다시 한 번 귀를 기울여 보자. 그의 말은 반복이 많고, 단조롭고, 혹은 의미가 없을 뿐 아니라 그 말을 하는 사람 귀에도 잘 들리지 않는다. 우리가 확인하게 된 것은, 우울증 환자에게 의미는 자의적인 것 같다……. 아니면 많은 학식과 억제 의지의 도움을 받아 구성되었으나 그 의미는 부차적이고, 말을 하는 사람의 정신과 육체에서 빗나가 약간 엉킨 상태라는 것이다. 뿐만 아니라 그 의미는 모호하고, 애매하며, 공백이 많아서 거의 침묵에 가깝다. 말하자면 '그'는 이미 말이 거짓이라는 것을 확신하고 있으면서 우리에게 말을 하고 있고, 그래서 '그'는 아무렇게나 말을 하고, '그'는 자기 말을 믿지 않으며 말을 한다.

그런데 언어학은 의미가 자의적이라는 이 사실을 모든 언어 기호와 모든 담론을 통해서 확인시켜 주고 있다. RIR라는 시니피앙은 'rire(웃음)'라는 의미와의 관계에서 전혀 근거가 없으며, 뿐만 아니라 특히 웃음의 행위와 그 신체적 실행, 웃음이 지닌 정신 내적인 그리고 상호 작용적인 가치와의 관계에서도 근거가 없지 않은가? 그 증거는 다음과 같다. 나는 동일한 의미와 동일한 행위를 영어로는 'to laugh'로, 러시아어로는 'smeiatsia' 등등으로 부른다. 그런데 모든 '정상적인' 화자는 이 인위적 수단을 심각하게 받아들여, 그것에 집중하는 것을 배우거나 아니면 잊어 버리기를 터득한다.

기호가 자의적인 것은 언어 활동의 상실의 **부정**(Verneinung)과 상의 슬품이 유발하는 우울증의 부정으로 인해 시동되기 때문이다. "나는 마지막 심급에서, 내 어머니라고 여겨지는 없어서는 안 될 대상을 잃었어"라고 말하는 존재를 말하는 것 같다. "그게 아니야, 나는 엄마를 기호 속에서 다시 찾았어. 혹은 내가 엄마를 상실한 것을 받아들이기 때문에, 오히려 나는 엄마를 잃지 않았어(여기에 부정이 있다), 나는 언어 속에서 엄마를 되찾을 수 있어."

우울증 환자는 반대로, **부정을 부인한다**. 그는 부정을 취소해 버리고, 그것을 보류시킨다. 향수에 젖어 그는 상실의 실제 대상('쇼즈')에게로 물러나 틀어박히는데, 이 상실이 바로 우울증 환자가 잃게 되지 않는 그 무엇이고, 고통스럽게 계속 집착하는 그 무엇이다. **부정의 부인**(Verleug-nung)은 이처럼 불가능한 상의 슬픔의 메커니즘이고, 근원적인 슬픔과 인위적이고 믿을 수 없는 언어의 자리잡음일 것이다. 이 언어는 그 어떤 시니피앙도 접근할 수 없으며, 오직 억양만이 불규칙적으로, 미묘한 변화를 주게 되는 그 고통스런 밑바닥에서 뚜렷하게 드러난다.

부인과 부정은 어떤 의미를 갖는가?

우리는 **부인**(déni)을 시니피앙의 거부와 욕동과 정동의 세미오틱적인 대체물들의 거부라고 이해할 것이다. **부정**(dénégation)이라는 용어는 억압된 것을 부인한다는 조건하에서 그것을 표상으로 인도하고, 또 그렇게 함으로써 시니피앙의 출현에 참여하는 지적인 작용처럼 이해되는 것이다.

프로이트에 의하면 **부인** 혹은 **취소**(Verleugnung)는, 자기가 지각의 차원에 속하는 것으로 간주하던 심적 현실에 적용된다. 이 부인은 어린아이에게 흔한 것이지만, 이것이 외적 현실에 영향을 미치게 때문에 성인에게는 정신병의 시발점이 된다.[9] 그렇지만 나중에 부인은 자기 원형을 거세의 부인에서 찾아내고, 페티시즘을 구성하는 것으로서 정의된다.[10]

우리가 프로이트의 Verleugnung(부인)의 영역을 확대하는 것이 주체 속에 분열을 만들어 내는 부인의 기능을 바꾸지는 않는다. 왜냐하면 한편으로 주체는 심적 외상을 지닌 지각의 원초적 표상들을 부인하고, 다른 한편으로 표상들의 영향력을 상징적으로 인식하고, 거기에서 결과를 끌어내려고 노력하기 때문이다.

그러나 우리의 개념이 부인의 대상을 변용시킨다. 부인은 **결여**——근본적으로 대상의 결여이든 아니면 여성의 거세처럼 나중에 성애화된 결여이든 간에——**의 정신 내적인(세미오틱적이고 생볼릭적인) 기재**를 명확히 밝힌다. 달리 말하자면 부인은 세미오틱적인 흔적들을 기재할 수 있고, 또한 다른 주체를 위해 주체 안에 의미를 만들도록 그 흔적들을 옮겨놓을 수 있는 시니피앙들을 명시한다.

우울증적 시니피앙의 이 부인된 가치는 대상을 단념하기가 불가능함을 표현하고, 또 그 가치가 자주 남근적 어머니의 환몽을 동반한다는 사실을 주목하게 될 것이다. 페티시즘은 우울증과 그것이 지닌 시니피앙의 부인에 대한 해결책인 것 같다. 왜냐하면 페티시즘 환자는 환몽에 의해서 그리고 행위로의 이행(passage à l'acte)을 통해서 대상의 상실로 인한 생물학적이고 정신적인 균형 상실에 뒤따르는 심적 고통(고통의 심적 표상체들)의 부인을 대체하기 때문이다.

---

9) Cf. S. Freud, 〈양성의 해부학적 차이에서 생기는 심리학적 귀결 Quelques consé-quences psychologique de la différence anatomique entre les sexes〉(1925), in 《성생활 La Vie sexuelle》, P.U.F., Paris, 1969, pp. 123-132. *S. E.*, t. XIX, pp. 241-158; *G. W.*, t. XIV, pp. 19-30.

10) Cf. S. Freud, 〈페티시즘 Le fétichism〉(1927), in 《성생활》, *op. cit.*, pp. 133-138; *S. E.*, t. XXI, pp. 147-157; *G. W.*, t. XIV, pp. 311-317.

시니피앙의 부인은 정확히 시니피앙의 강제 부과를 보장하는 부성적 기능의 부인으로 보강된다. 이상적 아버지 혹은 상상적 아버지의 기능으로 유지되어 온 우울증 환자의 아버지는 어머니에게 부여된 남근적인 힘을 박탈당했다. 매혹적인 혹은 유혹하는 자, 연약하고도 매력적인 이 아버지는 주체를 열정 속에 붙잡아두지만, 그에게 생볼릭의 이상화로 통하는 출구의 가능성을 마련해 주진 못한다. 생볼릭의 이상화가 개입하게 되면, 그 가능성은 모성적 아버지에게 의지하고, 승화의 길로 들어선다.

프로이트가 그의 연구 〈부정〉[11]에서 그 애매성을 주장하고 확대시키는 **부정**(Verneinung)은 욕망과 무의식적인 사고의 양상을 무의식에 도입하는 한 과정이다. "그 결과 억압된 자의 일종의 지적 수용이 일어나고, 그때 억압의 근본적인 것은 지속된다."[12] "부정의 상징을 이용하여, 사고는 억압의 제한들을 넘어선다."[13] 부정을 통하여 "그러므로 표상 혹은 사고의 억압된 내용은 의식에 이를 때까지 뚫고 나아갈 수 있다."[14] 무의식적인 욕망과 투쟁하는 환자들의 방어("아니야, 나는 그를 사랑하지 않아"라는 말은 정확히 부정된 형태 밑에 깔린 그 사랑의 고백을 의미한다)에서 관찰할 수 있는 그러한 심적 과정은 논리적이고 언어학적인 상징을 생산하는 과정과 같은 것일지도 모른다.

우리는 부정성이 말하는 존재의 심적 활동과 공연적이라고 생각한다. **부정 · 부인** 그리고 **배제**(이것들은 억압, 저항, 방어, 혹은 검열을 만들어 내거나 변용할 수 있다)라는 부정성의 다양한 양상들은 서로 뚜렷하게 구별

---

11) Cf. S. Freud, 〈부정 Die Verneinung〉(1925), in 《프랑스 정신분석학 잡지 Revue française de psychanalyse》, Paris, 1934, VII, n° 2, pp.174-177, 비교 번역, in Le Coq-Héron, n° 8; S. E., t. XIX, pp.233-239; G. W., t. XIV, pp.11-15.

12) Cf. 〈부정〉, 비교 번역, in Le Coq-Héron, n° 8, p.13.

13) Ibid.

14) Ibid.

되지만 상호간 영향을 미치기도 하고, 서로 조종하기도 한다. 분열 없이 '상징적인 재능'은 있을 수 없고, 논리적이고 언어적인 능력은 잠재적으로 페티시즘(상징들 그 자체의 페티시즘에 지나지 않지만)과 정신병(상처가 봉합되었다 해도)의 운반자이다.

그런데 다양한 심적 구조는 부정성의 이러한 과정에서 다양하게 영향을 받는다. **배제**(Verwerfung)가 부정보다 우세할 경우, 생볼릭의 짜임(trame)은 현실 그 자체를 지우면서 붕괴될지도 모른다. 그것이 정신병의 체제(économie)이다. 배제(멜랑콜리 증세의 정신병)에까지 갈 수 있는 멜랑콜리 환자는, 이 질병의 완만한 진행 속에서 **부정**에 대한 **부인**의 우세로 특징지어신다. 언어 기호에 잠재된 세미오틱의 기층들(상실과 거세의 정동적이고 욕동적인 대체물들)은 부인되고, 그래서 주체를 위해 의미를 형성하는 언어 기호들의 정신 내적인 가치는 결국 소멸되어 버린다. 그 결과 심적 외상을 지닌 기억들(어린 시절에 겪은 사랑하던 부모의 상실, 더 최근에 겪은 그와 같은 상처)은 억압되지 않고, 계속 환기되면서 **부정의 부인**이 억압의 작업을, 혹은 적어도 그것이 지닌 표상적인 부분을 방해한다. 따라서 억압된 자의 이러한 상기와 표상은 상실의 세미오틱적 **가공 작용**에 도달하지 못한다. 왜냐하면 기호들에게는 상실의 정신 내적, 일차 기재를 포착할 능력이 없고, 또 그 가공을 통하여 상실을 청산해 버릴 능력도 없기 때문이다. 반대로 그 무능한 기호들을 되씹기를 반복한다. 우울증 환자는 자기 체질이 자신을 완전히 특징짓는다는 것을 알고 있지만, 체질을 담론 속에 삽입시키지는 않는다. 그는 자신이 모성의 나르시스적인 덮개에서 분리된 것을 괴로워한다는 것을 인지하면서도 상실해서는 안 될 이 지옥에 자기의 절대 권력을 끊임없이 유지시킨다. 자기 어머니에게 페니스가 없다는 것을 알고 있는 그는 자신의 몽상 속에, 뿐만 아니라 '해방된' '음란한' 실제로는 중립적인 담론 속에 페니스를 출현시키고, 또한 이 남근적 힘과 빈번히 치명적인 경쟁을 벌인다.

기호의 층위에서 정신분열은 **시니피앙**을 **지시 대상**에서와 마찬가지로 욕동적(세미오틱적) **기재**에서 분리시키고, 또 그 세 가지를 평가절하한다.

나르시시즘의 층위에서 분열은 파괴성과 소멸의 고뇌와 절대 권력을 동시에 간직한다.

오이디푸스적 욕망의 층위에서 이 분열은 자기 자신과 어머니를 위하여 거세 공포와 남근적 전능함의 환몽 사이에서 오락가락한다.

어디에서나 부인은 분열을 작동시키고, 표상과 행동의 활력을 **저하시킨다**.

그런데 정신병자와는 달리 우울증 환자는 부성적 시니피앙을 간직하고 있다. 그것은 부인된, 약화된, 모호하고 평가절하된 시니피앙이지만, 그래도 기호 해독 불능증이 나타날 때까지는 완강히 존재한다. 기호 해독 불능증이라는 시체의 수의가 우울증 환자를 감싸면서 아버지와 주체를 무언증의 고독 속으로 데리고 가기 이전까지 그 환자는 기호 사용법을 잊지 않는다. 그가 기호들을 보존하지만, 기호 자체에까지 침입한 분열 때문에 그 기호들은 부조리하고, 완만하며, 꺼져 버릴 태세가 되어 있다. 왜냐하면 상실이 야기한 정동을 연결하는 대신에 우울증 환자의 기호는 시니피앙과 마찬가지로 정동을 부인하고, 그리하여 우울증의 주체가 상실되지 않은 대상의('쇼즈'의) 포로로 남아 있다는 것을 고백하기 때문이다.

우울증 환자의 정동적 성도착

우울증 환자에게 **시니피앙의 부인**이 성도착의 메커니즘을 상기시킬 경우, 다음과 같은 두 가지 지적이 반드시 필요하다.

우선 우울증 상태에서는 부인이 도착증적 부인의 힘보다 더 우세한 힘에 속하고, 그 힘은 역전(동성애) 혹은 성도착(페티시즘·노출증 등등)에 의해 문제가 된 **성적 자기 동일성**뿐만 아니라 **주관적 자기 동일성**에 도달한다. 부인은 우울증 환자의 내투사까지 무효화시키고, 그에게 가치 없고, '텅 비었다'는 느낌을 남긴다. 자신을 경시하고 파괴하면서 우울증 환자는 대상의 모든 가능성을 소멸시키는데, 이것은 대상을…… 다른 곳에, 건드릴 수 없는 것으로 보존하려는 우회적인 방법이기도 하다. 우울증 환자가 보존하는 대상성(objectalité)의 유일한 흔적은 정동이다. 정동은 우울증 환자의 부분 대상이다. 즉 그것은 비대상적인 '쇼즈'에 대한 비언어적인, 멍멍할 수 없는 (그렇기 때문에 선느릴 수노 없고, 전지전능한) 영향력을 통하여 나르시스적 항상성(homéostase)을 그에게 보장해 주는 마약이라는 의미에서 그의 '성도착'인 것이다, 그래서 우울증적 정동——그리고 치료에서와 마찬가지로 예술 작품에서의 그 언어화——은 우울증 환자의 도착증적 행동 수단이고, 공허를 메우고 죽음을 퇴장시켜 주체를 자살에서, 정신병 발작에서 지켜 주는 모호한 쾌락의 원천이다.

그와 병행하여 다양한 성도착이 이런 관점에서는 마치 우울증적 부인의 다른 면처럼 나타난다. 멜라니 클라인에 의하면, 우울증과 성도착은 두 가지 모두 '우울증적 입장'을 만들어 내기를 회피한다.[15] 그렇지만 역전과 성도착은 부인에 의해 태어나는 것 같아 보인다. 이 부인은 성적 자기 동일성을 계속 혼란에 빠뜨리면서 주관적 자기 동일성에 도달하지 못하고, 그래서 자기애·동성애·페티시즘·노출증 등의 도움으로 나르시

---

15) Cf. M. Mahler, 《인간의 공생과 동일화의 변천에 대하여 *On Human Symbiosis and the Vicissitudes of Identification*》, vol. 1, New York, International Univ. Press, 1968; Joyce Mac Dougall은 성도착증적 연극에서 부인을 연구했다.(〈자기 동일화, 새로운 욕구, 새로운 성 Identifications, Neoneeds and Neosexualities〉, 《정신분석학 세계신문》, 1986, 67, 19, pp.19-31)

스적인 리비도 항상성의 (허구적인 산물에 비교할 수 있는) 창조 행위에게 자리를 내준다. 이러한 행위와 부분 대상들과의 관계는 주체와 그 대상을 완전한 파괴에서 지켜 주고, 나르시스적인 항상성과 함께 타나토스에 저항하는 활력을 마련해 준다. 우울증은 이렇게 괄호 속에 들어 있다. 하지만 그것은 도착적인 연극과 대면하며 자주 끔찍한 것으로 체험한 의존의 값을 치르고서이다. 그 연극에서는 거세와의 대결을 피하고, 전-오이디푸스적 분리의 고통에서 보호해 주는 전능한 관계들과 대상들이 펼쳐진다. 행위로의 이행(passage à l'acte)으로 인해 밀려난 환몽의 무기력은 도착증에 대해 정신적 기능 작용의 층위에서 시니피앙의 부정이 영속한다는 것을 입증한다. 이 특징은 우울증 환자가 체험한 생볼릭의 취약성과 연결이 되고, 그리고 오직 의미 없는 것으로 간주된다는 조건에서만 과격해지는 행위들을 통한 편집광적인 흥분과 관련이 된다.

총체적인 멜랑콜리-우울증의 신경증적인 양상에는 성도착적이고 우울증적인 행동의 교차가 빈번히 일어난다. 이 교차는 주관적인 구조의 여러 다른 요소들에게 영향을 미치는 다양한 강도를 지닌 동일한 메커니즘(부인의 메커니즘)을 둘러싸고 있는 그 두 가지 구조의 분절을 가리킨다. 도착증적 부인은 자기 색정(auto-érotisme)과 나르시시즘에는 도달하지 않았다. 따라서 그것들은 공허와 증오를 막아내기 위해 동원될 수 있다. 우울증적 부인은, 역으로 **나르시스적 일관성의 표상** 가능성에까지 도달하고, 결국에는 주체에게서 자기 색정적 환희와 '승천하는 것 같은 희열'을 빼앗는다. 그래서 유일하게 남는 것은 매개 없는 초자아의 지배를 받는 나르시스적 후퇴의 마조히즘이다. 이 초자아는 정동에게 부분적일지라도 대상 없이 남아 있도록 선고하고, 또 의식에게는 오직 상복만 입고 괴로워하는 홀아비로 표상되도록 선고한다. 부인에서 비롯되는 이러한 정동적 고통은 **의미 작용 없는 의미**이다. 그러나 이 고통은 죽음에 대한 차폐막(écran)으로 사용된다. 이 차폐막까지도 무너질 때는, 유일한 연쇄 아니면 가능한 행위로서 남게 되는 것은 죽음의 무의미를 강요하는 단절 행위, 탈-연쇄 행위이다. 이것은 거부된 것들의 요청으로 이처럼 되찾게 된 타인들에 대한 **도전**(défi)이거나, 아니면 항상 부모의 상징적 계약을 벗어나 있었기 때문에, 다시 말하면 (부모 혹은 자기 자신의) 부인이 그를 가두었던 그곳에 있었기 때문에, 치명적인 행위로의 이행을 통하여 자신을 인식시키는 주체의 나르시스적 **강화**(consolidation)이기 때문이다.

그리하여 우울증 환자의 '우울 상태' 벗어나기의 핵심에서 우리가 확인한 부정의 부정은 반드시 그 병을 변태적인 색조로 물들이지는 않는다. 우울증 환자는 자기가 변태임을 알지 못하는 성도착자이다. 그에게는 자기 자신을 모르는 것이 이롭기도 한데, 그만큼 어떤 상징화도 만족시킬 수 없을 것 같은 그의 행위로의 이행이 발작적인 것이 될 수 있기 때문이다. 사실 고통의 즐거움은 많은 수도사들이 경험하였고, 또 우리시대에 더 가깝게는 도스토예프스키가 찬양했던 음울한 향락으로 인도할 수도 있다.

부인이 자기 원기를 모두 되찾고, 공공연하게 모습을 드러내는 것은 특히 우울증의 양극 상태에 고유한 조울증적 경향 속에서이다. 물론 부인은 항상 거기에 존재하고 있었고, 그러나 은밀히 존재하고 있었다. 말하자면 비애의 동반자 내지는 위안자인 부정의 부인은 의심쩍은 의미를 구축하였고, 맥빠진 언어로 믿기 어려운 유사자(semblant)를 만들어 냈다. 자신이 다룰 줄 모르는 인위적 수단을 마음대로 처리하는 우울증 환자의 초연한 담론 속에서, 부인은 자기 존재를 신호로서 나타낸다. 지나치게 착한 아이와 잠자는 물을 조심하세요라고……. 그러나 편집증 환자에게 부인은 슬픔에 근거하는 이중의 부인(reniement)을 넘어선다. 부인은 모습을 드러내어 상실을 막는 방폐막 만들기의 도구가 되기 때문이다. 거짓

언어를 만들어 내는 데 만족하지 못하고, 부인은 이제 대체 가능한 성애 대상자들의 다양한 도구 세트들을 꾸며낸다. 아내 혹은 남편을 잃은 남녀의 성욕 망상, 질병과 심신 장애와 관련된 나르시스적 상처에 대한 광란 어린 보상 등은 알려진 것들이다. 미학적인 최고의 기쁨은, 이상과 기교를 통하여 자연언어의 범주에 고유한 통상적 구조와 일반화된 사회적 코드를 초월하면서, 이러한 편집광적인 운동에 동참할 수 있다. 미학적인 기쁨은 그 정도에서 머물러야 한다. 그래야 작품은 그것이 지닌 허위성, 즉 대용물, 모방 혹은 모사하기 속에서 나타난다. 반대로 작가와 그 독자의 새로운 탄생을 보장하는 예술 작품은, 그 작품이 제시하는 인위적인 언어(새로운 문체, 새로운 구성, 놀라운 상상력) 속에 일상의 사회적·언어적 사용이 언제나 약간 슬픔에, 아니면 고아 같은 신세로 내버려두는 전능한 자아의 이름 없는 감동을 성공적으로 통합하는 작업이다. 또한 그와 같은 허구는 우울증 치료제가 아니라면, 적어도 살아남기이고 부활이다.

자의성 혹은 공허함

절망한 자는 부인의 무효화를 통하여 극도로 명철한 인간이 된다. 필연적으로 자의적인 의미 생성의 연쇄(séquence)는 그에게는 힘겹고, 난폭스러울 정도로 자의적인 것으로 나타날 것이다. 그는 의미 생성의 연쇄를 부조리하다고 생각할 것이므로 연쇄에는 의미가 없을 것이다. 어떤 낱말도, 어떤 삶의 대상도 의미나 지시 대상에 적합하고 동시에 일관성이 있는 연쇄를 찾아낼 수 없을 것이다.

우울증 환자가 부조리한 것이라고 받아들이는 자의적인 연쇄는 지시 대상의 상실과 공연적이다. 우울증 환자는 말이 없고, 할 말이 없다. '쇼즈

(Res)'에 고착된 그에게는 대상이 있을 수 없으니까. 총체적이고 의미할 수 없는 이 '쇼즈'는 무의미한 것이다. 그것은 '무(無),' 그의 '무' '죽음'이다. 주체와 의미할 수 있는 대상들 사이에 자리잡는 심연은 의미 생성 연쇄의 불가능성을 나타낸다. 그러나 이러한 유배(exil)가 주체 자신 속에 심연을 드러낸다. 한편 삶과 동일시된 것만큼이나 부인된 대상들과 시니피앙들은 무-의미의 가치를 지닌다. 언어 활동과 삶에는 의미가 없기 때문이다. 다른 한편 분열을 통하여 상궤를 벗어난 강렬한 가치가 '쇼즈'와 '무'에게, 즉 의미할 수 없는 것과 죽음에게 부여된다. 부조리한 기호들과 완만하고 조리 없는, 중단된 연쇄들로 이루어진 우울증 환자의 담론은 '쇼즈'에 고착된 정동적 가치를 지키기 위해, 그 담론이 빠져드는 접근할 수 없고 감미로운 그 명명할 수 없는 것 속에서 의미가 붕괴되는 것을 나타낸다.

부정의 부인은 언어적 시니피앙들에서 주체를 위해 의미를 만드는 기능을 박탈한다. 자기 안에 의미 작용을 지니고 있으므로 주체에게 이러한 시니피앙들은 **공허한 것들**로 느껴진다. 이는 그 시니피앙들이 세미오틱적 흔적들(욕동에 관련된 표현과 정동의 표상)에 **연결되어 있지 않다**는 사실에서 기인한다. 그 결과 자유로워진 원초적 심적 기재들은 투사적 자기 동일화 안에서 마치 준-대상물(quasi-objets)처럼 이용될 수 있다. 이 원초적 심적 기재들은 우울증 환자에게 언어 활동을 대신하는 행위로의 이행을 야기한다.[16] 체질의 폭발은 육체를 엄습하는 혼미 상태에 이르기까지 행위로의 이행이 주체 자신에게로 급격히 방향 전환하기이다. 참을 수 없게 짓누르는 체질은 시니피앙에 영향을 주는 부인 때문에 일어나지 못하는 행위이기 때문이다. 게다가 많은 우울증 환자들의 위로할 수 없는 슬

---

16) Cf. 이 책 제3장 〈죽이기 혹은 자살하기〉, p.105 이하와 〈처녀 어머니〉, p.113 이하.

품을 베일로 가리는 흥분한 방어 활동은, 살인 혹은 자살 이전과 또 그것들을 포함해서 상징화의 찌꺼기를 투사하기이다. 말하자면 부인을 통해서, 그 찌꺼기들이 지닌 의미에서 해방된 그의 행위는 바깥으로 추방된 준-대상물처럼 취급되거나 아니면 부인으로 인해 저절로 마비된 주체의 가장 큰 무관심 속에서 자아에게로 되돌아온 준-대상물처럼 취급된다.

우울증 환자에게 시니피앙의 부인에 대한 정신분석학적 가설은 신경학적 결핍을 치료하기 위하여 생화학적인 방법에 의존하기를 배제하지 않으며, 그것은 주체의 관념적 능력을 강화할 가능성을 남겨둔다. 우울증 환자가 그 안에 정체되어 있는 부인의 메커니즘을 분석하면서——말하자면 해체하면서——분석 치료는 상징적 잠재 능력의 진정한 '접목'을 수행할 수 있고, 또한 정동적 기재와 언어학적 기재의 교차점에서, 그리고 세미오틱과 생볼릭의 교차점에서 작용하는 혼합성 담론 전략을 주체의 처분에 떠맡길 수 있다. 이러한 혼합성 담론 전략은 분석의 핵심에서 최상의 해석이 우울증 환자의 처분에 맡기는 우울증 다스리기의 진정한 비축물이다. 그와 동시에 분석가와 우울증 환자 사이에는 깊은 감정 이입이 요청된다. 거기서 출발하여 환자와의 자기 동일화가 분석가에게 찾아낼 수 있게 하는 담론의 전체적인 의미를 따라서, 모음·자음 혹은 음절이 의미 생성의 연쇄에서 축출되어 재구성될 수 있다. 우울증 환자의 '비밀'과 명명되지 않은 정동과 자주 대조하면서 고려해야 하는 것은 언어 하부적이고 초언어학적인 영역이다.

죽은 언어와 산 채로 매장된 '쇼즈'

우울증 환자에게 의미——극단적으로는 생의 의미——의 극적인 붕괴는 따라서 보편적인 언어 생성의 연쇄, 즉 언어 활동을 통합하는 데에 어려움이 있다는 것을 전제로 삼게 한다. 이상적인 경우, 말하는 존재는 자신의 담론과 일체를 이룬다. 말(parole)은 우리의 '제2의 본성'이 아닌가? 반대로 우울증 환자의 말은 그에게 이상야릇한 피부와 같다. 멜랑콜리 환자는 자기 모국어에서도 이방인이기 때문이다. 자기 어머니를 상실했기 때문에, 그는 자기 모국어의 의미——가치——를 잃어버린 것이다. 그가 말하고, 그의 자살을 예고하는 죽은 언어는 산 채로 매장된 '쇼즈'를 감추고 있다. 그러나 그는 '쇼즈'를 배반하지 않기 위하여 그것을 표현하진 않을 것이다. 그래서 '쇼즈'는 계속 말로 표현할 수 없는 정동의 '지하 납골당'[17] 안에 매몰되어, 항분기에서처럼 출구도 없이 갇혀 있게 될 것이다.

자주 우울증 발작을 일으키는 여자 환자가 나와의 첫 면담에 찾아왔을 때, 그녀는 '집'이라는 단어를 수없이 많이 써넣은 강렬한 색깔의 티셔츠를 입고 있었다. 그녀는 자기 아파트를 둘러싼 여러 가지 걱정거리, 혼합 소재로 건축한 빌딩에 대한 꿈, 그리고 아프리카식의 집에 대한 이야기를 했다. 그 아프리카식의 집은 그녀의 어린 시절의 낙원 같은 장소였는데, 비극적인 상황에서 가족이 잃게 된 집이었다. 내가 그녀에게 말했다. "당신은 집을 잃은 슬픔에 빠졌군요.

— 집을요? 전 못 알아듣겠어요. 선생님이 무얼 말씀하시려는지 모르겠어요. 저에겐 단어들이 많이 부족해요!"라고 그녀가 대답했다.

---

17) N. Abraham과 M. Torok은 초상의 슬픔, 우울증과 그 비슷한 종류의 구조들 속에서 심적 '지하 납골당(cryptes)'의 투사와 형성에 대한 수많은 연구를 발표하였다. 그 중에서도 N. 아브라함, 《껍질과 핵심 L'Écorce et le Noyau》, Aubier, Paris, 1978을 참조할 것. 우리의 해석은 그들의 방법과는 달리, 특히 앙드레 그린이 주목한 우울증 환자에게서의 '심적 공허'의 임상적 관찰에서 출발한다.

그녀의 담론은 수다스럽고, 빠르고, 열에 들떠 있었지만, 그러나 차갑고 추상적인 흥분으로 긴장되어 있었다. 그녀는 끊임없이 언어를 사용했다. "교사라는 나의 직업은 쉬지 않고 말을 하게 해요. 그런데 나는 다른 사람들의 삶을 설명하고 있지, 내가 거기에 관련된 것은 아니에요. 그래서 내 인생에 대한 말을 할 때조차도 나는 마치 이방인에 대해 이야기하는 것 같아요"라고 그녀가 말했다. 그녀는 슬픔의 대상을 자기 피부 속에, 육체의 고통 속에, 그리고 자기 몸에 달라붙은 실크 티셔츠 속에까지 글로 써넣어 지니고 다닌다. 그래도 그 대상은 그녀의 정신 생활 속으로 파고들지는 못하고, 그녀의 말을 피해 간다. 아니면 오히려 이 안이라는 여자의 말이 비애와 그 '쇼즈'를 단념하여, 말의 논리와 정동이 박탈된, 말하자면 분열된 일관성을 구축해 나간다. 마치 우리가 성공적인 만큼 불만스러운 일거리에 '필사적으로' 우리 자신을 내던지면서 고통을 피해 가듯이.

우울증 환자에게 언어 활동과 정동적 경험을 갈라 놓는 이 심연은 조숙한 나르시스적 외상을 생각하게 한다. 이 외상은 정신병으로 이행될 수 있는 것이지만, 실제로는 초자아적 방어가 그것을 진정시켜 준다. 범상치 않은 지성과 부성적인 혹은 생볼릭적인 심급과의 이차 동일화가 그러한 진정화에 기여한다. 그래서 우울증 환자는 밤낮으로 자기의 불행과 불편한 마음을 감시하는 명철한 관찰자가 되고, 또 그렇게 감시하는 강박관념은 멜랑콜리 발작과는 무관한 '정상적인' 기간 동안에도 그를 항상 자신의 정동적인 삶에서 분리되어 있게 한다. 그러나 우울증 환자는 자신의 생볼릭적 방어 수단이 통합되지 않았고, 그 딱딱한 방어벽이 내투사되지 않았다는 인상을 준다. 우울증 환자의 말은 하나의 가면──하나의 '외국어'로 다듬어진 아름다운 외관──이다.

노래를 만드는 어조

그런데 우울증 환자의 말이 문장의 **의미 작용**을 회피한다고 해도, 그 **의미**가 완전히 고갈되는 것은 아니다. 의미는 이따금(다음의 예에서 볼 수 있듯이) 목소리의 어조 안에 숨어 있는데, 정동의 **의미**를 해독하기 위해서는 그 어조를 들을 줄 알아야 한다. 우울증 환자가 하는 말의 어조 변화에 관한 다양한 연구는, 담론에서는 의미가 없는 것으로 나타나지만, 반대로 억양에 숨겨진 강하고 변이된 감정성을 간직하고 있는 어떤 우울증 환자들에 대해서 우리에게 많은 것을 가르쳐 주고 있고, 또 앞으로도 가르쳐 줄 것이다. 뿐만 아니라 우리는 '감정적 둔화'가 ('회복 불가능한 생략들'로 파편화된 문장의 연쇄와 마찬가지로) 단조롭고 침묵에 빠진 채로 남아 있는 어조의 영역에까지 도달하는 다른 우울증 환자들에 대해서도 알게 될 것이다.[18]

---

18) 동요와 불안에서 벗어난 우울증 환자의 목소리의 두번째 양상에 대하여, 우리는 조화롭지 못한 낮은 강세 악센트, 단조로운 선율, 저질의 음색 등을 확인한다. 그래서 M. Hamilton, 〈우울증에서의 측정 척도 A rating scale in depression〉, in 《신경학, 신경외과와 정신의학 신문 Journal of Neurology, Neurosurgery and Psychiatry》, nº 23, 1960, pp.56-62; P. Hardy, R. Jouvent, D. Widlöcher, 〈말과 정신병리학 Speech and psycho-pathology〉, in 《언어와 담화 Language and Speech》, vol. XXVIII, 제1부, 1985, pp.57-79. 이 저자들은 대체로 느린 우울증 환자들에게서 드러나는 음조의 둔화를 지적하고 있다. 다른 한편 임상 정신분석에서는 특히 총체적인 멜랑콜리-우울증 증세에서 정신병적이기보다 신경증적인 지대에 놓인, 그리고 중대한 위기를 뒤따르는 시기, 즉 전이가 가능한 그 시기의 우울증 환자의 말에 귀를 기울인다. 이때 우리가 확인하는 것은 단조로움과 낮은 주파와 강세 악센트로 벌리는 일정한 발성과, 동시에 발성의 음가에 대한 주의력의 집중이다. 초분절적 음역에 의미 생성의 이러한 기여는 말의 총체적 탈투입에서 우울증 환자를 '구제하고,' 그리고 몇몇 소리의 단편들(음절이나 유절군들)에게 더구나 의미 생성의 연쇄(다음 예에서 보게 되는 것처럼)에서 지워진 정동적인 의미를 부여할 것 같아 보인다. 이러한 지적은 둔화된 우울증 환자의 음성에 관한 정신분석학적인 관찰을 반박하는 것이 아니라 보충해 주고 있다.

분석 치료에서는 말의 초분절음적 영역(억양과 리듬)의 중요성이 분석가로 하여금 한편으로는 발성을 해석하게 하고, 다른 한편으로는 상투화되고, 활력을 잃은 의미 생성의 연쇄를 분해하도록 인도한다. 이는 어휘소의 파편들 속에, 기이하게도 의미가 부여된 음절 혹은 음소군 안에 감추어진 우울증적 담론의 하부 시니피앙인 숨은 의미를 끌어내기 위해서이다.

   분석 중에 안은 의기소침, 절망, 살맛을 잃은 상태에 대해 불평을 했고, 그런 상태가 그녀를 자주 말하기와 먹는 것을 거부하면서(식욕부진증과 과식증은 교대로 나타날 수 있으므로), 피할 수 없는 문턱을 결코 넘어서지 못하여 수면제를 삼킬 마음을 먹고 하루 종일 침대에 누워 있게 한다고 했다. 인류학자들의 연구팀에 완벽한 일원으로 참여하고 있는 이 지적인 여자는, 그러나 자기가 '무능'하고, '아무것도 아니고' '부적격'이라고 말하면서, 언제나 자기 직업과 성과를 과소평가한다. 치료의 아주 초기에 우리는, 그녀가 어머니와 갖는 갈등 관계를 분석하여 그 환자가 증오하지만 그녀 자신의 깊은 곳에 간직해 온, 그래서 그녀 자신에 대한 분노와 내적 공허함의 원천이 되어 버린 저주받은 모성적 대상을 완전히 집어삼켜 버렸음을 확인하였다. 그런데 나는 언어 교환이 증상의 가공(Durcharbeitung)으로가 아니라 증상의 합리화로 인도한다는 느낌을 받았고, 아니면 프로이트가 말한 것 같은 역전이적 **확신**(conviction)을 갖게 되었다. 안이 그러한 나의 확신을 확인시켜 주었다. 그녀는 자주 이런 말을 했다. "나는 마치 언어의 가장자리에서 말을 하는 것 같고, 내 살갗의 가장자리에서 느끼는 것 같지만, 그러나 내 슬픔의 핵심은 여전히 건드릴 수 없는 것으로 남아 있어요."
   나는 이 말을 나와의 거세 콤플렉스적인 교환에 대한 히스테리성 거부처럼 해석할 수 있었다. 그러나 우울증적 탄식의 강력함과 침묵——안주하거나 아니면 담론을 '시적'으로, 이따금은 해독할 수 없는 방식으로 세분화하는 침묵——의 중요성을 고려하게 되니 그러한 나의 해석은 불충분한 것이라는 생각이 들었다. 나는 이렇게 말했다. "언어의 가장자리에서이지만, 목소리 한가운데서이지요. 왜냐하면 당신의 목소리가 그 전달 불가능한 슬픔을 내게 이야기할 적에 떨고 있었으니까요." 그 매혹적인 가치를 잘 알 수 있는 이러한 해석은 우울증 환자의 경우, 언어학적 기표의 방어적이고 공허한 외관을 관통한다는 의미와 음성 기재의 명부에서 원초적 대상 (전(前)-대상, '쇼즈')에 대한 **영향력**(Bemächtigung)을 추구한다는 의미를 가질 수 있다. 그런데 안이라는 이 환자는 아주 어렸을 때 수년간 심한 피부병을 앓았고, 그래서 어머니와 피부 접촉을 하지 못했으며, 거울 속에서 어머니 얼굴과의 자기 동일화를 하지 못했다는 사실이 밝혀졌다. 나는 내화를 이었다. "어머니를 만질 수 없었으니까 당신은 당신의 피부 밑에, '피부의 가장자리에' 숨어 있었지요. 또 그렇게 숨어서 당신은 어머니에 대한 욕망과 증오를 당신의 목소리에 가두었지요. 왜냐하면 당신은 어머니의 목소리를 멀리서 듣곤 했으니까요."

우리는 지금 자아의 이미지가 형성되는 일차적 나르시시즘의 영역에 들어와 있다. 그 안에서는 정확히 말해서 미래의 우울증 환자의 이미지가 언어적 표상 속에 견고히 다져지지 않는다. 그 이유는 대상에 대한 상의 슬픔이 그러한 표상 속에서 이루어지지는 않기 때문이다. 반대로 대상은 조심스럽게, 그리고 경우에 따라서는 모음 발성 속에 간직된 다양한 정동들로 인하여 매장된 것 같고——또 지배를 받는 것 같다. 나는 분석가가 억지로 끼어든 불청객 신세가 된 것을 두려워하지 않고, 해석을 통하여 담론의 그 모음 층위에까지 파고들 수 있으며, 또 파고들어야 한다고 생각한다. 원초적 전-대상에 대한 영향력 때문에 비밀로 지켜진 정동들에게 하나의 의미를 부여함으로써, 해석은 그 정동들을 인정함과 동시에 우울증 환자가 정동들에게 부여하는 은밀한 언어 활동(여기서는 모음의 억양)도 **인정하면서** 단어들과 이차 과정의 차원에서 하나의 통로를 열어 준다. 정동적이고 발성적인 기재에서 단절되었다는 이유로 지금까지 비어 있다고 간주된 이차 과정——즉 언어 활동——은 생기를 되찾고, 욕망의 공간, 다시 말하면 주체를 위한 의미의 공간이 될 수 있다.

　바로 그 여자 환자의 담론에서 찾아낸 또 하나의 예가 얼마나 의미 산출 연쇄의 표면상의 파괴가 그 우울증 환자를 꼼짝 못하게 저지하던 부인에서 벗어나게 하고, 또 그 우울증 환자가 죽도록 비밀을 지키려는 정동적 기재들을 그녀에게 넘겨 주는지를 보여 줄 것이다. 이탈리아 휴가에서 돌아온 안은 나에게 어떤 꿈 이야기를 들려 주었다. 어떤 소송 이야기였는데, 바르비 소송 같은 것이었다. 말하자면 내가 고소하고, 모든 사람들을 설복하게 되어, 바르비가 유죄 선고를 받는 소송이다. 안은 마치 어떤 고문하는 자의 고문에서 해방된 것처럼 마음의 평안을 느꼈다. 그런데 그녀의 정신은 그곳이 아닌 다른 곳에 가 있었고, 이 모든 것이 그녀에게는 공허한 것으로 생각되었다. 그녀는 '아무런 이미지도 없이,' 저항할 수 없을 정도로 그녀를 유혹하는 고통스런 꿈속에서 잠이 들고, 침잠하고, 죽어서 영원히 깨어나지 않기를 더 원했다……. '우울증 상태'에 있는 동안에 내 귀에는 안과 어머니의 관계에서, 그리고 가끔은 그녀가 상대하는 사람들과의 관계에서 그녀를 사로잡는 고충을 둘러싼 편집광적인 흥분의 소리가 들렸다. 그리고 다음과 같은 말도 들렸다. "나는 다른 곳에 와 있고, 이미지가 없는 감미로운 고통(douleur-douceur)을 꿈꾸었어요." 그래서 나는 우울증적인 그녀의 한탄은 병에 걸린, 불임 여성이 보여 주는 것이라고 생각했다. 나는 말했다. "표면에는 고문하는 자들(tortionnaires)이 있지요. 그러나 좀더 멀리, 또는 다른 곳, 즉 당신의 고통이 있는 곳에는 아마도 torse-io-naître/pas naî-tre(태어날-당신의-상반신/태어나지 않다)가 있겠지요."

　나는 '고문하는 자(tortionnaire)'라는 단어를 해체했다. 결국 나는 그 단어를 고문하고, 그 단어에게 안 그녀 자신의 생기 잃은, 특징 없는 말 속에 매장되었다고 생각되는 이 폭력을 가했다. 그런데 내가 공개적으로 드러내는 낱말에 대한 이 고문은 그녀의 고통과 나와의 공범 관계에서 비롯된다. 즉 그것은 안이 지닌 이름 없는 불안감, 그녀가 정동적인 의미는 알고 있지만 그 의미 작용은 알지 못하는 이 고통스런 절망을 재구성하고 만족시켜 주는 사려 깊은 나의 청취 방법이라고 내가 믿는 것에서 유래한다. 물론 그녀의 상반신이겠지만, 무의식적 환몽의 열정 속에서 어머니의 가슴에 둘둘 감긴 상반신(torse), 안이 아기였을 적에 서로 접촉이 없었고, 지금은 두 여자가 다툴 적에 격분한 언어 속에서 폭발하는 두 개의 상반신. 그녀——Io——는 분석을 통하여 태어나 다른 몸이 되기를 바란다. 그러나 언어적 표상 없이 어머니의 가슴에 달라붙어서 그녀는 이 욕망을 명명할 수 있게 되지도 못하고, 그 욕망의 의미 작용을 갖게 되지도 못한다. 그런데 욕망의 의미 작용을 갖지 못함은 욕망 그 자체를 소유하지 못함이다. 이는 정동의 포로이고, 원초적인 '쇼즈'의 포로, 감정과 감동의 일차 기재의 포로임을 의미한다. 바로 여기에서 양면 감정이 군림하고, '쇼즈'인 어머니에 대한 증오가 즉시 자신의 과소평가로 바뀐다…… 안은 나의 해석을 확인하면서 말을 잇는다. 그녀는 이제 고문과 박해라는 편집증적인 문제를 접어두고 그녀가 지닌 우울증의 근원에 대해 나에게 말해 주었다. 그때 그녀는 불임의 공포와 딸을 낳고 싶다는 잠재적 바람에 사로잡혀 있었다. "나는 내 몸에서 내 어머니를 꼭 닮은 여자아이가 태어나는 꿈을 꾸었어요. 그런데 내가 자주 말씀드렸듯이 눈을 감고 있으면 나는 어머니의 얼굴을 그려 볼 수가 없어요. 마치 내가 태어나기 전에 어머니는 돌아가셨고, 그래서 나를 그 죽음 속으로 끌어들이는 것처럼 말이에요. 이제 내가 아이를 낳게 되니, 그래서 엄마가 다시 살아나는 것이죠……."

가속화와 다양성

그런데 욕동적이고 정동적인 표상물에서 분리되어 있는 언어 표상의 연쇄는 우울증 환자에게 주기들(cycles)의 속도와 마찬가지로 중요한 연상적 독창성을 부여할 수 있다. 우울증 환자의 운동 완만화는, 수동성과 운동 완만화의 몇몇 외관과는 달리, 가속화되고 창조적인 인지 과정을 동반할 가능성이 있다. 이는 우울증 환자들이 마음대로 사용할 수 있는 단어 일람표에서부터 시작하여 그들이 만들어 내는 매우 특이하고 창의적인 관념 연합에 대한 연구들이 증명해 보이는 것과도 같다.[19] 이 의미 생성적인 초활동성은 주로 먼 거리의 의미론적 영역들의 접근하기로 나타나고, 또한 경조증 환자들(hypomaniaques)의 동음이의어 말놀이를 연상시킨다. 그것은 우울증 환자들의 인지적인 초명철함과 공연적일 뿐 아니라, 조울증 환자의 결정 혹은 선택의 불가능성과도 공연적이다.

덴마크 의사인 슈가 60년대부터 시작해 온 리튬에 의한 치료는 기질(thymie)뿐만 아니라 언어적인 결합 법칙을 안정시키고, 창조 과정의 독창성을 유지하면서도 그 속도를 줄이고, 덜 다산적인 것으로 만드는 것 같다.[20] 또한 우리는 이러한 관찰을 주도하는 연구가들과 함께 리튬이 다양성의 과정을 중단시키고, 주체를 한 단어의 의미론적 영역에 고정시키며, 하나의 의미 작용에 밀착시켜서 하나의 지시 대상–대상 주변에 안정시킨다고 말할 수 있을 것이다. 반대로 우리는 이러한 실험(리튬에 반응을 보이는 우울증에 한정된)에서 몇몇 유형의 우울증들이 관념 연합적 가속화

---

19) Cf. L. Pons, 〈인지 기능에서 리튬의 영향 Influence du lithium sur les fonctions cognitives〉, in 《의학지 La Presse médicale》, 2, IV, 1963, XII, n° 15, pp.943-946.

20) Ibid., p.945.

의 발작이고, 이것이 주체를 불안정하게 만들며, 안정된 의미 작용과의 대결이나 고정된 대상과의 대결에서 벗어나 도피할 수 있게 한다는 사실을 추론하게 될 것이다.

흘러가 버리지 않는 과거

우리가 살고 있는 시간은 우리의 담론의 시간이기 때문에 멜랑콜리 환자의 기이하고도 느린 혹은 주의산만한 언어가 그로 하여금 중심을 잃은 시간성 속에서 살아가게 한다. 그 시간성은 흘러가지 않고, 선/후라는 개념이 그 시간성을 지배하지 못하며, 한 과거로부터 어떤 목표를 향하여 나아가게 하지도 않는다. 육중하고, 무거운, 아픔 또는 기쁨이 과잉으로 축적되어 있으면서 외상적인 **한순간**이 우울증적 시간성의 지평을 닫아 버리거나, 아니면 오히려 그에게서 온갖 지평과 모든 전망을 앗아가 버린다. 과거에 고착되어 초월할 수 없는 경험의 낙원 혹은 지옥으로 후퇴하는 멜랑콜리 환자의 기억은 이상야릇하다. (그는 이렇게 말하는 것 같다.) 모든 것이 지나가 버리지만, 나는 그 지나가 버린 것에 충실하고, 거기에 못박혀 있다. 거기에는 가능한 변동도 있을 수 없고, 미래도 없다……. 비대해진, 과장된 과거가 심적 연속성의 모든 차원을 점령하고 있다. 그리고 내일이 없는 기억에의 이 집착은 물론 나르시스적 대상을 축적하고, 그것을 출구 없는 자신의 지하 납골당 울타리 안에 가두어 놓는 하나의 방법이기도 하다. 멜랑콜리증적인 경과 지켜보기의 이러한 특이성은 한 가지 중요한 여건이고, 그 바탕 위에서 스물네 시간 주야 리듬의 구체적인 교란이 일어나고, 또 일정한 주체에 고유한 생물학적 리듬과 마주한 우울증적 발작의 확실한 장애가 전개된다.[21]

우울증을 **장소**보다는 **시간**에 좌우되는 것으로 고찰하기는 칸트의 생각에서 나온 것임을 잊지 말아야 한다. 향수병인 이 특이한 변이형을 고찰하면서, 칸트는 향수병에 걸린 사람이 욕망하는 것은 그의 젊은 시절의 장소가 아니라 그의 젊은 시절 그 자체이고, 그의 욕망은 되찾아야 할 **쇼즈**가 아니라 되찾아야 할 **시간**을 탐색하는 것이라고 단언했다.[22] 우울증 환자가 집착하는 **심적 대상**이라는 프로이트의 개념도 그와 똑같은 개념을 공유하고 있다. 즉 심적 대상은 하나의 기억의 상실이고, '프루스트식의' 잃어버린 시간에 속한다. 그것은 주관적 구축물이고, 그런 점에서 기억의 영역에 속한다. 물론 포착할 수 없고, 현재의 언어화에서 매번 새롭게 다시 만들어지는 기억은 처음부터 물리적 공간이 아니라 심적 기구의 상상적·상징적 공간에 자리를 잡는다. 나의 슬픔의 대상은 지금 여기에 없는 그 마을, 그 어머니 혹은 그 애인이라기보다는 내가 간직하고 있고, 또 그래서 나의 정신적인 무덤이 되어 버린 그 어두운 방 안에서 내가 편곡해 내는 불확실한 표상이라는 사실이 즉시 나의 불안을 상상계에 위치시킨다. 부분적으로 삭제된 시간 속에 거주하는 우울증 환자는 필연적으로 상상계의 주인이다.

그러한 언어적이자 시간적인 현상학은, 여러 번 강조되었듯이 모성적 대상에 대해 끝장내지 못한 상의 슬픔을 드러낸다.

---

21) Cf. 이 문제에 관해서는, 그리고 더 전문적인 다른 연구서들 중에서도 특히 H. Tellenbach의 정신병리학적 고찰 《멜랑콜리에 대해서 *De la mélancolie*》, P.U.F., Paris, 1979.

22) Cf. E. Kant, 《실제적 견지에서의 인류학 *Anthropologie in pragmatischer Hinsicht*》. J. Starobinski, 〈향수의 개념 Le concept de nostalgie〉, in 《디오게네스 *Diogène*》, n° 54, 1966, pp.92–115에서 인용되었음. 우리는 역사적·철학적 관점에서 이 주제가 밝히는 멜랑콜리와 우울증에 관한 스타로뱅스키의 다른 저서들도 참고할 것이다.

투사적 자기 동일화 혹은 전능함

이 문제를 좀더 잘 이해하려면 멜라니 클라인이 제시한 **투사적 자기 동일화**(identification projective)의 개념으로 되돌아가야 한다. 아주 어린아이들의 관찰과 정신병의 역학은 가장 원초적인 심적 작용들이 아직 자아가 아닌 것(un non encore-moi)의 좋은 부분과 나쁜 부분을 아직 자기에게서 분리되지 않은 대상 속에 투사하기이고, 이것은 타인에 대한 공격보다 자기에 대한 지배력, 절대 소유를 행사하는 데 목적을 두고 있음을 상정한다. 구순적이고 항문적인 이 전능함은 생체심리학적인 몇몇 특수성이 관념적으로 염원해 온 자아의 자율성을 구속하기 때문에 (대뇌 활동의 곤란, 청각 혹은 시각 장애, 여러 가지 질병 등) 더욱더 강렬할 수 있다. 아이를 하나의 나르시스적인 보철 기구처럼 선택하고, 그 아이를 끊임없이 어른의 정신 활동을 회복시켜 주는 요소로써 감싸는 과보호적이고 안절부절하는 부모의 태도는 전능함을 향한 유아의 성향을 강화시킨다.

그런데 이 전능함을 표현하는 세미오틱적인 방법은 전(前)언어적 기호론이다. 말하자면 몸짓 · 운동 · 음성 · 후각 · 촉각 · 청각의 기호론이다. 일차 과정들은 원초적 지배의 이 표현을 지배한다.

전지전능한 의미

언어학적 **의미 작용**(signification)의 주체가 아직 구성되지 않았고, 우울증적 위치가 형성되기를 기다린다 해도 **의미**(sens)의 주체는 이미 거기에 존재한다. 이미 거기에 존재하는 의미(조숙하고 폭군적인 초자아의 지지를 받고 있다고 추정되는 의미)는 리듬과 몸짓·청각·발성의 장치를 통해서 만들어진다. 그러한 장치를 통해 쾌락은 감각 시리즈 속에서 분절되는데, 이 감각 시리즈는 자극적인 동시에 위협적인 '쇼즈'와 자기 성애적인 혼란과 마주하고 있는 일차 차별화이다. 그리하여 조직화된 비연속성 속에서 분절되는 것은 '고유한 신체'가 되어가는 도중인 신체의 연속체이고, 이것은 전(前)-대상과, 모성적 '쇼즈'와 혼돈된 성감대에게 조숙하고도 일차적인, 유동적이지만 강력한 지배력을 행사한다. 심리학적인 면에서 우리에게 전지전능한 것처럼 보이는 것은 **아직 의미 작용을 할 줄 모르는 전(前)-주체에게 의미의 강력한 현존을 표현하는 세미오틱적인 리듬의 힘**이다.

우리가 의미라고 부르는 것은 **아이** [infans: 유아(enfant)의 어원]가 부모의 욕망의 시니피앙을 기재하는 능력이고, 그 속에 고유한 그의 방식으로 자신을 삽입시키는 능력이다. 그것은 아이가 자기 발전의 순간에 포용할 수 있고, 또 일차 과정의 차원에서 세미오틱을 만들어 내는 그 아이의 성감대에 포함된 '아직 타자가 아닌 것'의, ('쇼즈'의) 지배를 허락하는 세미오틱들의 능력을 나타내면서 자신을 거기에 삽입시키는 능력이다. 그런데 이 전능한 의미는 그것이 의미 작용 속에 투입되지 않으면 '죽은 문자'로 남게 된다. 슬픔이 그를 자기 어머니와 함께 가두어 놓은 지하 묘지로 들어가 우울증적인 의미를 탐색하여 그것을 대상들과 욕망들의 의미 작용에 연결시키는 일은 바로 분석적인 해석의 작업이다. 그러한 해석 작업은 의미의 전능성을 실각시키고, 우울증 구조를 지닌 주체가 부인한 우울증적 입장의 가공 작업과 동등하다.

우리는 대상과의 분리가 소위 말하는 우울증적 국면을 작동시킨다는 것을 기억하고 있다. 엄마를 잃으면서 그리고 부정에 의지하면서 나는 엄마를 기호로, 이미지로, 단어로서 다시 찾는 것이다.[23] 그러나 전지전능한 아이는 그 이전의 투사적 자기 동일화의 편집증-정신분열증적 입장의 모호한 희열을 포기하지 않는다. 그동안에 아이는 자기의 모든 심적 활동을 분리되지 않은 융합적인 타자 속에 자리잡게 한다. 아니면 아이는 분리와 상의 슬픔을 거부하고, 우울증 태세와 언어 활동에 접근하지 않고 수동적인 입장, 즉 투사적 자기 동일화의 지배를 받는 정신분열적-편집증 입장 속으로 도피한다──언어 활동의 지연을 암시하는 말하기 거부는 사실 전능함의 강요이고, 따라서 대상에 대한 일차 지배의 강요이다. 그렇지 않으면 그 아이는 부정의 **부인**과 공모를 하는데, 일반적으로 그 것은 상징 체계의 구성을 통하여 (특히 언어 활동의 구성을 통하여) 상의 슬픔의 가공 작업으로 인도한다. 이때 주체는 다른 자신의 불쾌한 정동들을 동결하여 그것들을 결정적으로 비통해하고 접근할 수 없는 것으로 형성된 **심적 내부**(dedans psychique)에 간직한다. 기호들이 아니라 세미오틱의 흔적들로 이루어진[24] 이 비통한 내면성은 나르시스의 보이지 않는 얼굴이자 그의 눈물의 비밀스런 원천이다. 그리하여 **부정의 부인**은 주체의 충격적인 동요를 상징적 구축물들에서 분리시키는데, 이 구축물들은 그가 그 중복된 부정 덕분에 적어도 그리고 종종 훌륭하게 얻어내는 것들이다. 멜랑콜리 환자는 그의 슬픔과 비밀스런 내면과 함께 힘 안에 유배된 자일 뿐 아니라 우수한…… 추상적인 구축 능력을 지닌 지식인이다. 우울증 환자에게 **부정의 부인**은 전지전능함의 논리적 표현이다. 공허한 담론을 통

---

23) Cf. H. Segal, *op. cit.* 이 책의 p.37.

24) 본원적 언어(sémiotique)/구성적 언어(symbolique)의 구분에 대해서는 저자의 《시적 언어의 혁명》, Seuil, Paris, 1974와 이 책의 제1장 p.37, 주 27)을 참조할 것. Jean Oury 는 대문자 '타자'를 박탈당한 멜랑콜리 환자는 해독 불가능하지만 살아 있는 지표들을 '무한(sans-limite)'과의 만남의 '공포 지점'까지 추구한다고 지적하고 있다.(Jean Oury, 〈폭력과 멜랑콜리 Violence et mélancolie〉, in 《La Violence, actes du Colloque de Milan》, 10/18, Paris, 1978, pp.27 et 32.)

하여 우울증 환자는 자신에게 그리고 모두에게 이처럼 수수께끼로, 비밀로 남아 있는 원초적 대상에 대해 '생볼릭'이 아니라 '세미오틱'이기 때문에 접근할 수 없는 지배력을 자신에게 보장한다.

슬픔은 증오를 제지한다

그렇게 얻어진 상징적 구축물과 그와 같은 바탕 위에 세워진 주관성이 쉽게 붕괴될 수 있는 것은 새로운 분리의 경험 또는 새로운 상실의 경험이 일차 부인의 대상을 부활시키고, 그 부인의 힘에 의해 유지된 전능함을 혼란에 빠뜨릴 때이다. 이 경우 하나의 유사자(semblant)였던 언어적 시니피앙은 마치 대양의 큰 파도에 제방이 휩쓸려 가듯이 동요로 인해 휩쓸린다. 부인 안에서 지속되는 상실의 일차 기재인 정동이 주체를 휩쓸어 버린다. 슬픔이라는 나의 정동은 최후의 증인이고, 그러나 무엇보다도 내가 전지전능한 지배력의 원초적인 '쇼즈'를 상실했음을 말하지 못하는 **벙어리** 증인이다. 이 슬픔은 공격성의 최후의 여과기이고, 증오의 나르시스적 억제(retenue)이다. 이 증오가 인정받는 것은 도덕적인 혹은 초자아적인 수치심에서가 아니라 슬픔 속에서 자아가 아직도 타자와 융합되어 있고, 자기 안에 타자를 지니고 있으며, 자기에게 고유한 전지전능한 투사를 내투사하면서 그것을 즐기기 때문이다. 비애는 이처럼 전지전능함의 부정형이고, 타자가 나에게서 빠져나가지만 그러나 자아는 버림받은 자신을 받아들이지 않는 최초의 그리고 일차적인 지표일 것이다.

정동과 일차적 세미오틱 과정들의 쇄도는 우리가 기이한 것 혹은 '부차적인 것'으로 묘사했던 우울증 환자에 있어서의 언어 활동의 방어책과 대결하게 되고, 또한 상징적 구축물들(학습·이데올로기·신앙)과도 대결하게 된다. 거기에는 완만화 혹은 가속이 나타나는데, 그것은 일반적으로 제압된 일차 과정의 리듬과 생물생리학적인 리듬을 확실하게 표현한다. 담론에는 더 이상 그 리듬을 깨뜨릴 힘이 없고, 그것을 변형시킬 힘은 더더욱 없다. 그 반대로 담론은 정동적 리듬에 의해 스스로 변형되게 내버려두어, (행위의 선택을 불가능하게 하는 과도한 완만화 아니면 지나친 가속으로 인하여) 무언증 속에서 소멸될 정도에까지 이른다. 상상적 창조(예술·문학)와 우울증과의 투쟁이 생볼릭과 생물학적인 것의 분기점에 직면할 때 우리가 확인할 수 있는 것은, 서술 혹은 추론이 일차 과정의 지배를 받는다는 사실이다. 리듬·두운·압축은 전언과 정보의 전달을 형성한다. 그때부터 시와 더 일반적으로는 시의 은밀한 표지를 지닌 문체가(일시적으로?) 우울증의 극복을 증언하지 않을까?

그리하여 우리는 심적 변용, 특히 우울증적 심적 변용을 기술하기 위해서 적어도 다음 세 가지 매개 변수를 고찰하기에 이른다. **생볼릭 과정**(pro-sessus symboliques; 담론의 문법과 논리)과 세미오틱 과정(processus sémio-tiques; 전위·압축·두운·음성 및 몸짓의 리듬), 그리고 그 두 가지를 뒷받침하는 흥분 전달의 **생물생리학적 리듬들**. 후자, 즉 생물생리학적 리듬을 조건짓는 내생인자(內生因子)가 어떤 것이든간에, 그리고 신경의 흥분이 바라는 최상의 전달을 확립하기 위한 약리학적 방법이 제아무리 효과적이라 해도 흥분의 일차 통합의 문제와 특히 이차 통합의 문제는 그대로 남아 있다.

정신분석의 개입이 자리잡는 곳은 바로 그 지점이다. 쾌락과 불쾌의 불완전한 우여곡절 속에서 그것들을 명명하기——그것도 전지전능함의 본원적 조건과 대상과의 위장 분리의 본원적 조건을 다시 만드는 전이적 상황의 한가운데에서——는 멜랑콜리라는 주체의 이 역설적인 구성에 다가서는 유일한 접근 방법으로 우리에게 남는다. 사실 이것은 역설적이다. 왜냐하면 주체는 **부정**의 대가로 생볼릭의 문을 열 수 있게 되는데, 이는 전지전능한 정동의 명명할 수 없는 향락을 확보하면서 **부인**의 움직임으로 그 문이 저절로 닫힐 수 있게 하기 위해서이기 때문이다. 이때 분석은 이러한 주관화를 변형시키는 기회를 가질 수 있고, 또한 생볼릭의 구축물 안에 세미오틱적인 감동의 최선의 통합을 조장하면서 일차 과정의 변동에 관한 담론과 생물 에너지의 전달에까지 수정 능력을 부여하는 기회도 가질 수 있다.

번역의 서구적 운명

완성된 상의 슬픔 저쪽에 번역해야 하는 원초적 대상, 즉 '쇼즈'의 실존을 설정하기. 이것은 멜랑콜리 이론가의 환몽이 아닐까?

원초적 대상, 언제나 번역해야 하는 것으로 남아 있는 이 '즉자(en soi),' 번역 가능성의 최후의 근거인 이 대상은 오직 이미 구성된 담론과 주체를 위하여, 그리고 담론과 주체에 의해서만 존재한다는 것은 확실하다. 이는 번역된 것이 이미 거기에 있으므로 번역 가능한 것은 과잉이나 측량할 수 없는 것으로 상상되고 조정될 수 있기 때문이다. 이러한 다른 언어의 실존과 그 언어의 타자, 즉 언어 외적인 것의 실존까지 조정하는 것은 반드시 형이상학이나 신학을 위해 마련된 것은 아니다. 그러한 가설은 형이상학과 서구의 이론이 표상할 기회와 용기를 가졌던 심적 요구에 호응한다. 그것은 물론 보편적이지 않은 심적 요구이다. 예를 들면 중국 문명은 사물 자체에 대한 번역 가능성의 문명이라기보다는 오히려 기호들의 반복과 변이, 즉 옮겨 쓰기의 문명이기 때문이다.

원초적 대상, 즉 번역해야 하는 대상에 대한 강박관념은 어떤 합당성

(물론 불완전한)이 기호와, 지시 대상이 아니라 타자와의 상호 작용 속에 있는 지시 대상의 비언어적 경험 사이에 성립될 수 있다는 것을 가정한다. 나는 참(vrai)이라고 이름 붙일 수 있다. 나에게서 빠져나가는 '존재'는——정동의 존재를 포함하여——적절한 표현 아니면 거의 적절한 표현을 찾아낼 수 있다. 번역 가능성의 도박은 원초적 대상을 지배하기의 도박이고, 그런 의미에서 기쁨과 공포 그리고 고통의 대상을 포착하도록 운명지어진 기호들의 폭포를 통하여 우울증(내가 단념할 수 없는 침략적인 전(前)-대상으로 인한 우울증)과 투쟁하기의 시도이다. 형이상학은 그것이 지닌 번역 가능성에 대한 강박관념과 함께 바로 이러한 명명하기에 의해 밀해지고 진징되는 고통의 담론이다. 우리는 원초적 '쇼즈'를 무시하고 부인할 수 있다. 내면도 없고 진실도 없는, 다시 옮겨 썼거나 익살맞은 기호들의 가벼움을 위하여 고통을 무시할 수 있다. 그러한 모형에 작동하는 문명들의 장점은 그 문명들로 하여금 주체가 우주 속에 침잠하기, 즉 세계와의 신비로운 내재(內在)를 표시할 수 있게 만드는 데에 있다. 그러나 내 중국인 친구가 말했듯이, 그와 같은 문화는 고통의 분출 앞에서는 속수무책이다. 이 결여는 장점일까, 아니면 결점일까?

반대로 서구인은 자기 어머니를 번역해 낼 수 있다고 확신하고 있다.——그는 확실히 그렇다고 믿고 있다. 그런데 어머니를 번역해 낸다는 것은, 곧 어머니를 배반하고, 옮겨 놓아, 어머니로부터 해방된다는 말이다. 이러한 멜랑콜리 환자는 기호들을 지배하여, 그것들이 명명할 수 없고 외상을 지닌 원초적인 체험들에 호응하도록 엄청난 노력을 함으로써 사랑하는 대상에서 분리되었다는 자신의 슬픔을 극복한다.

더욱이 그리고 결과적으로, 번역 가능성에 대한 그러한 믿음("엄마는 명명할 수 있고, 신은 명명할 수 있다")은 판에 박힌 말과 상투적인 표현을 피하면서 개성이 매우 강한 담론과 개인적인 문체의 과잉으로 이끌고 간다.

그런데 바로 그런 것을 통해서 우리는 유일하고 즉자(en soi)인 '쇼즈(Res divina)'의 전형적인 **배반**(trahison)에 도달하게 된다. '쇼즈'를 명명하는 모든 방법이 허용될 경우, 즉자로 상정된 '쇼즈'는 그것을 명명하는 수천 가지 방법 속에 용해되지 않을까? 상정된 번역 가능성은 가능한 번역들의 다양성에 귀착한다. 서구적 주체인 잠재적 멜랑콜리 환자는 악착스런 번역가가 되어, 확고한 노름꾼 아니면 잠재적 무신론자로 끝이 난다. 번역에 대한 최초의 믿음은 문체적인 수행에 대한 믿음으로 변하고, 문체적인 수행에서는 비록 원초적인 것이라 해도 텍스트의 내면, 즉 텍스트의 타자가 텍스트 그 자체의 성공보다 덜 중요하다.

3

여성 우울증의 형상들

다음의 단편들은 우리를 임상적인 멜랑콜리의 세계가 아니라 총체적인 멜랑콜리-우울증의 신경증적 영역으로 안내한다. 거기에서 확인하게 되는 것은 우울과 불안 사이, 우울과 도착 행위 사이, 대상과 파롤의 의미 상실과 그것들을 장악하는 사도마조히즘적 지배 사이에서 일어나는 교체 현상이다. 여성 담론을 다루는 것이 단지 사회학적으로 여성 우울증이라고 입증된 최대의 빈도수를 증명할 수 있는 우연은 아니다. 이러한 사실은 여성성(女性性)의 한 특징을 밝혀 줄 수 있을 것이다. 말하자면 여성의 모성적 '쇼즈'에 대한 중독과 속죄하는 변태 성욕에 있어서의 최소한의 능란함을 보여 줄 것이다.

식인 풍습의 고독

육체-무덤 혹은 전지전능한 집어삼킴

엘렌은 태어나면서부터 심각한 운동 신경 장애로 고생했고, 여러 번 외과 치료를 받아야 했으며, 세 살이 될 때까지 자리에 누워 있어야만 했다. 그러나 이 소녀의 탁월한 지적 발달은 그에 합당한 전문직의 길로 가게 할 정도로 그만큼 예전의 운동 신경 장애와 그 장애를 분명하게 촉진시켰던 가족 관계에서 아무것도 남아 있는 것이 없었다.

심한 우울증의 잦은 출현을 제외하면 아무런 문제가 없었고, 이 우울증은 엘렌의 실제 생활, 그녀의 순조로운 현실에서 터져나오는 것 같지는 않았다. 몇 가지 생활들(한 사람 이상과 말하기, 공공 장소에 나가 있기, 상대방들의 동의를 얻지 못한 의견을 옹호하기)은 이 환자에게 마비 상태를 유발시켰다. "나는 마비된 상태로, 땅에 못박혀 있어요. 나는 말을 잃고, 내 입은 석회로 만들어진 것 같고, 내 머리는 완전히 텅 비었어요"라고 그녀는 말했다. 무력감이 그녀를 전적으로 사로잡았고, 그 뒤로 재빨리 들이닥치는 의기소침은 엘렌을 세상으로부터 격리시켜, 자기 방 안에 칩

거하며 눈물을 쏟으면서 긴 나날들을 한마디 말도 없이, 생각도 없이 남아 있게 한다. "죽은 여자 같아요. 그런데 나에게는 자살할 생각이나 자살하고 싶은 욕망은 없다구요. 이미 자살해 버린 것 같으니까요."

이러한 상황에서 '죽었다'가 엘렌에게 의미하고자 하는 것은 무엇보다도 말로 표현할 수 없는 신체적 경험이다. 그후 그녀가 그 경험을 묘사할 만한 말들을 찾아내려 했을 때, 그녀는 인위적인 중압 상태, 휩쓸고 간 고갈 상태, 현기증에 깔린 부재 상태, 새까만 번갯불로 절단된 공허함을 이야기했다……. 그러나 이러한 낱말들은 그녀가 정신과 육체의 총체적 마비 상태와, 그녀 자신과 나머지 것들 사이에서 그리고 '그녀'이어야 했던 것 내부에서 일어난 회복 불가능한 분열처럼 느꼈던 것을 나타내기에는 너무도 불확실하다고 생각되었다. 감각의 부재, 고통의 상실 혹은 아픔의 도려내기, 이것은 지각을 동반하는 절대적이고 광물질적이며, 천체적인 무감각 상태이다. 거의 생리적인 지각도, 그 '죽었다'가 생리적이고 감각적이라고 해도, 달랠 길 없는 그 어떤 무력감에 대한 성운 같은 생각, 개성 없는 상상력, 막연한 표상이다. 죽음이라는 존재의 실재와 허구. 송장으로 만들기와 인위적 책략. 절대적인 신체 장애, 그러나 은밀하게는 전지전능한 불구. 살아 있지만 (…) '피안에서' 자신을 유지하는 기교. 거세와 비통함의 피안. 죽은 여자**처럼** 존재하기, 죽은 여자인 **체하기**는, 엘렌이 나중에 그런 것에 대해 말할 수 있게 되었을 때 그녀에게는 마치 생존의 '시학(poétique)'처럼, 죽음을 **진실로서** 육화할 정도로 상상적이고 실제적인 비통합 속에 똬리를 틀고 있는 역전된 삶처럼 나타났다. 수면제를 삼키는 것은 이 세계에서 하나의 선택이 아니라 다른 곳에서부터 강요되는 한 가지 몸짓이다. 말하자면 비-행위, 오히려 완성의 기호이자, '피안'이라는 그 허구적 충만함의 거의 미학적인 조화이다.

대양(大洋) 같은 완전한 죽음은 엘렌의 세계와 인격을 짓눌렀고, 자립심이 결여된, 움직이지 않는 수동성에 빠져들게 했다. 이 죽음의 대양은 어떤 외부에 대한 관심도 접근도 없이 며칠 동안, 그리고 몇 주 동안 그녀 속에 자리잡을 수 있었다. 대상의 이미지나 한 인물의 얼굴이 거기에 결정되면, 그 이미지나 얼굴은 즉시 증오의 앙금처럼, 엘렌이 오직 그것들을 죽임으로써만 대면할 수 있었던 상처를 주거나 적대적이고, 비통합적이며 불안감을 주는 요소들처럼 인지되었다. 그리하여 그 이상한 것들을 죽이는 것은 죽은 존재를 대신하였고, 그리고 죽음의 대양은 불안의 물결로 바뀌었다. 그런데 엘렌을 삶에 유지시키는 것은 바로 그 불안이다. 병적인 마비 상태 이후와 그에 덧붙여 일어나는 것 외에도 불안은 그녀의 생명의 춤이었다. 물론 고통스럽고 참기 어려운 것이지만 불안 속에서 그녀는 어떤 현실에 접근할 수 있었다. 죽어야 했던 얼굴들은 특히 어린아이들의 얼굴이었다. 이러한 참을 수 없는 유혹은 그녀를 공포에 떨게 했고, 자기가 괴물 같지만 **존재한다**는, 다시 말해서 무(無)에서 벗어난다는 느낌을 갖게 해주었다.

옛날에 그녀 자신이었고, 또 그녀가 그후 흔적을 지워 버리고 싶어했던 신체 장애 어린이의 얼굴들일까? 오히려 죽이고 싶은 욕망이 일어나는 것은 오직 이미 치명적인 자아에 의해 전지전능한 불능 속에 흡수된 타인들의 세계가 환몽적 우울이 그녀를 사로잡았던 감금 상태와 분리될 수 있을 때라는 생각을 갖게 하였다. 그래서 타자들과 마주하고도 그들을 있는 그대로 보지 못하는 우울증 환자는 계속 자신을 그들 속에 투사한다. "나는 나를 욕구불만에 빠뜨리는 자들이나 나의 폭군들을 죽이지 않는다. 나는 그들이 버린 **그들의** 아기를 죽인다."

고통의 나라에서의 알리스처럼 우울증 환자는 거울을 참지 못한다. 그녀의 이미지와 타자들의 이미지가 상처받은 그녀의 나르시시즘 속에 폭력과 살해 욕망을 불러일으키고, 그녀는 거울의 이면을 통과하여 다른 세계에 정착하면서 자신을 보호한다. 그 다른 세계에서 자신의 응고된 비애를 제한 없이 펼침으로써 그 우울증 환자는 환각적인 충만함을 되찾는다. 무덤 너머, 저승의 여왕 페르세포네는 눈먼 그림자로 살아 있다. 그녀의 육체는 벌써 다른 곳에 있고, 부재하며, 살아 있는 송장이다. 육체를 포기하는 최선의 방법으로 육체에게 양분을 주지 않거나, 아니면 반대로 폭식하게 하는 일이 자주 일어난다. 당신이 보이지 않고 그 자신도 보이지 않는 희미하고 눈물이 글썽한 시선을 통하여 그녀는 수많은 부재자들로부터 버림받았다는 쓰디쓴 감미로움을 맛본다. 육체적이고 정신적인 고통을 자기의 몸과 마음 깊숙이 품는 데 전념하면서, 엘렌은――자기 무덤인 침내를 벗어날 적에는――타인들 사이로 산책한다. 마치 외계인처럼, 아무도 그녀를 빼내 올 수 없는 찬란한 '죽음'의 나라의 이해하기 힘든 시민처럼.

엘렌을 분석하기 시작했을 때 그녀는 어머니와 반목 상태에 있었다. 환자의 말에 따르면 어머니는 비인간적이고, 인위적이고, 색광에, 어떤 감정도 없고, 오직 그녀가 가진 돈과 누구를 유혹할 생각만을 하는 여자였다. 엘렌은 어머니가 자기 방에 오는 '침입'을 마치 '침범 행위, 가택 침입, 강간' 처럼 기억하고 있었고, 아니면 친구들 앞에서 말을 하며, 그녀로 하여금 창피해서 (…) 또 즐거워서 낯을 붉히게 했던 너무나 친밀한, 지나치게 노골적인 화제들――"사실 나에게는 추잡한 말들 같았다"――도 기억하고 있었다.

그런데 이러한 관능적인 공격성의 베일 뒤에서 우리가 발견하게 된 것은 신체 장애 아이와 그 어머니 사이의 또 다른 관계였다. "지금 혹은 내 어린 시절에서 그녀의 얼굴을 상상해 보려고 노력하지만 헛된 일이에요. 보이지가 않아요. 나는 나를 안아 주는 어떤 사람 위에, 아마도 그의 무릎 위에 앉아 있었어요. 하지만 실제로 그는 아무도 아니에요. 그 누구라면 얼굴과 목소리, 시선, 머리를 가졌을 텐데요. 그런데 나는 그러한 것을 하나도 포착하지 못해요. 단지 떠받쳐 주기, 그게 전부예요, 다른 것은 아무 것도 없어요." 나는 한 가지 해석을 감행했다. "그 타자, 아마도 당신이 그를 당신 안에 동화시켜 버렸고, 당신은 그의 떠받침과 그의 무릎을 원하겠지요. 그런데 나머지 것들을 미루어 보면, **그녀**가 바로 **당신**이었을 거예요."──엘렌이 말을 이었다. "제가 꿈을 꾸었어요. 제가 선생님 댁의 계단을 올라가고 있었는데, 그 계단은 우리 부모님의 결혼 사진에 나오는 사람들을 닮은 시체들로 덮여 있었어요. 나 자신도 그 결혼식에 초대를 받았는데, 그것은 식인종들의 식사였어요. 나는 그 시체들을 먹어야 했어요. 조각난 몸뚱이들, 머리통들, 내 어머니의 머리도요. 그건 끔찍했어요."

결혼하는, 남자를 가진, 도망치는 어머니와 구강으로 동일화되기. 어머니를 소유하고, 자기 자신의 깊숙한 곳에 간직하여 절대로 떨어지지 않기. 엘렌의 전지전능함은 공격성의 가면 뒤로 드러나고, 그것은 그녀가 실제 생활에서 그녀에게서 분리되고, 그녀와 다른 사람 앞에서 자신을 위치시키는 데서 겪는 어려움과 함께 몽상 속에서의 타자의 부재를 보강한다.

간단한 외과 수술이 마취를 하려는 순간보다 병이 악화될 수 있는 위험에 처해 있을 때 더욱더 엘렌을 불안하게 했다. "이건 너무 슬퍼요, 이 잠재우기를 나는 참을 수가 없어요. 물론 내 몸을 샅샅이 뒤지겠지요. 그런데 나를 무섭게 하는 것은 그게 아니에요. 이상하죠, 나는 지독히 외로워질 것이라는 느낌이 드니 말이에요. 헌데 이건 말이 안 돼요, 실제로 이만큼 사람들이 내게 관심을 쏟은 적이 한번도 없었거든요." 아마도 그녀에게 외과 수술이라는 '개입'(내가 암시하는 것은 해석적인 '개입'이다)이 그녀가 자기 깊숙한 곳에 가두었다고 상상하고, 영원한 자기 동반자라고 여기던 가까운 어떤 사람, 없어서는 안 될 사람을 빼앗아 간다는 느낌을 갖게 했을까? "그가 누구인지 나는 몰라요. 이미 말씀드렸듯이 나는 아무도 생각하지 않아요. 나에게는 다른 사람이 없어요. 나의 먼 기억에도 내 주위에는 아무도 보이지 않아요……. 말씀드릴 것을 잊었는데요, 제가 성 관계를 가졌고, 구역질이 났어요. 나는 토했고, 어린아이 머리 같은 그 무엇이 보였어요. 그때 멀리서 어떤 음성이 나를 부르는 소리가 들렸는데, 나를 어머니의 이름으로 잘못 부르고 있었어요." 엘렌은 이렇게 그의 몸 내면에 어머니의 표상인 환몽을 가두어 놓았다는 나의 해석을 확인시켜 주었다. 그리하여 그녀는 단지 말로써만이라도 그녀 속에 갇혀 있고, 그 것이 없어지면 자기를 끝없는 슬픔에 빠뜨릴 것만 같은 그 대상을 포기해 야 하는 것에 혼란해진 듯이 비틀거리기 시작했다. 시간을 잘 지키고, 비 상하게 규칙적인 그녀가 분석을 시작하고 나서 처음으로 다음번 상담 시 간을 잊어버렸다. 그 다음 상담 때 그녀는 빠진 상담 시간 이전에 있었던 상담에서 기억나는 것이 아무것도 없다고 고백했다. 말하자면 모든 것이 텅 비고, 하얗고, 그녀 자신도 텅 비게 되어, 끔찍할 정도로 슬프고, 의미 있는 것이 아무것도 없으며, 또다시 그녀가 너무도 괴로운 마비 상태에 빠져든 것이다……. 우리가 끌어낸 그 어머니 대신에 그녀가 나를 자기 속에 가두려고 시도했을까? 나를 그녀의 몸속에 감금하려고 애썼을까? 그래서 서로서로가 뒤섞여 우리는 더 이상 만날 수가 없었다. 왜냐하면 그녀가 자기 어머니를 그렇게 한 것처럼 나를 얼마 동안 그녀의 상상적 육체-무덤 속에 집어넣어, 집어삼켜 매장했기 때문이다.

성도착증 여성과 불감증 여성

엘렌은 나를 '감동시키고' 싶어하는 그녀의 말들이 사실상 내용이 없 고, 무미건조하며, '진정한 감정과는 거리가 멀다'는 사실에 대해 불평을 했다. "아무 말이라도 할 수는 있어요. 그게 하나의 정보가 될 수 있지요. 하지만 그건 아무 의미가 없어요, 여하튼 나에게는 말입니다." 그녀의 담론에 대한 이러한 묘사는 그녀에게 자기의 '대향연'이라고 부르는 것을 생각하게 한다. 유년 시절부터 분석의 초반에까지 그녀는 의기소침 상태들과 '관능적 축제'를 교대로 드러냈다. "나는 못하는 것이 없고, 아무것이나 다해요. 나는 남자이고, 여자이고, 짐승이고, 사람들이 원하는 모든 것이에요. 그것이 사람들을 깜짝 놀라게 하지요. 그런데 나는 그것이 즐거움이라고 생각해요. 하지만 그것이 진짜 내가 아니에요. 기분은 좋지만, 그건 다른 여자이지요."

전지전능함과 상실의 부인은 엘렌을 만족의 열띤 탐색 쪽으로 인도했다. 즉 그녀는 모든 것을 할 수 있는, 전지전능한 여자가 바로 그녀였다. 나르시스적이고 남근적인 승리의 이러한 편집증적인 태도는 결국 소모적인 것으로 나타난다. 왜냐하면 그녀는 부정적인 정동들——공포·비애·고통——을 상징화할 수 있는 가능성을 모두 차단하였기 때문이다…….

여하튼 전지전능함의 분석이 그러한 정동들을 담론에 접근하도록 내버려두었을 적에 엘렌은 불감증 시기를 겪게 되었다. 모성적 대상, 필연적으로 관능적이고, 일단 분석이 진행되는 동안에 재발견되어 명명되었고, 엘렌 속에서 포착되었다가 무화되어 버린 그 대상은 잠시 동안 그 여성 환자를 만족시켜 주었음이 틀림없다. 그 불감증 여자는 이렇게 말하는 것 같았다. "나는 그녀를 내 안에 가지고 있어요. 그녀는 나를 떠나지 않아요. 다른 누구도 그녀의 자리를 차지할 수 없어요. 내 안으로 들어올 수가 없어요. 나의 질은 이미 죽었어요." 본질적으로 질에서 일어나고, 음핵에서의 오르가슴이 부분적으로 보상할 수 있는 불감증은 항문적으로 갇혀 있고, 배설구인 질로 옮겨지는 모성적 형상을 가진 불감증 여성에 의한 상상적 착복 행위를 드러낸다. 많은 여성들이 꿈에 보이는 어머니가

그들의 애인이나 남편을, 또 그 반대로 애인 혹은 남편이 어머니를 나타
낸다는 것을 알고 있고, 끊임없이 그/그녀와 항문적 소유에 대한 결판을
내리려 하지만 만족을 얻지 못한다. 없어서는 안 되고, 만족을 주고, 엄습
하는 여자로 상상된 그 어머니는 바로 그래서 죽음을 가져온다. 다시 말
하면 그녀는 자기 딸로 하여금 생기를 잃게 하고 모든 출구를 막아 버린
다. 더욱이 그녀의 딸이 만들어 준 향락을 독점하면서도 그 대신에 아무
것도 되돌려 주지 않는(딸에게 아이를 갖게 하지 않는)다고 상상되기 때문
에, 이 어머니는 불감증 여자를 감각적인 만큼 감정적인 상상적 고독 속
에 가둬 버린다. 이번에는 그녀의 파트너가 '어머니 이상(plus-que-mère)'
으로 상상될 수 있어야 하는데, 이는 '쇼즈'와 '대상'의 역할을 채우기
위해서이고, 동시에 나르시스적인 요구 아래 있기 위해서가 아니라 특히
그녀를 쫓아내고, 그녀가 자신의 자가 에로티즘을 타자(분리되고, 상징적
이고, 남근적인)의 향락에 투입하도록 이끌기 위해서이다.

　이처럼 여성에게는 두 가지 향락이 가능한 것처럼 생각된다. 하나는 남
근적 향락——파트너의 상징적인 힘과 경쟁하기 혹은 자기 동일화——
이고, 이것은 음핵을 활성화한다. 다른 하나는 심적 공간과 신체 공간을
더 깊숙이 조준하면서 환몽이 상상하고 실현하는 **또 다른 향락**이다. 이
또 다른 향락은 정신적이고 육체적인 내면을 가로막고 있는 우울한 대상
이 문자 그대로 용해되기를 강력히 요구한다. 누가 그렇게 할 수 있을까?
그것은 내 안에 갇힌 어머니를 용해시킬 수 있다고 상상된 파트너가 나
에게 그녀가 할 수 있었던 것과 특히 나에게 줄 수 없었던 것을 나에게
주고, 그렇지만 동시에 더 이상 어머니의 지위는 아니지만 그녀가 결코
나에게 줄 수 없었던 최대의 선물——새로운 삶——을 내게 마련해 줄
수 있는 자의 색다른 지위를 계속 유지함으로써 가능하다. 이상적으로 자
기 딸에게 베푸는 아버지의 역할도 맡지 않고 남성적인 경쟁에서 도달하

는 것이 문제인 상징적 등급의 역할도 맡지 않은 파트너 말이다. 이때 여성적 내면(심적 공간의 의미에서 그리고 육체적 경험과 질-항문의 결합의 차원에서)은 죽은 여자를 감싸고 불감증을 조건짓는 지하 납골당이기를 끝낼 수 있다. 내 안에 죽음을 지닌 어머니의 죽임은 파트너에게 생명의 기증자, 정확히 말해서 '어머니 이상' 인 자의 매력을 부여한다. 그는 남근적 어머니가 아니라 오히려 나쁜 것을 파괴할 뿐만 아니라 베풀고 만족감을 주는 남근적 폭력을 통한 어머니의 회복이다. 그 뒤를 따르는 소위 말하는 질적 향락은 상징적으로 '대타자' 와의 관계에 달려 있다고 알려지고 있다. 이 '대타자' 는 남근의 호가(surenchère)에서 상상된 것이 아니라 나르시스적 대상을 다시 구성하는 것, 그 대상의 **외부에로** 이동을 보장할 수 있는 것으로 상상되어——아이를 갖게 하고, 대타자 그 자체가 어머니-아이의 관계 사이의 연결선과 남근적인 권력이 되거나 아니면 사랑받는 여인의 상징적인 삶을 이롭게 한다.

아무것도 이러한 또 다른 향락이 한 여성의 심적 완성에 절대적으로 필요하다는 말을 하지 않는다. 매우 자주 직업적인 혹은 모성적인 보상이나 음핵의 쾌락이 불감증에서 보호되는 다소 완전한 베일이다. 그러나 남녀가 **또 다른 향락**(jouissance autre)에 거의 신성한 가치를 부여할 경우, 그것은 아마도 그 향락이 일시적으로 우울증을 이겨낸 여성 신체의 언어 활동이기 때문일 것이다. 여기서는 죽음을 이기는 승리가 문제가 된다. 물론 개인의 최후의 운명으로서의 죽음이 아니라, 조숙한 인간 존재가 그의 어머니가 버리거나 소홀히 하거나 이해하지 못할 경우 항구적인 그 내기가 되는 상상적 죽음에 대한 승리이다. 여성의 환몽 속에서 이 향락은 죽음을 부르는 어머니에 대한 승리를 상정하는데, 이는 그 내면이 경우에 따라서 생물학적인 삶, 출산, 그리고 모성의 원천이면서 동시에 욕구 충족의 근원이 되기 위함이다.

죽이기 아니면 자살하기
저질러진 과오

행위는 벌받을 만한 것일 뿐이다

여성 우울증은 가끔 우울증 환자에게 아주 편안하고, 오직 헌신하는 것만을 생각하는 실리적인 여성의 겉모습을 찾게 하는 열에 들뜬 활동성 배후에 숨는다. 마리-앙주는 많은 여성들이 교활하게 혹은 알지 못하고 쓰고 있는 이 가면에 차가운 복수와, 그녀 자신도 자기가 그러한 두뇌와 무기가 되었다는 데 놀랐고, 중대한 과오처럼 느꼈기 때문에 그녀를 괴롭히는 치명적인 진짜 공모를 거기에 덧붙인다. 그녀의 남편이 몰래 바람을 피운다는 것을 알게 되었을 때, 마리-앙주는 그녀의 라이벌과 자신을 동일시하는 데 성공하고, 친구이자 동료였던 그 귀찮은 여자를 단순히 제거해 버리기 위하여 다소 유치한 혹은 악마적인 일련의 음모에 자신을 맡긴다. 그것은 특히 마리-앙주가 친절하게 대접하는 커피나 차 또는 다른 음료수에 수면제와 건강에 해로운 물질을 집어넣는 것이었다. 그리고 자동차 바퀴에 펑크를 낸다거나 브레이크를 톱으로 자르기까지 한다.

이런 보복을 시도할 적에 마리-앙주를 사로잡는 것은 어떤 도취 상태이다. 그녀는 자신의 질투와 상처를 잊고, 그녀의 행위에 대해 수치심을 느끼면서도 거의 만족에 가까운 감정을 경험한다. 잘못 속에 있다는 것이 그녀를 즐겁게 했기 때문에 잘못 속에 있다는 것은 그녀를 괴롭게 했고, 그 반대이기도 했다. 그녀의 라이벌에게 나쁜 짓하기, 그녀를 현기증나게 어지럽히기, 아니면 그녀를 죽이기, 그런 것들 역시 다른 여자의 삶 속으로 파고들어가, 그녀를 죽게 하기까지 그녀를 즐겁게 하는 한 방법이 아닐까? 마리-앙주의 폭력은 그녀에게 수치심을 보상하는 남근적인 힘을 부여했고, 뿐만 아니라 그녀에게 그 남편보다 더 강하다는 느낌을 주었다. 말하자면 남편의 정부의 육체에 대해 더 결정적인 힘을 가졌다는 느낌 말이다. 남편의 간통에 대한 비난은 중요하지 않은 표면에 불과했다. 남편의 이 '잘못'에 의해 상처를 받으면서도 마리-앙주의 고통과 복수를 부추기는 것은 도덕적인 비난도 아니고, 남편의 잘못으로 인해 부과된 나르시스적인 상처에 대한 불평도 아니었다.

일차적인 면에서 **모든 행위의 가능성**은 그녀에게 기본적으로 하나의 위반처럼, 과오처럼 보였다. 행동하기는 자기의 명예를 위태롭게 하는 것이고, 그래서 억압에 잠재해 있는 우울증적 완만화가 온갖 다른 실현 가능성을 구속할 때, 이 여인에게 가능한 유일한 행위는 중대한 과오가 된다. 즉 죽이기, 아니면 자살하기이다. 우리는 언제나 벌을 받아 마땅하다고 인식되고 생각되어 온 부모의 '원초적 행위(acte originaire)'와 연관된 격렬한 오이디푸스적 질투를 상상할 수 있다. 초자아의 조숙한 엄격성, 원초적 동성애적 욕망의 '대상-쇼즈'에 대한 맹렬한 지배력 (…) "나는 행동하지 않는다. 만일 내가 행동을 한다면 그것은 가증스런 짓이고, 벌받아 마땅할 것이다."

편집증적인 측면에서 이러한 행동의 마비는 무의미한 활동의 양상을

(그리고 이것조차도 상대적으로 거의 죄가 없는) 띠기 때문에 가능한 것이고, 그렇지 않을 경우 그 마비가 중대한 행위-과오를 갈망하게 된다.

비어 있는 변태 성욕

성애적 대상의 상실(애인이나 남편이 저지른 부정 혹은 버림, 이혼 등등)은 한 여성에게는 생식 능력에 대한 공격처럼 느껴지고, 그것은 이러한 관점에서 거세와 동일하다. 즉시 이같은 거세는 총체적인 심적 장치(appareil psychique)의 파괴와 함께 육체와 그 이미지 전체를 파괴하려는 위협과 공명을 일으킨다. 또한 여성의 거세는 탈성애화된 것이 아니라, **수치스런 비밀**처럼 에로티즘을 지배하고 보호하는 나르시스적인 고뇌로 가려져 있다. 여성을 상실해야 하는 페니스를 갖지 않으려고 해도 소용이 없다. 그녀가 거세의 위협에서 잃었다고 생각하는 것은 전체——육체와 특히 영혼——이다. **마치 그녀의 남근이 바로 그녀의 정신이었던 것처럼**, 성애적 대상의 상실은 그녀의 정신 생활 전체를 조각내고 비워 버리겠다고 위협한다. 외부의 상실은 즉각적으로, 우울증적으로 내면의 공허처럼 체험된다.

다시 말해 심적 공허(vide psychique)[1]와 불완전하지만 강렬한 표현인 고통스런 감정 상태는 고백할 수 없는 상실의 장(場)과 자리에 정착한다. 우울증적인 행동은 이 공허에서부터, 그리고 이 공허 안에 기록된다. 의미 작용에서 자유로운 텅 빈 활동이 치명적인 흐름(파트너를 매혹시키는 라이

---

1) 우리는 특히 앙드레 그린이 형성한 '심적 공허'의 개념에 대한 연구에서 많은 도움을 받고 있다. 그 중에서도 〈분석 치료에 있어서 분석가, 상징화, 그리고 부재 L'analyste, la symbolisation et l'absence dans la cure analytique〉, 제29차 국제정신분석회의 보고, 런던, 1975. 《삶의 나르시시즘, 죽음의 나르시시즘》, éd. Minuit, 1983 참조.

벌을 죽이기)이나 아무렇지도 않은 흐름(집안일을 하거나 아이들의 공부를 복습시키느라고 기진맥진해지기)을 무심히 취할 수 있다. 그녀는 '죽은 여자'처럼 고통스럽고 마취된 정신의 덮개에 짓눌려 항상 억제되어 살고 있다.

여성 우울증 환자들은 분석 초기에는 그들의 죽은 여자—살아 있는 여자의 공허를 받아들이고 존중한다. 분석이 수치심을 진술하게 하고 죽음이 죽음의 욕망에서 빠져나오도록 하는 것은 오로지 초자아의 독재에서 벗어난 한 가지 공모를 만들면서이다. 죽은 여자(그녀 자신)가 되지 않기 위해 (타자를) 죽이려는 마리-앙주의 욕망은 바로 그때 자기 라이벌을 즐기거나, 아니면 그녀를 즐기도록 만드는 성적 욕망처럼 진술될 수 있다. 이러한 사실에서 우울증은 마치 **비어 있는 변태 성욕**의 베일처럼 드러난다. 즉 꿈꾸던, 욕망하던, 생각까지 했지만 고백할 수 없고, 영원히 불가능한 변태 성욕 말이다. 우울증 환자의 행동은 정확히 변태적 행위로의 이행 체제를 형성한다. 말하자면 그것은 고통스런 정신을 비우고 수치스러운 것으로 경험된 성을 가로막는다. 약간 최면 상태에 걸린, 우울의 넘쳐흐르는 활동성은 법이 더욱 냉혹한 곳——구속·의무·운명 속에, 그리고 죽음의 숙명에까지——에 은밀하게 변태 성욕을 투입한다.

멜랑콜리 환자를 **죽음과 함께 살게** 하는 우울증적 행위의 성적(동성애적) 비밀을 드러냄으로써 분석은 욕망에게 환자의 심적 공간에 제자리를 되돌려 준다. (죽음의 욕동은 죽음의 욕망이 아니다.) 분석은 이처럼 의미할 수 있고, 동시에 성애화할 수 있는 **대상**의 자격으로 **상실**을 통합할 수 있게 된 심적 공간의 표지를 제거한다. 분리는 비통합의 위협처럼 나타나지 않고, 어떤 다른 것——갈등적이고 에로스와 타나토스를 지니고, 의미와 무의미가 모두 가능한——을 향한 **교대(relais)**처럼 나타난다.

돈 후안의 아내: 슬픈 여자, 혹은 테러리스트

마리—앙주에게는 언니와 여러 명의 남동생이 있다. 그녀는 항상 아버지의 사랑을 독차지하는 언니에 대해 질투심을 느꼈고, 여러 번의 임신으로 지친 어머니로부터 버림받았다는 확신을 어린 시절부터 간직하고 있다. 과거에도 현재에도 언니나 어머니에 대한 어떤 질투심을 나타낸 적은 없는 것 같다. 반대로 마리—앙주는 착하고 슬프고 언제나 홀로 있는 아이처럼 처신했다. 그녀는 외출하기를 두려워했다. 그래서 어머니가 쇼핑을 할 때면 그녀는 걱정스럽게 창가에서 기다렸다. "나는 마치 내가 엄마를 대신하는 것처럼 그 집에 살고 있었어요. 나는 그녀의 체취를 보유하고 있었고, 그녀가 여기 있다고 상상하기도 했고, 그녀를 나와 함께 간직하고 있었어요." 어머니는 딸의 이러한 슬픔이 정상이 아니라고 생각했다. "이 수녀님 같은 얼굴은 위선이야, 이 애는 무엇인가를 숨기고 있어"라고 어머니는 비난했고, 그런 어머니의 말은 더욱더 어린 딸을 내면적인 은신처 속으로 움츠러들게 했다.

마리—앙주는 현재의 우울증 상태에 대해 내게 말하기 전에 오랜 시간 뜸을 들였다. 언제나 시간을 잘 지키고, 분주하고 완벽한 여선생님의 외관 아래에서 드러난 것은 집을 나오고 싶어하지 않고, 나올 수 없기 때문에 이따금 장기 질병 휴가를 얻는 여자였다. 도망치는 어떤 존재를 가두어 놓기 위해서일까?

여하간 그녀는 모성적 인물과 자신을 동일화하면서 그녀의 고립 상태와 총체적 마비 상태를 극복하는 데 성공했다. 이것은 그녀가 초활동적인 주부나——이렇게 그녀는 자기 라이벌에 대항하는 행위로의 이행에 도달한다——혹은 수동적 동성애의 파트너가 되고 싶어하거나, 아니면 그 반대로 싱대빙을 죽임으로써 그녀 자신이 그 육체를 불태워 버리기를 원하는 남근적 어머니와 자신을 동일시하면서이다. 그리하여 마리-앙주는 나에게 꿈 이야기를 들려 주었는데, 그 꿈은 어떤 열정으로 자기 라이벌에 대한 그녀의 증오심이 자라고 있는지를 알게 해주었다. 그녀가 폭발물을 감추려고 남편의 애인의 자동차 문을 열게 됐다. 그런데 그것이 자동차가 아니고 자기 어머니의 침대였다. 마리-앙주는 그녀에게 몸을 바짝 붙이고 있었는데, 문득 마리-앙주 다음에 줄줄이 태어난 어린 남동생들에게 너그럽게 젖을 주고 있던 그 어머니가 페니스를 가지고 있다는 것을 눈치챘다고 한다.

여성의 이성애(hétérosexuel) 파트너는, 그 관계가 만족스럽다고 판정될 때 자주 그녀의 어머니의 특질을 갖는다. 여성 우울증 환자는 이 법칙을 오직 간접적으로만 위반한다. 그녀가 선호하는 파트너나 남편은 만족을 주지만 부정한 어머니이다. 그래서 절망한 여인은 그녀의 돈 후안에게 극적으로, 고통스럽게 밀착될 수 있다. 왜냐하면 부정한 어머니를 즐길 가능성을 그녀에게 부여한다는 사실 너머로, 돈 후안은 다른 여자들에게서 그의 악착같은 욕망을 충족시키기 때문이다. 돈 후안의 애인들은 곧 그녀의 애인들이다. 돈 후안의 다양한 행위로의 이행은 그녀의 호색증(érotomanie)을 충족시켜 주고, 그녀에게 항우울증제와 고통 너머의 열에 들뜬 희열을 안겨 준다. 만일 이 정열에 잠재한 성적 욕망이 억압된다면 살인이 포옹의 자리를 차지할 수 있고, 이 우울증 환자를 테러리스트로 바꿔 놓을 수 있다.

비애를 길들이기, 즉시 슬픔에서 도망가지 않기, 그러나 얼마간 슬픔이 자리잡고 피어날 때까지 내버려두었다가 오직 없애 버리기, 바로 이것이 일시적인 것은 분명하지만 반드시 필요한 분석 단계 중의 하나이다. 나의 슬픔의 풍부함은 죽음——욕망하던-버림받은 타자의 죽음, 나 자신의 죽음——에서 나를 보호하는 나의 방법일까?

마리-앙주는 모성적인, 현실적인 혹은 상상적인 버림(abandon)이 가져다 준 절대 고독과 자기 비하를 그녀 안에 채워두었다. 못생기고 아무 쓸모없고 하찮은 존재라는 생각이 그녀를 떠나지 않았다. 그러나 그것은 생각이라기보다는 오히려 분위기였고, 아무것도 분명하지 않은, 단지 흐린 날의 음울한 색깔 같은 것이었다. 반대로 죽음에 대한, 그녀 자신의 죽음(어머니를 복수하지 못해서)에 대한 욕망은 그녀의 공포심 속에 침투하였다. 즉 창문에서, 승강기에서, 바위에서 혹은 산비탈길에서 떨어질까 두려워하는 공포심이다. 허공에 떠 있으면 어쩌나 하는 두려움, 허공에서 죽으면 어쩌나 하는 공포심. 영원한 현기증. 마리-앙주는 그 현기증을 독살되어 얼이 빠졌거나 열린 무덤으로 굴러가는 자동차 속으로 사라졌다고 여겨진 그녀의 라이벌에게 옮겨 놓으면서 일시적으로 자신을 보호한다. 그녀의 삶은 타인이 희생된 삶의 대가로 무사하다.

이 우울증적 히스테리의 테러리즘은 종종 입을 겨냥하면서 모습을 드러낸다. 하렘과 연관된 수많은 이야기들과 여성의 질투에 관한 또 다른 이야기들은 독살녀의 이미지를 여성적 악마주의의 특권을 부여받은 이미지로 부각시켰다. 그런데 음료나 음식에 독을 넣는 것은, 미쳐 날뛰는 마녀를 너머서 젖을 빼앗긴 한 어린 소녀를 드러내 보여 준다. 그런데 사내아이들도 젖을 빼앗기는 것이 사실이지만, 우리 각자가 알고 있듯이 남자는 이성애의 관계에서, 뿐만 아니라 특히 그에게 구순적 만족이나 구순성을 통한 만족을 아끼지 않는 다양한 우회적 방법으로 잃어버린 낙원을 되찾는다.

여성의 행위로의 이행은 더욱 억제되었고, 덜 다듬어졌다. 따라서 그 이행이 일어나면 더욱더 강렬할 수 있다. 왜냐하면 대상의 상실은 한 여성에게는 보상될 수 없는 것 같고, 상실의 슬픔은 더 참기 어렵거나 불가능하기 때문이다. 그래서 대체 대상들, 그녀를 아버지에게로 데려가야 하는 변태 성욕 대상들은 그녀에게 하찮은 것들로 여겨진다. 그녀는 종종 원초적 쾌락 그 자체를 억압하면서 이성애의 욕망에 다가선다. 즉 그녀는 불감증 속에서 이성애에 복종한다. 마리-앙주는 자기 남편을 오직 자기만을 위해, 그녀 자신을 위해, 그리고 즐기지 않기 위해 원한다. 그래서 향락으로의 접근은 오로지 남성의 변태적 대상을 통해서만 행해진다. 마리-앙주는 남편의 애인을 즐기고, 남편에게 애인이 없을 때는 더 이상 남편에게 관심이 없다. 여성 우울증 환자의 변태 성욕은 음흉하고, 이성을 찾기 위해서는 남성의 여성-대상이라는 중개-스크린을 필요로 한다. 그러나 이런 방법에 일단 정착이 되면, 여성 멜랑콜리 환자의 지쳐 버린 욕망은 더 이상 억제되지 않는다. 욕망은 끝까지, 죽을 때까지 모든 것을 원하기 때문이다.

이러한 치명적인 비밀을 분석가와 나누는 것은 그녀의 신뢰성이나 법과 처벌 그리고 탄압의 세계와 관련하여 그녀의 담론이 나타내는 차이를 시험해 보는 것만은 아니다. 이러한 신뢰("나는 나의 범죄를 당신과 나눕니다")는 공동의 향락, 즉 어머니가 거부했고, 남편의 애인이 빼앗아 간 향락 속에서 분석가를 포착하려는 시도이다. 이러한 신뢰가 성애적 대상으로서 분석가에게 지배력을 행사하는 하나의 시도임을 지적하면서 해석은 그 환자를 그의 욕망과 지배력을 행사하려는 다양한 그의 조작 시도의 진실 속에 붙들어 둔다. 그러나 처벌의 입법화의 윤리와 혼동되지 않는 한 가지 윤리를 따라가면서 분석가는 우울증적 위치라는 현실을 인식한다. 그리고 고통의 상징적 정당성을 확언하면서 분석가는 환자에게 상징적인 그리고 상상적인 다른 방법들을 찾게 하고, 그의 괴로움을 가공하도록 만든다.

처녀 어머니

'블랙홀'

　그녀는 연인들과의 갈등·버림·이별에서 심적인 타격을 받지 않았고, 그런 것에서 어떤 고통도 느끼지 않는 것 같았다. 자기 어머니의 죽음조차도 (…) 그것은 자제력과 상황 극복력을 전제로 하는 무관심이나 혹은 (가장 빈번히 나타나는 경우) 고통과 욕망의 히스테리적인 억압도 아니었다. 이자벨이 그런 상태를 재구성해 보려고 하던 나와의 면담에서 그녀는 '마취된 상처' '마비된 슬픔' 혹은 '모든 것을 내포하는 삭제'에 대해 이야기했다. 나는 그녀가 마리아 토록과 니콜라스 아브라함이 말하는 '지하 납골당'의 하나를 자신의 심적 공간 속에 만들어 놓았고, 그 무덤 속에는 아무것도 없지만, 그 아무것도 없음을 둘러싸고 온갖 우울증적 동일성이 구성되고 있다는 느낌이 들었다. 이 무(無)는 절대성을 지닌 것이었다. 비밀로 유지되기 때문에 치욕스럽고, 명명할 수도 말로 표현할 수도 없는 그 고통은 **심적 침묵**(silence psychique)으로 바뀌었고, 그 침묵은 상처를 억압하는 것이 아니라 상처를 대신하였고, 더욱더 상처를 압축함으로써 그녀의 감각과 표상에 지각될 수 없는 엄청난 강도를 되돌려 주었다.

그녀의 멜랑콜리 증세의 기질은 단지 부재, 살짝 피하기, 고통스런 것이지만 이자벨의 초자아적 자존심이 즉시 접근할 수 없는 이상 비대물로 변형시킨 것을 격렬하게, 그리고 환각에 사로잡힌 것처럼 관조하기 등에 불과했다. 억압도 아니고 정동의 단순한 흔적도 아닌 무(無), 그러나 이것이——마치 보이지 않게 짓누르는 우주적인 반물질(antimatière)처럼——버림과 실망의 감각적·성적·환몽적인 불만감을 하나의 **블랙홀**로 압축한다. 거세, 나르시스적인 상처, 성적 불만, 그리고 환몽적인 진퇴유곡이 그녀의 주관성을 구성하면서 살인적인 동시에 돌이킬 수 없는 무게로 그 구멍 속에 틀어박혀 있다. 그 안에서 그녀는 살해되고 마비되어 있을 뿐이다. 바깥에는 오직 행위로의 이행 아니면 표면적인 행동주의만이 그녀에게 남아 있다.

이자벨에게는 멜랑콜리 증세의 이 '블랙홀'이 필요했는데, 이는 다른 사람들이 억압이나 분열을 중심으로 자신을 구성하듯이 외부에 그녀의 생생한 모성과 그 활동성을 쌓아 놓기 위해서이다. 이 블랙홀은 그녀의 쇼즈였고, 그녀의 거처였고, 그녀가 자신의 근원을 되찾는 동시에 그만큼 빠져들어가는 나르시스적인 안식처이다.

이자벨은 그녀가 우울증에 빠진 기간 중 가장 우울한 시기에 아이를 갖겠다고 마음먹었다. 남편에 실망하고, 그녀의 애인이 보여 주는 '어린애 같이 변덕스런 성격'에 불신감을 느낀 그녀는 '그녀 자신'의 아이를 갖고 싶어했다. 그 아이가 누구의 아이인지를 아는 것은 별로 중요하지 않았다. "나는 아이를 원하지, 그의 아버지를 원하지는 않아"라고 이 '처녀-어머니'는 생각했다. 그녀에게는 '확실한 동반자'가 필요했다. 즉 "나를 필요로 하는 그 누구, 그와 함께 공모할 수 있고, 우리는 거의 절대로 서로 헤어지지 않을 거야……."

우울증의 해독제로서의 아이는 아주 무거운 짐을 지게 되어 있다. 임신한 이자벨의 사실상 처녀다운 평온함——그녀의 삶에서 임신 기간만큼 그녀를 행복하게 해준 기간은 없었다——은 분석의 초기부터 아주 주의 깊은 관찰자라면 감지할 수 있는 육체적인 긴장을 감추고 있었다. 이자벨은 긴 소파에 편히 드러눕지를 못했고, 목덜미는 긴장되었고, 두 발은 땅바닥에 대고 있었는데("선생님의 물건들을 망가뜨리지 않으려고요"라고 그녀가 말했다), 그녀는 어떤 위협을 숨어 기다리다가 덤벼들 준비가 되어 있는 것 같았다. 분석가에 의해 임신이 된 것이 그 위협일까? 어떤 젖먹이들의 과잉 근육 운동은 물론 그들의 어머니들이 가진 무의식적인, 명명되지 않은 육체적 · 정신적인 과도한 긴장을 말해 준다.

죽기 위해 살기

임신한 대부분의 여자들에게 자주 일어나는 태아의 기형에 대한 불안이 이자벨에게는 자살로 이끄는 발작의 절정을 이루었다. 그녀는 자기 아이가 분만 도중에 죽거나, 아니면 중대한 선천적인 결함을 가지고 태어난다고 상상하였다. 그래서 그녀는 자살을 하기 전에 아이를 죽임으로써 어머니와 아이가 다시 서로 결합되어, 임신중에서처럼 죽음 속에서 떨어질 수 없게 된다는 것이었다. 그렇게 바라던 출생은 매장(enterrement)으로 바뀌었고, 장례식의 이미지는 마치 그녀가 오직 죽음을 위해서 아이의 탄생을 원했던 것처럼 그녀를 흥분시켰다. 그녀는 죽음을 위해 아이를 낳았다. 그녀가 탄생시키려고 준비했던 생명과 그녀 자신의 생명의 갑작스런 중단은 그녀를 모든 근심에서 벗어나게 했고, 삶의 여러 가지 걱정거리에서 해방시켜 주는 것이었다. 탄생은 미래와 계획을 파괴하고 있었다.

아이를 갖고 싶은 욕망은 죽음과의 융합이라는 나르시스적인 욕망임이 밝혀졌다. 그것은 욕망의 죽음이다. 자기 아이 덕분에 이자벨은 성애적 시련의 우여곡절에서, 쾌락의 경이감에서, 불확실한 타인의 담론에서 벗어나고 있었다. 일단 어머니가 되었는데도 그녀는 계속 처녀로 남아 있을 수 있었다. 누구의 도움도 위협도 받지 않고 자기의 몽상과 함께 외로운 독신으로(아니면 그녀의 분석가와의 상상적인 부부로?) 살기 위해 아이의 아버지를 버리고, 그녀는 마치 수녀원에 들어가듯이 임신 기간에 들어갔다. 이자벨은 자기 아이임이 틀림없는, 죽기 마련인 이 살아 있는 존재 속에서 만족스럽게 그녀 자신을 관조할 준비를 하고 있었다. 아무도 그녀를 위해 '적절하게' 해줄 수 없기 때문에 결국 우울증에 빠진 어머니의 자기 희생은, 그녀가 보살피고 매장해야 하는 그녀 자신의 고통스런 그림자처럼 편집증적인 승리 의식으로 다소 강하게 나타난다.

알리스가 태어나자 이자벨은 현실이라는 폭탄을 맞은 듯한 자신을 발견한다. 아기의 신생아 황달과 꽤 심각한 정도의 초기 유아 질병들이 죽음의 환몽을 견디기 힘든 현실로 바꾸어 놓으며 위협했다. 물론 분석의의 도움으로 이자벨은 산모들이 겪는 우울한 기분에 빠지지는 않을 것이다. 그녀의 우울증적인 기질은 자기 딸의 생명을 위한 악착스런 투쟁으로 변했다. 그 이후 그녀는 아이의 성장에 매우 세심한 배려를 보여 주었지만, 그러나 '과잉 보호' 할 의도는 보여 주지 않았다.

승리 의식이 강한 자기 희생

최초의 멜랑콜리 증세는 '알리스의 문제들' 로 점령당했다. 그렇지만 그 증세는 사라지지 않고 다른 모습을 띠고 있었다. 그것은 어린 딸의 몸에 구순적이고 항문적인 총체적 지배력으로 변하여 아이의 발육을 지연시켰다. 알리스를 먹이는 일, 식사를 조절하기, 몸무게 달아 보기, 다시 달아 보기, 이런저런 의사가 처방해 준 식단을 이런저런 책이 주는 조언들을 참고하면서 보충하기…… 취학 연령까지 또 그 이후에도 알리스의 배설물·변비·설사를 보살피기, 관장용 주사기를 사용하기…… 알리스의 수면을 감시하는 일. 즉 두 살 난 아이의 정상적인 수면 시간은 얼마일까? 세 살이면? 네 살이면? 또 이 아이의 종알거림은 비정상적인 외침이 아닐까? '전통적인' 미혼모(fille-mère)는 모든 것을 책임진 여자인가? 이 '가엾은 알리스'가 이 세상에서 가진 모든 것은 그녀가 아닌가? 그녀는 그 아이의 어머니·아버지·고모·할아버지·할머니인가? 할아버지와 할머니는 이 출생이 정상이 아니라고 판단하고 이 '미혼모'와는 거리를 두었고, 그들도 알지 못하는 사이에 이자벨의 전지전능한 요구에 또 하나의 기회를 제공한 셈이다.

여성 우울증 환자의 자만심은 무제한적이고, 이것은 고려해야 하는 문제이다. 이자벨은 자신의 괴로움을 말하기보다는 모든 일, 근심, 의무, 권태, 심지어 결점(누군가가 그녀에게 결점을 찾을 생각을 할 경우)까지도 책임질 준비가 되어 있다. 알리스는 벌써 약간 수다스런 어머니의 세계에서 말을 가로막는 새로운 언어 절단기(coupe-parole)가 되어 있었다. 자기 딸의 행복을 위해 어머니는 '참아내야'만 했다. 즉 만사에 대처하고, 부족하다거나 싸움에서 진 것 같은 모습을 보여서는 안 되었다.

홀로 있다는 슬픔, **존재하지 않는다**는 비애의 그윽하고도 제압적인 이 감금이 얼마나 오랫동안 지속할 수 있을까? 어떤 여성들에게 이 감금은 아이가 더 이상 그녀를 필요로 하지 않을 때까지, 아이가 충분히 자라서 그녀 곁을 떠날 때까지 지속된다. 이때 그 여자들은 또다시 버려지고 무너진 자신을 발견하게 되는데, 이번에는 새로운 임신에 의지할 수도 없다. 임신과 모성은 우울증 속에 든 하나의 괄호, 즉 불가능한 그 상실의 새로운 부정일 것이다.

그녀, 이자벨은 그때까지 기다리지 않았다. 그녀는 전이(transfert)의 언어적이고 성애적인 도움을 받았다. 다시 말하면 분석가 앞에서 눈물을 흘리고 쓰러지기 위해, 이번에는 상처받은 자의 말을 들을 준비가 되어 있는 분석가의 상의 슬픔을 너머서가 아니라 그 상의 슬픔을 **통해서** 다시 태어나려고 노력하면서이다. 말이 눈물의 경련에서 여과되는 데 성공한다면 일단 명명된 고독은——그때까지 말에서 빠져나갔던 이 흘러넘치는 비애의 수신자를 찾아낸다는 조건에서——우리를 덜 외롭게 남겨 놓는다.

흥분한 아버지와 이상적인 아버지

이자벨의 꿈과 환몽은 그녀가 자기 아버지 또는 그들이 잘 알고 지내던 한 어른에게서 받은 조숙한 유혹의 희생자였다는 생각을 하게 했다. 그 어떤 정확한 기억도 이자벨의 담론에서 분명하게 밝혀지고, 이자벨이 자기를 벽에다 대고 정신나간 듯이 짓누르던 한 나이든 남자와 단둘이 있던 닫힌 방 안의 몽상적이고 반복적인 그런 이미지가 암시하는 이 가정을 확인해 주거나 아니면 파기하지도 못하였다. 또한 아버지의 서재에서 있었던 그러한 장면도 마찬가지였다. 그들은 단둘이 있었고, 그녀는 무서워서라기보다는 감동으로 얼굴이 새빨개졌고, 땀을 흘리며 몸을 떨던, 이해할 수 없는 상태가 그녀에게는 수치스러웠다. 실제 유혹인가, 아니면 유혹받고 싶은 욕망인가? 이자벨의 아버지는 아주 특이한 사람이었다. 가난한 농부에서 기업의 사장을 지낸 그는 그의 고용인들, 친구들, 자녀들, 특히 이자벨의 존경심을 불러일으켰다. 그런데 성공을 갈망하던 이 남자는 특히 술을 마시면 지독하게 그 성미가 돌변하였는데, 이자벨의 어머니는 그것을 은폐하고, 균형을 맞추는 동시에 멸시했다. 어린 딸아이에게 이러한 멸시는 어머니가 아버지의 성욕을, 그의 지나친 흥분과 절제의 부족을 비난한다는 것을 의미했다. 한마디로 욕망하는 동시에 유죄 선고를 받은 아버지이다. 어떤 의미에서 그는 딸에게는 동일화의 대상이 될 수도 있었고, 다산으로 인하여 항상 다른 아이 때문에 정신을 빼앗긴 어머니에 대한 경쟁심과 실망 속에서 한 지지자가 될 수도 있었다. 그러나 지적이고 사회적인 매력을 너머, 이 아버지는 실망스런 사람이기도 했다. "그는 곧 나를 실망시켰어요. 나는 외부 사람들이 믿는 것처럼 믿을 수가 없었어요. 그는 내 어머니의 창조물이었고, 그녀의 가장 큰 아기였어요……."

아버지의 상징적 존재는 아마도 이자벨이 그녀의 직업적인 방어를 구축하는 데 도움이 되었을 것이다. 그러나 관능적인 남자, 연인이자 헌신적이고 친절한 상상적 아버지는 믿을 수 없는 사람이 되었다. 그는 감정·열정·쾌락을 매혹적이지만 너무나 위험하고 파괴적인 발작과 분노의 방식으로 보여 주었다. 상상적 아버지가 자기 아이를 일차 동일화에서 이차 동일화로 인도하면서 보장하는 쾌락과 상징적인 위엄 사이의 연결이 이자벨에게는 이미 파괴되었다.

그래서 그녀는 절정을 이루는 성생활과 (…) '처녀성' 즉 변태 성욕과 자기 희생 중에서 선택을 했다. 변태의 경험은 그녀의 청춘기와 새색시 시절 동안 그녀를 억제시켰다. 폭력적이고 지치게 만드는, 그녀가 이름 붙인 이 '무절제'는 우울증적인 일화에서 벗어나는 출구를 가리켜 주었다. "나는 취한 것 같았어요. 그리고 나서 나는 공허한 내 자신을 발견했어요. 나도 내 아버지 같은가 봐요. 하지만 위아래로 끊임없이 요동치는 그의 동요를 나는 원하지 않아요. 나는 오히려 고요함과 안정, 말하자면 희생을 더 좋아해요. 그런데 내 딸아이에게 하는 희생이 정말 희생인가요? 그것은 절제된 기쁨이자 영속적인 기쁨이지요……. 아무튼 클라브생 악기처럼 잘 조절된 쾌락이에요."

이자벨은 그녀의 이상적인 아버지에게 아이를 하나 만들어 주었다. 술에 취한 육체를 드러내 보여 주던 아버지가 아니라 육체가 없는 아버지, 그러니까 주인이자 가장인, 위엄 있는 아버지에게 아이를 낳아 바쳤다. 남자의 몸, 흥분된 그리고 술에 취한 육체, 그것은 어머니의 대상이다. 이자벨은 그 육체를 유기 공포증에 걸린 그 라이벌에게 넘길 것이었다. 왜냐하면 추측된 어머니의 변태와의 경쟁에서 그 딸은 단번에 자신이 미성년자이고 실 것이 뻔하다는 것을 알았기 때문이다. 그녀로 말하자면, 그녀는 영광스런 이름을 택했다. 정확히 말해서 그녀는 그 영광스런 이름을 '지나치게' 흥분한, 그리고 다른 여자에 의해 조종되는 남성의 육체에서 분리하면서 자신의 나무랄 데 없는 완벽함 속에 그 이름을 성공적으로 간직하게 되는 것이 바로 독신자 딸—어머니로서였다.

이러한 부성(父性)이, 이자벨을 위험(흥분·불균형)을 겪지 않고서는 떨어질 수 없는 어머니를 향해 자신을 억압하면서 우울증의 많은 부분을 조건짓는다는 것이 사실이라면, 그의 이상적인 부분, 그의 상징적인 성공을 통해 그런 아버지가 보호하기는 하지만 그의 딸에게 어떤 무기를 주어서 거기에서 벗어나게 한다는 것 또한 사실이다. 어머니 **그리고** 아버지가 동시에 되면서 이자벨은 드디어 절대자가 된다. 그런데 이상적인 아버지가 그 자신의 독신자 미혼모의 희생 이외의 다른 곳에 존재하고 있는가?

여하튼 결과적으로, 이자벨이 그녀의 어머니보다 더 잘할 수 있는 것은 단지 아이가 하나밖에 없기 때문이 아니겠는가? 왜냐하면 그녀가 아이를 많이 낳지 않는다면 오직 한 아이만을 위해 모든 것을 희생한다는 것이 사실이니까. 그런데 어머니의 상상적 초월은 우울증의 임시적 해결책에 불과하다. 상의 슬픔은 언제나 마조히즘적인 승리의 외관 아래 불가능한 것으로 남아 있다. 진정한 작업은 어린아이와의 분리와 나아가서는 분석가와의 분리를 통하여, 한 여성이 모든 그녀의 관계와 대상들과 함께 만들어지고 파괴되는 의미 속에서 공허(vide)와 맞서 싸울 수 있게 해주는 것이다…….

4

아름다움
우울증 환자의 또 다른 세계

이 세상에 실현된 저승

고통을 명명하고, 찬양하며, 가장 미세한 구성 요소들로 분해하기는 아마도 상의 슬픔을 해소시키는 한 가지 방법일 것이다. 이따금 그 슬픔 속에서 만족하거나 그 슬픔을 초월하고, 덜 강렬하고 점점 더 무심한 또 다른 슬픔으로 옮아가기. (…) 그런데 예술은 몇 가지 수법들을 지시하는 것 같은데 그것은 자기 만족을 왜곡시켜 묘사하고, 그 상의 슬픔을 단순히 편집증으로 발전시키지 않으면서 예술가와 그 전문가에게 상실된 '쇼즈'를 승화시키는 능력을 보장한다. 맨 먼저 **운율법**(prosodie)을 통한 수법이다. 언어 활동을 넘어선 이 언어 활동은 기호 속에 세미오틱 과정의 리듬과 동일 자음 반복을 삽입한다. 다음은 기호와 상징들의 **다가성**(poly-valence)을 통한 수법이다. 이것은 명명하기에 균형을 잃게 하고, 하나의 기호 주변에 다수의 내포 의미를 축적함으로써 주체에게 '쇼즈'의 무의미 혹은 참된 의미를 상상할 수 있는 기회를 제공한다. 마지막으로 **용서**(pardon)의 심적 체제를 통한 수법이다. 이것은 우울증 환자의 절망을 떠받고 있는 복수심의 죄의식이나 나르시스적인 상처의 굴욕감을 제거해 줄 수 있는 호의적이고 자애로운 이상과 화자와의 자기 동일화이다.

아름다운 것이 슬픈 것일 수 있을까? 아름다움은 덧없음과, 따라서 상의 슬픔과 분리될 수 없는가? 아니면 아름다운 대상은 죽음을 이기고, 살아남기가 존재하고, 영원불멸이 가능하다는 것을 증명하기 위해 파괴와 전쟁 다음에 지칠 줄 모르게 되돌아오는 것일까?

프로이트는 그의 짤막한 논문 〈덧없는 운명〉(1915-1916)[1]에서 이 문제를 다루고 있는데, 이 텍스트는 두 명의 멜랑콜리 환자——그 중 한 명은 시인임——가 산책을 하면서 나눈 토론에서 영감을 얻은 것이다. 덧없는 자기 운명 때문에 아름다움을 평가절하하는 비관론자에게 프로이트는 "그 반대로 가치 상승이야!"라고 반론을 제기한다. 프로이트는 이렇게 선언한다. "(…) 심리학자에게 상의 슬픔은 풀기 힘든 수수께끼이다. (…) 그런데 무엇 때문에 리비도와 그 대상들과의 분리가 그처럼 고통스런 과정이어야 하는지 우리는 그 이유를 알 수가 없고, 또 현재로서는 그 어떤 가설로도 그 이유를 추론할 수가 없다."

얼마 후 그가 쓴 〈상의 슬픔과 멜랑콜리〉(1917)에서는 주로 멜랑콜리에 대해 설명하고 있다. 멜랑콜리는 상의 슬픔의 모형에 따라, 우리가 이미 앞에서[2] 밝혔던 사랑과 저주를 동시에 받는 상실된 대상의 내투사에서 비롯된다는 것이다. 그러나 〈덧없는 운명〉이라는 이 텍스트에서 프로이트는 상의 슬픔, 덧없음, 그리고 아름다움의 테마들을 연결시키면서 승화는 리비도가 그렇게 수수께끼처럼 집착하는 상실의 평형추(contrepoids)임을 암시한다. 상의 슬픔의 수수께끼인가, 아니면 아름다움의 수수께끼인

---

1) 〈결과, 사고, 문세〉, t. I, P.U.F., Paris, 1984, pp.233-236; *S. E.*, t. XIV, pp.305-307; *G. W.*, t. X, pp.358-361.

2) Cf. 이 책의 제1장 p.20 및 그 이하.

가? 그 둘 사이에는 어떤 유사성이 있는가?

물론 사랑의 대상을 잃은 슬픔이 이루어지기 전에는 불가시적인 것이지만 아름다움은 그래도 계속 살아 있고, 더욱더 우리를 사로잡는다. "우리가 여러 문화재에 대해 갖는 높은 평가는 (…) 그것들이 깨지기 쉬운 것이라는 경험 때문에 변하지는 않을 것이다." 그러니 그 무엇인가가 죽음의 보편성, 즉 아름다움에 의해 달성되지 않았을까?

아름다움은 결코 리비도를 실망시키지 않는 이상적 대상인가? 아니면 아름다운 대상이 마치 유기 공포증에 걸린 대상의 절대적이고 파괴할 수 없는 수리공처럼 나타나서, '좋은' 대상과 '나쁜' 대상의 애매함이 전개되는 너무도 수수께끼같이 밀착되고 실망스런 리비도의 영역과는 다른 차원에서 즉시 자리를 잡는 것인가? 죽음의 자리에 그리고 타인의 죽음 때문에 죽지 않기 위하여 나는 내 마음이 마음 바깥에서 자리잡기, 즉 **외재하기**(ex-tasis) 위해 만들어 내는 기교, 이상, '내세'를 만들어 내고—— 아니면 적어도 높이 평가한다. 소멸되기 쉬운 모든 정신적 가치를 대신할 수 있는 것은 아름답기 때문이다.

그 이후부터 분석가는 한 가지 추가 질문을 던지게 된다. 즉 어떤 심적 과정을 통해서, 기호와 소재들의 어떤 수정을 통해서 아름다움은 자아의 상실—평가절하—죽임에서 **상실**과 **지배력** 사이로 공연되는 드라마를 가로지르게 되는가?

승화의 역학(dynamique)은, 일차 과정과 이상화를 동원시키면서 우울증적 공허를 둘러싸고 또 그 공허와 함께 **초-기호**(hyper-signe)를 꾸며낸다. 그것은 더 이상 존재하지 않는, 그러나 나를 위해 보다 상위의 의미 작용을 다시 갖는 그 무엇의 웅장함 같은 **우의**(allégorie)이다. 나를 위해 보다 상위의 의미 작용을 되찾는 것은 내가 여기서, 지금 그리고 영원히, 제3자를 위하여 변함없는 조화로움 속에 최고로 허무(néant)를 다시 만들 수 있기 때문이다. 잠재적이고 함축적인 비존재를 대신하는 숭고한 의미 작용, 바로 이것이 덧없음을 대체하는 기교이다. 아름다움은 그것과 동체(同體)이다. 집요한 우울증을 베일로 가리는 여성들의 장신구처럼, 미(美)는 상실의 감탄스런 얼굴 모습처럼 나타나고, 상실을 변형시켜 살아갈 수 있게 만든다.

상실의 부인일까? 상실은 그럴 수 있다. 왜냐하면 그와 같은 아름다움은, 예술가의 자살을 막을 수 없거나 아니면 아름다움이 출현하는 바로 그 순간에 기억에서 지워지면서 곧 소멸하기 마련이고, 죽음 속으로 사라져 버리기 때문이다. 그러나 꼭 그런 것만은 아니다.

우리가 기호들의 삶에 관심을 갖게 될 정도로 우리가 지닌 멜랑콜리 증세를 관통할 수 있었을 때, 아름다움은 인간이 분리되어 있는 고통을 초월하는 왕도를 훌륭하게 찾아낸 어떤 사람을 증언하기 위해 우리를 사로잡을 수도 있다. 그것은 고통·외침에게까지, 음악에, 침묵과 웃음에 열어 준 파롤의 길이다. 장엄한 아름다움은 불가능한 꿈이자, 이 속세에 실현된 우울증 환자의 또 다른 세계이기도 하다. 우울증적인 공간 저 너머에서 장엄함은 놀이와는 다른 그 무엇일까?

승화만이 죽음에 저항한다. 인간을 아름다움의 세계에 매료시킬 수 있는 아름다운 대상은 외상이나 슬픔을 지닌 애정 혹은 증오의 그 어떤 이유보다 더 많은 치지를 받을 만한 것 같다. 우울증은 아름다운 대상을 인정하고, 그것 안에서 또 그것을 위해 살아가기에 동의하지만, 그러나 숭고한 아름다움에 대한 이 애착은 더 이상 리비도적인 것이 아니다. 그 애착은 이미 분리되어 멀리 떨어졌다. 그것은 벌써 대범함, 기분 전환, 경솔함처럼 의미화된 죽음의 흔적들을 그것 안에 통합시켰다. 아름다움은 기교이며, 상상적인 것이다.

상상계는 우의적일까?

서구의 전통(고대 그리스와 로마, 유대교와 기독교의 유산을 이어받은) 속에서 산출되었듯이, 우울증과 긴밀한 관계를 맺고 있는 동시에 필연적으로 우울증을 가능한 의미로 바꾸어 놓는 상상적 담론의 특수 체제가 존재한다. '쇼즈'와 '의미' 사이, 명명할 수 없는 것과 기호들의 증식 사이, 벙어리 정동과 그것을 지적하고 초월하는 관념성 사이를 잇는 연결 부호처럼 **상상계**는 학문에서 정점에 도달하게 될 객관적인 묘사도 아니고, 피안의 상징적 단일성에 도달하는 것으로 만족하게 될 신학적 관념론도 아니다. **명명할 수 있는 멜랑콜리**의 경험은 불투명과 이상이라는 공동으로 필요하고 공동으로 현존하는 두 가지 극(極) 사이에 양분되고, 필연적으로 이질적인 주관성의 공간을 열어 준다. 사물들의 불투명은 의미 작용에서 벗어난 육체——금세 자살하는 의기소침한 육체——의 불투명과 마찬가지로 작품의 의미 속에서 번역되는데, 그 작품의 의미는 절대적인 동시에 그릇된 것이고, 유지할 수 없는 것, 불가능한 것, 다시 만들어야 할 것으로 확인된다. 이때에 필요한 것은 기호들의 세련된 연금술——기표들의 음악화, 어휘소들의 다음성, 어휘 단위, 통사 단위, 서술 단위들의 분해……——이다. 이 연금술은 무의미와 의미, '악마'와 '신,' '추락'과 '부활'의 두 가장자리 사이에 놓인 말하는 존재의 심적 변형처럼 **즉각적으로** 체험된다.

그렇지만 유지되어 온 이 두 가지 극한적인 주제는 상당 체제 속에 현기증나는 관현악법 같은 조화를 얻어낸다. 상상의 체제에 필요한 것이면서도 그 극한적인 주제들은 문명의 기반에까지 이르는 가치들의 위기 순간에 사라져 버리고, 그리하여 멜랑콜리의 전개를 위한 유일한 장(場)으로

오직 무(無)로 사물화되듯이 의미를 책임진 시니피앙의 능력만을 남긴다.[3]

서구 현상학의 이항 대립적 범주들(자연/문화, 신체/정신, 낮음/높음, 공간/시간, 양/질……)에 내재해 있다 해도 의미된 슬픔으로서의 상상 세계이며, 그 반대로 근본적이고 자양분을 주는 무의미에 향수를 느끼는 의미 생성적인 희열로서의 상상 세계는 **가능성**의 세계 그 자체이다. 이는 성도착으로서의 악(mal)과 궁극적인 무의미로서의 죽음의 가능성이다. 뿐만 아니라 이 소멸을 유지한 의미 작용 때문에 그것은 양의적이고 다의적인 부활의 무한한 가능성이다.

발터 벤야민에 의하면 우울증적인 긴장을 최대한으로 실현하는 것은 바로크 양식과, 특히 **비극**(Trauerspiel)(문자 그대로 번역하면 상의 슬픔의 놀이, 상의 슬픔을 가지고 놀기를 뜻하고, 관용적으로는 독일 바로크 비극을 의미한다)이 강력하게 사용하였던 **우의**(allégorie)이다.[4]

고대의 잔재들(예를 들면 **비너스**, 혹은 '왕관')의 항상 존재하지만 **부인된 의미**와 기독교의 정신주의적인 문맥이 모든 것에 부여하는 **의미 자체** 사이로 이동하면서 우의는 그 두 가지의 가치저하/과소평가와 의미 생성적 고양 사이에서 움직이는 의미 작용의 긴장이다. (비너스는 기독교 사랑의 우의가 된다.) 우의는 상실된 시니피앙에게 의미생성적인 쾌락을 주고, 돌과 시체에까지도 부활의 기쁨을 부여한다. 이처럼 우의는 명명된 멜랑콜리의 주관적 경험, 즉 멜랑콜리한 향락의 주관적 경험과 공연적임이 확인된다.

그렇지만 알레고레즈(우의의 생성)는──스페인 작가 칼데론과 셰익스피어 그리고 괴테와 횔덜린에게는 그것의 운명을 통하여, 그 반정립적인

---

3) Cf. 이 책의 제5장, 제6장, 제8장을 참조할 것. 멜랑콜리와 예술에 관해서는 Marie-Claire Lambotte의 〈멜랑콜리의 미학 Esthétique de la mélancolie〉, Aubier, Paris, 1984.

본질을 통하여, 그 양의성의 힘을 통하여, 그리고 그것이 침묵과 말없는 사물들에게 (고대의 혹은 자연스런 **다이몽**(daïmons)에게) 시니피에를 부여하는 목적을 넘어 자리잡게 하는 의미의 불안정을 통하여——우의의 순수한 문채가 보다 더 방대한 추진력, 즉 상상적 추진력 그 자체를 시간과 공간 속에 국부적으로 고정시키는 것임을 드러낸다. 일시적인 페티쉬(fétiche)인 우의는 바로크적인 상상계의 역사적·이념적인 구성 요소 몇 가지를 명시할 뿐이다. 그러나 그 구체적인 버팀대를 넘어서, 이 수사학적 문채는 서구적 상상계가 기본적으로 상실에 (상의 슬픔에) 의존하는 동시에, 그 사실을 위협받고, 허약하고, 파멸된 열광으로 바꾸는 반전에 의존하고 있다는 사실을 발견한다.[5] 우의의 생성이 그런 것으로 다시 나타나든 아니면 상상계에서 사라지든 간에 그것은 상상적 논리 그 자체 안에 기록되고, 우의의 개몽적인 도식주의는 그 논리를 무게 있게 드러내는 장

---

4) Cf. Walter Benjamin, 〈독일 바로크 비극의 기원 Origine du drame baroque alle-mand〉, 1916-1925, 프랑스어 번역, Flammarion, 1985. "슬픔(Trauer)은 정신 상태이고, 그 속에서 감정은 신비스런 쾌락을 즐기기 위하여 텅 빈 세상에 씌어진 가면처럼 새로운 삶을 부여한다. 모든 감정은 선험적인 대상과 연결되었고, 감정의 현상학은 그 대상의 설명이다."(p.150) 우리는 한편으로 현상학과 다른 한편으로 우울한 감정에서 되찾은 대상 사이에 성립된 관계를 주목할 것이다. 여기서는 명명될 수 있는 우울한 감정이 문제가 된다. 그런데 멜랑콜리 환자에는 대상의 상실과 시니피앙에의 무관심은 무엇을 말하는가? W. 벤야민은 그것에 대해서 언급하지 않고 있다. "추락으로 되돌아가는 이 물체들처럼, 우의적인 의도는 상징에서 상징으로 되살아나면서 감지할 수 없는 심연 앞에서 현기증의 포로가 될 것이다. 그것은 상징들 중에서 가장 극단적인 것이 우의의 의도가 지닌 어둡고, 타격을 받고, 신에서 멀어진 모든 것이 자기 환상(auto-illusion)으로밖에 나타나지 않는 것처럼 그 의도가 회복되도록 강요하는 경우이다. (…) 사물들의 일시적인 성격은 거기에서는 그 자체가 시니피앙으로서, 우의로서 제공되었기보다는 덜 우의적으로 의미되고, 제시되어 있다. 부활의 우의로서이다. (…) 바로 이런 것이 우울증적인 심오한 사색의 본질이다. 그것은 우의로 변하면서 완전히 왜곡된 세계를 확보한다고 믿는 그 최후의 대상들은 그것들이 나타내는 무(無)를 가득 채우고 부인하며, 그래서 결국 그 의도는 해골들의 관조 속에 고착되는 것이 아니라, 불충실하게 부활 쪽으로 되돌아간다."(*ibid.*, pp.250-251)

5) Cf. 이 책의 제6장과 제7장.

점을 가지고 있다. 실제로 인간은 상상적인 경험을 신학적인 상징 체계나 세속적인 계약처럼 받아들이는 것이 아니라 의미의 과잉을 통한 죽은 의미의 타오르는 불꽃처럼 받아들인다. 그 불꽃 속에서 발화 주체는 맨 먼저 이상의 피난처를 찾아내고, 무엇보다도 환상과 각성 속에서 그 이상을 재연하는 기회를 갖게 된다……

기독교와 함께 자신을 실현하는 서구인의 상상 능력은 의미가 죽음으로 그리고/혹은 무의미로 소멸되었던 바로 장소에 전이(轉移)하는 능력이다. 이상화의 잔존물인 상상계는 기적인 동시에 이상화의 분쇄이다. 다시 말해서 자기 환상(auto-illusion)이고, 꿈에 불과한 것이고, 또한 말, 말, 말이다……. 상상계는 잠정적인 주관성, 즉 죽을 때까지 말을 할 줄 아는 주관성의 전능함을 환언한다.

5

홀바인의 〈죽은 그리스도〉

"신자도 신앙을 잃을 수 있다"

한스 홀바인 2세(1497-1543)는 1522년에(밑에 깔린 층에는 1521년이라는 날자가 적혀 있다) 〈죽은 그리스도〉라는 당혹스런 그림 한 장을 그렸는데, 이 그림은 바젤 미술관에서 볼 수 있고, 도스토예프스키에게는 굉장한 감명을 주었던 작품인 것 같다. 《백치》의 도입 부분에서부터 미슈킨 공작은 이 그림에 대해 이야기하려고 애쓰지만 헛수고였다. 그러나 오직 줄거리의 새로운 다성적인 전개를 통하여 그는 로고진의 집에 그 그림의 복사품이 있다는 것을 알고, '갑작스런 영감으로 충격을 받아' 다음과 같이 외쳤다. "이 그림…! 이 그림! 헌데 이 그림을 보면서 당신은 신자도 신앙을 잃을 수 있다는 것을 알겠어요?"[1] 조금 있다가 부차적인 인물이지만 여러 면에서 서술자와 미슈킨의 분신처럼 나타나는 이폴리트도 충격적인

---

1) Cf. Dostoïevski, 《백치 L'Idiot》, La Pléiade, Gallimard, Paris, 1953, p.266. 인용자의 강조.

묘사를 하고 있다. "그 그림은 십자가에서 내려온 순간의 그리스도를 나타내고 있다. 내가 잘못 생각하지 않는다면, 화가들은 보통 십자가에 못박힌 그리스도와 십자가에서 내려온 후의 그리스도를 초자연적인 아름다움의 빛을 얼굴에 반영하면서 묘사한다. 그들은 가장 잔혹한 순간에서도 '그분'에게 그런 아름다움 자체를 간직하게 하려고 애쓴다. 로고진의 집에 있는 그 그림에는 그러한 아름다움이 전혀 없었다. 그것은 십자가에 매달리기 이전에 참고 견디어 온 헤아릴 수 없는 고통의 자국들을 지닌 인간 시체를 완벽하게 묘사한 그림이었다. 그 그림이 보여 주는 것은 '그분'이 십자가를 짊어지고 그 무게를 못 이겨 쓰러졌을 때 병정들과 하층민들에서 받은 구타와 고문이 남긴 상처의 흔적들이다. 말하자면 그것은 여섯 시간 동안 (적어도 내가 한 계산에 따르면) '그분'이 참고 견딘 십자가형의 흔적들이었다. 그것은 실제로 사람들이 방금 십자가에서 내려놓은 한 인간의 얼굴이었다. 그 얼굴은 생기와 열기를 다분히 지니고 있었다. 아직은 완전히 경직되지 않아서 그 죽은 자의 얼굴은 마치 그가 계속 고통을 느끼고 있는 것처럼 괴로움을 반영하고 있었다. (이것은 화가가 가장 잘 포착한 것이었다.) 더구나 그 얼굴은 냉혹한 진실을 보여 주었다. 즉 그 그림에는 모든 것이 자연스러웠다. 바로 그것이 어떤 인간이든 그와 같은 고문을 당한 후에 보여 줄 모습이었다.

기독교는 초기부터 그리스도의 고통이 상징적인 것이 아니라 실제적인 것이고, 그리고 그의 육체는 십자가 위에서 한치의 축소도 없이 자연 법칙에 복종하고 있다고 공언하였다. 따라서 그 그림이 묘사하는 얼굴은 구타로 인해 끔찍스럽게 일그러졌고, 부어올랐고, 잔혹하고 피로 물든 반상출혈로 뒤덮였고, 크게 뜬 눈에는 뿌옇게 죽음의 빛의 자국이 남아 있고, 눈동자는 뒤집혔다. 그런데 불가사의한 것은 그 처형당한 자의 시체를 바라보기가 암시하는 기이하고도 흥미로운 의문이었다. 즉 만일 그의 모든

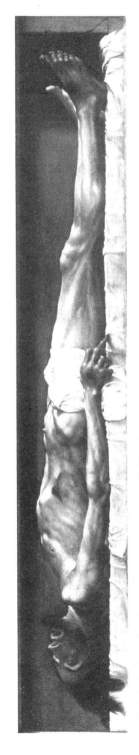

홀바인, 〈죽은 그리스도〉. Kunstmuseum, Bâle. Photo © Giraudon.

제자들, 미래의 사도들, '그'를 따랐고 십자가 밑을 떠나지 않고 지켰던 여자들, '그'를 믿고 숭배하던 사람들, 모든 그의 신도들이 직접 눈으로 이와 같은 시체를 보게 되었다면(그 시체는 확실히 그런 모습이었을 것이다), 그런 광경을 마주하며 그들이 어떻게 그 수난자가 부활할 것이라고 믿을 수 있었을까? 우리는 자신도 모르게 다음과 같은 생각을 하게 된다. 죽음이 이처럼 끔찍한 것이라면, 자연의 법칙이 이처럼 강력하다면 우리가 그것을 어떻게 이겨낼 수 있을까? 살아 계신 동안에 자연을 굴복시켰고, 복종하게 만들었고, '타리타쿠미'라고 하시니 소녀가 자리에서 일어났고, '나사로야, 무덤에서 나오너라!'라고 하시며 죽은 자를 무덤에서 끌어내신 바로 '그분' 잎에서도 죽음과 자연의 법칙이 굴복하지 않았을 때 어떻게 우리가 그것들을 극복할 수 있을까? 이 그림을 바라보고 있으면 자연은 가혹하고, 말이 없는 거대한 짐승 같다는 인상을 받는다. 아니면 오히려 비교가 예상 밖일지 모르겠지만, 거대한 최신식 건축 기계에 비교하는 것이 더 정확하고, 훨씬 더 정확할 것 같다. 귀머거리에 감정이 없는 그 기계가 어리석게도 한 위대한 존재를 덥석 물어, 찍어 누르고, 삼켜버렸다. 그런데 가치를 논할 수 없는 그 '존재'가 홀로 자연 전체와 자연을 지배하는 모든 법칙들, 지구 전체와 견줄 만한 가치를 지니고 있는 것이다. 지구는 오로지 그 '존재'의 출현을 위하여 창조되었는지 그 누가 알겠는가!

그런데 이 그림이 나에게 표현한다고 생각되는 것은 모든 것이 종속되어 우리의 의미와는 상관없이 우리를 장악하고 있는 암울하고도 기이한, 그리고 어처구니없게도 영원한 힘의 개념이다. 이 그림에서는 한 명도 나타나 있지 않지만 시신을 둘러싸고 있는 사람들은 그들의 소망과 신앙을 거의 송두리째 팽개쳐 버린 그날 밤의 소름끼치는 불안과 동요를 느끼지 않을 수 없었으리라. 비록 그들 각자가 마음속 깊이 비범하고도 근절할 수 없는 생각을 지니고 있다 해도, 그들은 끔찍스런 공포의 포로가 되어 서로 헤어질 수밖에 없었으니까. 그리하여 만일 그리스도가 처형을 받기 전날 밤의 자기 모습을 볼 수 있었다면, '그'가 했던 것처럼 스스로 십자가를 향하여, 죽음을 향하여 걸어갈 수 있었을까? 이것이 또한 그 그림을 보고 있을 때 내 의지와는 상관없이 머리에 떠오르는 또 하나의 의문이다."[2]

고통받는 인간

홀바인의 그림은 약간 주름이 잡힌 천으로 덮인 받침대 위에 홀로 누워 있는 시체를 보여 주고 있다.[3] 실제 사람의 크기로 그려진 이 시체는 옆모습을 드러내 보이는데, 머리는 보는 사람 쪽으로 약간 기울어졌고, 머리카락은 그 천 위로 흩어져 있다. 금방 눈에 띄는 오른팔은 바싹 마르고 고문당한 몸을 따라서 뻗어 있고, 손은 받침대 바깥으로 살며시 나와 있다. 불쑥 위로 올라간 흉부는 그림의 틀을 구성하고 있는 벽감의 맨 아래로 길게 뻗은 장방형의 내부에 삼각형을 그리고 있다. 그 가슴에는 피 묻은 창의 상흔이 남아 있고, 손은 긴장된 중지를 뻣뻣하게 하는 십자가에 못 박힘의 성흔들을 보여 주고 있다. 못의 흔적은 그리스도의 발에 각인

---

2) *Ibid.*, pp.496–497. 인용자의 강조.
3) 보니파키우스 아메르바흐의 아들이자 홀바인의 친구인 바젤의 변호사이자 예술품 수집가였던 바실리우스 아메르바흐(Basilius Amerbach)는 1586년 거의 65년 전에 끝낸 그림들의 목록을 만들면서 '나사렛의 왕 예수(Cum titulo Jesus Nazarenus Rex)'라고 썼다. 아마도 16세기말에 만들어졌을 현재의 액자에 붙어 있는 텍스트에는 'Judaeorum'이라는 단어가 첨가되어 있다. 수난의 상징들을 들고서 그 글자들을 둘러싸고 있는 천사들은 홀바인 2세의 형인 암브로시우스 홀바인의 그림에 자주 등장한다.

되어 있다. 순교자의 얼굴은 희망을 잃은 고뇌의 표정을 짓고 있는데, 텅 빈 시선, 날카로운 옆모습, 청록색의 안색은 정말로 죽은 한 인간의 그것 이다. '아버지'로부터 버림받고("나의 하나님, 어찌하여 나를 버리셨나이 까?' 〈마태복음〉, 27장 46절), '부활'의 약속을 받지 못한 한 인간의 죽음 에 대한 가식 없는 표현, 사체의 거의 해부학적인 나체 묘사, 이런 것들은 관람자들에게 신의 죽음 앞에서의 견디기 힘든 불안을 전한다.

신의 죽음이 여기서는 우리 자신의 죽음과 혼동되고, 그만큼 최소한의 초월적인 암시도 없다. 뿐만 아니라 한스 홀바인은 여기서 건축적이고 구 성적인 모든 환상을 거부하고 있다. 높이 30센티미터밖에 되지 않는 이 그 림의 상부에는 묘석이 묵직하게 누르고 있어서[4] 그것이 결정적인 죽음의 인상을 강조한다. 말하자면 이 시체는 더 이상 일어서지 않을 것임을 말 해 준다. 관에 덮인 천 자체도 최소한의 주름으로 축소되어, 극도로 움직 임을 줄임으로써 돌이 지닌 딱딱하고 차디찬 인상을 가중시킨다.

관람자의 시선은 아래쪽에서부터 출구 없는 관 속으로 파고들고, 그 그 림을 왼쪽에서 오른쪽으로 따라가다가 시체의 발 밑에서 관객 쪽을 향하 여 열린 각도로 기울어진 돌에 가서 멈춘다.

이처럼 특이한 규모를 가진 이 그림의 목표는 무엇이었을까? 이 〈죽은 그리스도〉는 1520년에서 1521년 사이에 홀바인이 한스 오베리드를 위하 여 제작했던 제단 배후의 그림에 속해 있는데, 거기에 달린 두 날개의 바 깥쪽 덧문에는 '예수의 수난'이, 그 안쪽에는 '예수 탄생'과 '경배'가 그 려져 있다.[5] 아무것도 이 가설을 지탱시켜 주지 않는다. 그러나 바젤의 성

---

4) 높이와 넓이의 비율은 1 대 7이다. 그러나 이 그림의 하부 여백에 설치된 장식판까 지 고려하면 그 비율이 1 대 9가 된다.

5) Cf. Paul Ganz, 《한스 홀바인의 그림들 *The Paintings of Hans Holbein*》, Phaidon Publishers Inc., 1950, pp.218-220.

화상 파괴 운동 동안에 일부가 파손된 제단의 바깥쪽 덧문들과 공통된 몇 가지 모습들을 고려한다면 이 가설은 그럴듯하다는 생각도 든다.

비평가에 의해 유포된 다양한 해석들 중에서 한 가지가 유력한 것으로 판명되어 현재 그것이 가장 신빙성이 있는 것으로 알려져 있다. 그 그림은 유일하게 남아 있는 제단 그림의 아랫부분으로 제작되었고, 이 제단 그림은 정면·측면 그리고 좌측에서, 예를 들면 교회의 중앙홀에서 출발하여 남쪽 홀을 향하여, 줄을 서서 나아가는 관람객들을 고려해서 약간 높게 위치한 자리를 차지하고 있는 것이 틀림없다. 라인 강 상류 지방에서는 조각된 그리스도의 유해들이 전시된 지붕 모양의 가묘들(niches tombales)을 보유하고 있는 교회들을 볼 수 있다. 홀바인의 그림은 이 묘석의 횡와상들(gisants)을 그림으로 옮겨 놓은 것일까? 어떤 가설에 따르면 이 〈죽은 그리스도〉는 1년에 오직 성금요일에만 공개되고 다른 날에는 닫는, 성묘를 덮는 지붕 모양의 외벽이었을 것이라고 한다. 결국에는 그 그림을 엑스레이 촬영을 함으로써 F. 죠케는 〈죽은 그리스도〉가 처음에는 관(管) 같은 반원형인 지붕 모양의 외벽에 위치하고 있었다고 설명하였다. 이 위치에서 오른쪽 발 옆에 서명과 함께 씌어진 연도, 즉 H. H. DXXI가 추정된다. 1년 후 홀바인은 아치형의 그 지붕을 장방형의 지붕으로 바꾸고, 발 위쪽에 MDXXII H. H.라고 서명했다.[6]

이 무덤 속에 있는 〈죽은 그리스도〉가 차지하고 있는 전기적이고 직업적인 배경 역시 상기할 만하다. 홀바인은 1520년부터 1522년까지 성모상 시리즈를 그렸는데, 그 중에 가장 아름다운 것이 〈졸로투른의 성모〉이다. 1521년에는 장남 필립이 태어났다. 이때가 에라스무스와의 우정이 돈독

---

6) Cf. Paul Ganz, 〈무덤 속 그리스도의 유해 Der Leichnam Christi im Grabe, 1522〉, in 《바젤의 화가 가족 홀바인 Die Malerfamilie Holbein in Basel》, Ausstellung im Kunstmuseum Basel zur Fünfhundertjahrfeier der Universität Basel, pp.188–190.

했던 시기였고, 홀바인은 1523년에 그의 초상화를 그려 주었다.

아이의 탄생 또한 그 아이를 짓누르고, 특히 어느 날 신세대가 밀어낼지도 모르는 아버지, 화가를 무겁게 짓누르는 죽음의 위협. 에라스무스와의 우정과 광신, 뿐만 아니라 몇몇 인문주의자들에게 일어났던 신앙 자체의 포기. 같은 시기 고딕 양식의 감흥으로, 그리고 '자연스럽지 못한 색깔들'로 그린 소형 두 장 접이 그림(diptyque)은 〈고통받는 인간으로서의 그리스도〉와 〈고통받는 성모〉를 묘사하고 있다.(바젤, 1519-1520) 기이하게도 운동선수처럼 근육이 발달되고 긴장된 그 고통받는 남자의 육체는 주랑 밑에 앉아 있다. 성기(sexe) 앞에 말라 오그라든 오른손은 경련이 일어난 것처럼 보인다. 단지 가시면류관을 쓰고 앞으로 구부러진 머리와 입을 크게 벌린 채 괴로워하는 얼굴은 확산된 에로티시즘 너머로 병적인 고통을 표현하고 있다. 어떤 열정이 그런 고통을 일으켰을까? 신-인간이 괴로운 것은, 다시 말해서 죽음이라는 강박관념에 집착하는 것은 그가 성적인 존재이고, 성적인 정열(passion)에 사로잡혀 있기 **때문**일까?

고립의 구성

이탈리아 성화상에는 '수난(Passion)'을 겪는 그리스도의 모습이 미화되거나, 아니면 적어도 고상하게 표현되었다. 그리고 특히 고뇌에 빠진 동시에 '부활'을 확신하는 인물들이 그리스도를 둘러싸고 있다. 그것은 마치 우리들 자신이 '그리스도의 수난' 앞에서 취해야 할 태도를 암시하는 것 같다. 반대로 홀바인은 그 시체를 이상야릇하게 홀로 있게 내버려두었다. 바로 이러한 고립──**구성상의 한 사실**──이 데생이나 채색법 이상으로 그 그림을 지배하는 우울한 분위기를 작품에 부여하고 있다. 그리스도의 고통은 데생과 채색에 내재하는 세 가지 요소들로 표현된 것은 사실이다. 그것은 뒤로 휘어진 얼굴, 상흔을 지닌 오른손의 경련, 양쪽 발의 위치인데, 그 전체는 짙은 회색-녹색-갈색의 색조로 통일되었다. 그러나 극도의 절약을 통하여 가슴을 찌르는 이 사실주의는 그 그림의 구성과 위치——관람객들을 넘어서, 그리고 그들로부터 격리되어 홀로 자리 잡고 누워 있는 육체——로서 최대한 강조되었다.

받침대로 인해 관람객들로부터 단절되었고, 벽감의 천장이 낮기 때문에 하늘을 향하여 도주해 볼 수도 전혀 없는 구성과 위치에 놓인 홀바인의 〈죽은 그리스도〉는 멀리 있고, 접근할 수도 없는 죽은 자이고, 내세도 없는 사자(死者)이다. 이는 죽음 속에서까지도 거리를 두고 인류를 바라보는 태도이다. 마치 에라스무스가 거리를 두고 광기를 바라보았던 것처럼. 이러한 비전은 영광으로 통하는 것이 아니라 고통을 참고 견디는 인고로 통한다. 또 하나의 윤리, 새로운 윤리가 이 그림 속에 깔려 있는 것이다.

이 그림에서는 그리스도의 완전한 고독이 극치를 이루고 있다. 하느님 아버지로부터 버림을 받은 그는 우리 모두와도 격리되어 있다. 신랄한 정신의 소유자이지만 무신론의 문턱을 넘은 것 같지 않은 홀바인은 우리 ——인류·이방인·관람객——를 그리스도의 생애에 결정적인 이 순간 속에 직접 포함시키고 싶었는지도 모른다. 죽음을 상상하는 인간에 고유한 능력 이외의 다른 중개물인 회화적인 혹은 신학적인 암시나 교화도 없이, 우리는 죽음이라는 이 단절의 공포 속에 무너져 내리거나 아니면 불가사의한 피안을 꿈꾸기에 이른다. 그리스도가 한순간 자신이 버림받았다고 생각한 것같이 홀바인이 우리를 저버리는가? 아니면 반대로 그리스도의 무덤을 살아 있는 무덤으로 만들고, 그려진 이 죽음에 동참하여, 그 죽음을 우리 자신의 삶 속에 포함시키도록 권유하는 것일까? 죽음과 함께 살고, 그 죽음을 살리기 위해서일까? 뻣뻣한 시체와는 달리 살아 있는 육체가 춤추는 몸이라면, 죽음과 동일화하기인 우리의 삶은 잘 알려져 있는 홀바인의 또 다른 비전인 '죽음의 댄스'가 되지 않을까?

이 닫힌 벽감, 이 외딴 관은 우리를 거부하는 동시에 우리를 초대한다. 실제로 시체는 화폭 전체를 차지하고 있으면서도 '수난'을 강조하는 묘사는 전혀 없다. 하찮은 신체적인 세부를 따라가던 우리의 시선은 구성의 중심에 위치한 손에 이르러서는 못박힌 듯이, 십자가 형벌이라도 받은 듯이 고정되어 버린다. 거기에서 시선을 피하려 들면, 보기 민망한 얼굴이나 검은색의 돌에 부딪친 발에 가서 멈추게 된다. 그러나 이 칸막이식 구조는 두 개의 출구를 가지고 있다.

그 중 하나는 그리스노의 발지에 삽입된 날자와 서명 MDXXII H. H. 이다. 화가의 이름을 적어넣은 이 자리는 그 당시의 관습대로였고, 그 자리에는 종종 증여자의 이름이 첨가되기도 하였다. 그런데 이러한 약호를 따르면서도 홀바인은 그 자신을 '죽은 자'의 비극 속에 삽입시켰다는 생각을 가능하게 한다. 신의 발치에 몸을 던진 예술가의 겸손함의 표시일까? 아니면 동등함을 나타내는 등호일까? 화가의 이름은 그리스도의 신체보다 더 낮은 곳에 있지 않다. 그 둘은 똑같은 높이에서, 벽감 속에 꼼짝 못하게 끼여서 인간의 죽음 속에, 인류의 기본적 기호로서의 죽음 속에 서로 결합되어 있다. 오직 죽음에서 살아남을 수 있는 것은 지금, 여기 1521년과 1522년 사이에 그려진 한 이미지의 덧없는 창조에서인가!

다른 한 가지는 마치 액자가 시체를 붙들어두지 못하는 것처럼, 관람객인 우리 쪽으로 기울일 수 있다는 듯이 받침틀 밖으로 나와 있는 머리털과 손이다. 이 액자는 정확히 16세기말의 것으로, 화폭을 침식하고 있는 (유대인의) 왕 **나사렛의 예수**(Jesus Nazarenus Rex(Judaeorum))라는 글자가 적힌 좁다란 테두리를 지니고 있다. 그런데 항상 홀바인의 그림에 붙어 있은 것 같은 이 테두리에는 기입된 단어들 사이로 순교의 도구들, 즉 화살,

면류관, 채찍, 태형의 기둥, 십자가를 들고 있는 다섯 명의 천사들이 그려져 있다. 나중에 이 상징적인 액자 속에 통합된 홀바인의 그림은 그림 그 자체에는 집요하게 담아내지 않은 복음서적 의미를 다시 찾아내었고, 또 이것이 아마도 구매자들의 눈에 그 그림을 정당화시켜 주었을 것이다.

홀바인의 그림이 처음부터 제단 뒤의 장식벽 그림처럼 구상되었다 해도 그것에는 어떤 다른 널빤지도 첨가되지 않고 홀로 남아 있었다. 찬란한 만큼 음울한 이 고립은 기독교적인 상징주의와 독일식 고딕 미술의 장식 과잉을 피하고 있다. 독일의 고딕 양식은 회화와 조각을 결합시켰고, 뿐만 아니라 여러 종교의 통합주의적인 야심과 유동적인 이미지들을 나타내겠다는 야심을 가지고 제단화에 덧문을 추가했었다. 직접적으로 그에 선행한 이러한 전통에 맞서서 홀바인은 고립시키고, 제거하고, 압축하고, 환원하고 있다.

따라서 홀바인의 독창성은 그리스도의 죽음을 비장감 없이, 그의 죽음 자체가 지닌 통속성을 통한 친근감을 끌어내는 비전에 있다. 인간화는 그 최고 지점에, 즉 이미지 속에 영광스러움을 제거하기의 지점에 도달하고 있다. 비통함이 하찮은 그 무엇을 스치고 지나갈 적에, 가장 혼란스런 기호가 가장 평범한 기호가 된다. 고딕적인 열광과는 대조적으로 멜랑콜리는 인문주의로 바뀌고, 그리하여 극도의 표현의 절약으로 전환된다.

그런데 이 독창성은 비잔틴에서 유래된 기독교의 도상학(iconographie)의 전통에 속한다.[7] 1500년경 죽은 그리스도를 묘사한 수많은 성화상이 도미니크파의 신비주의의 영향을 받아 중앙 유럽에 퍼졌다. 독일을 대표하는 위대한 신비주의자로는 마이스터 에크하르트(1260-1327)·요하네스 타울러(1300-1361) 그리고 특히 하인리히 주조라고 불렀던 하인리히 폰 베르크(1295-1366)가 있다.[8]

그뤼네발트와 만테냐

홀바인의 비전은 1794년 그뤼네발트의 〈죽은 그리스도〉의 비전과 비교될 수 있을 것이다. 그뤼네발트의 그림은 이젠하임의 제단화로 제작되어(1512-1515) 1794년에 콜마르로 이송되었다. 〈십자가에 못박힌 예수〉를 재현하고 있는 중앙 부분은 절정에 달한 순교의 흔적들(가시면류관, 십자가, 헤아릴 수 없이 많은 상처들)을 살갗이 썩을 때까지 지니고 있는 그리스도를 보여 준다. 이 그림에서 고딕식 표현주의는 고통을 나타내는 표현에서 그 절정을 이룬다. 그러나 그뤼네발트의 그리스도는 홀바인의 그림에서처럼 고립되지는 않았다. 그리스도가 속해 있는 인간 세계가 그 그림에서는 복음주의자 성 요한의 품속에 쓰러지는 성모와 막달라 마리아 그리고 세례 요한으로 표현되었고, 그 인물들은 화폭 속에 연민의 정을

---

7) Cf. 이 책의 제7장의 마지막 부분.

홀바인 이전에 우리는 예로 들면 아시시에 있는 피에트로 로렌체티(Pietro Lorenzetti)의 〈십자가에서 내려오기 Descente de la Croix〉가 보여 주는 몸을 그 길이대로 길게 눕힌 표현을 찾아볼 수 있다. 1450년에 제작된 바젤 근교의 브라진겐 교회당의 벽화에도 똑같은 자세의 그리스도의 모습이 그려져 있는데, 그러나 머리 부분은 오른쪽을 향하고 있다. 1440년경 〈로앙의 기도서 Heures de Rohan〉를 그린 화가는 죽은 그리스도의 피범벅이 된 경직된 모습을 그렸는데, 거기에는 연민에 찬 마리아의 모습도 들어 있다. 이런 계열의 그림들은 그리스도의 옆모습을 묘사한 빌뇌브의 〈피에타 Pièta〉에 가깝다고 할 수 있다.(Cf. Walter Ueberwasser, 〈Holbeins〉, 〈Christus in der 'Grabnishe'〉, in 《Festschrift für Werner Noack》, 1959, p.125 sq.)

프리부르 대성당의 조각된 〈무덤 속의 그리스도 le Christ dans le tombeau〉와 프라이징 대성당의 1430년에 제작된 조각도 주목할 만하다. 후자는 홀바인의 그림이 보여 주는 자세와 아주 똑같은 신체의 위치와 자세로 누워 있는 그리스도를 표현하고 있다. 하지만 르네상스 시대의 화가 홀바인의 특징인 해부학적인 신체에 대한 인식은 물론 거기에는 결여되었다.

8) 중세 말기 독일의 종교적 감정과 회화에 미친 영향에 관해서는 루이 레오(Louis Réau)의 《마티아스 그뤼네발트와 콜마르의 제단화 Mathias Grünewald et le Retable de Colmar》, éd. Berger-Levrault, 1920를 참조할 것.

불어넣고 있다.[9]

　그런데 그뤼네발트가 그린 콜마르의 동일한 제단화의 하부 장식은 〈십자가에 못박힌 예수〉의 그리스도와는 상당히 다른 그리스도를 나타내고 있다. 여기서는 〈매장 혹은 한탄〉이 문제가 된다. 수평선은 〈십자가에 못박힌 예수〉의 수직성을 대신하고 있고, 또 시체는 비극적이라기보다는 비통해 보인다. 즉 음울한 고요 속에서 진정을 되찾은 무거운 육신 홀바인은 그뤼네발트가 그린 이 죽어가는 그리스도의 육신을 간단히 거꾸로 세워서, 발을 오른쪽으로 향하게 하고, 울고 있는 세 명의 인물(막달라 마리아 · 성모 · 성 요한)을 삭제할 수 있었을 것이다. 〈십자가에 못박힌 예수〉보다 더 간결한 그뤼네발트의 작품 〈한탄〉은 이미 고딕 미술에서 홀바인으로의 이행 가능성을 제시하고 있다. 그러나 홀바인이 콜마르의 거장이 보여 준 순간적인 안정감보다 훨씬 더 앞서가고 있음은 확실하다. 오로지 허식 없는 간결한 사실주의적 수법으로 그뤼네발트보다 더 비통하게 표현하기, 바로 이것이 그뤼네발트가 아버지 홀바인에게서 많은 영감을 받은 것 같고, 아버지-화가에 대항하는 투쟁이기도 하다. 아버지 홀바인은 이젠하임에 정착해 살다가 1526년 그곳에서 세상을 떠났다.[10] 홀바인은 고딕식의 격동을 완전히 진정시켰다. 그리고 자기와 동시대에 태어난 매너리즘과도 접촉하면서 그의 예술은 무게 없이 텅 빈 형태에 대한 열중을 회피하는 고전주의를 입증하는 것이 되었다. 그는 인간적인 고통의 무게를 그림에 강요하였다.

　결국 만테냐의 유명한 작품 〈죽은 그리스도〉(1480년 밀라노, 브레라 미술관)는 죽은 그리스도에 대한 거의 해부학적인 비전의 시조라고 간주될

---

9) Cf. W. Pinder, 《홀바인 2세와 독일 고딕 미술의 종말 *Holbein le Jeune et la Fin de l'art gothique allemand*》, 2e éd., Cologne, 1951.
10) Cf. W. Ueberwasser의 앞의 책.

수 있을 것이다. 두 발을 관람객들 쪽으로 돌리고 원근단축법 속에 자리 잡은 시체는 만테냐에게 극단적으로 외설스런 난폭성을 추구하게 했다. 그러나 만테냐의 그림 왼쪽 상부의 모퉁이에 보이는 두 여성은 작품 속에 고통과 연민을 불어넣고 있다. 그런데 홀바인은 이 고통과 연민을 그 광경에서 추방해 버리거나, 아니면 오직 죽은 '아들'과 관람객인 우리와의 인간적인, 너무도 인간적인 동일화를 불가시적인 형태로 호소하는 것 이외의 다른 매개 수단 없이 그것들을 담아내고 있다. 홀바인은 그뤼네발트의 표현주의가 표방하듯이 주조의 감상주의를 통하여 여과된 도미니크파적인 영감에 고딕적인 고통을 통합하였고, 그러면서 고통의 부담을 덜어 주는 동시에 그뤼네발트의 상상 세계를 죄의식과 속죄의 무게로 무겁게 짓누르는 신의 존재에 대한 부담도 덜어 주는 것 같다. 뿐만 아니라 홀바인은 만테냐와 이탈리아 가톨릭교를 통하여 해부학과 마음의 평정을 주는 가르침을 답습한 것 같기도 하다. 이탈리아 가톨릭교는 인간의 죄보다는 구원에 더 민감하고, 도미니크파의 고통 예찬에서 영향을 받기보다 프란체스코파의 목가적이고 아름다움을 가꾸는 희열(extase)에서 더 많은 영향을 받았다. 그러나 언제나 고딕 정신에 충실했던 홀바인은 고통을 인간화하면서 간직하고 있다. 그러나 그 인간화는 고통을 부인하고, 육신의 오만이나 피안의 아름다움을 찬양하는 이탈리아식의 길을 따르지는 않는다. 홀바인은 또 다른 차원에 속해 있는 것이다. 즉 그는 십자가에 못박힌 예수의 수난을 속화시켜서 우리로 하여금 더 가까이 갈 수 있게 해준다. 초월에 대한 그 어떤 **아이러니**를 느끼게 하는 이 인간화의 몸짓은 **우리의** 죽음에 대한 무한한 자비를 암시하고 있다. 전해 오는 말에 따르면, 홀바인의 작품에 모델로 쓰였던 것은 라인 강에서 건진 한 유대인의 사체였다고 한다…….

절반 무시무시하고 절반 아이러니컬한 똑같은 상상력[11]이 이번에는 솔직한 그로테스크함에서 그 절정을 이룬다. 이것이 1524년, 홀바인이 프랑스 남부에 체류하였고, 리옹 시에서 목판화 시리즈인 〈죽음의 댄스〉에 대한 주문을 출판업자 멜시오르와 가스파르 트레셸에게서 받은 때이다. 홀바인이 그림을 그리고 한스 뤼첼부르거가 조각을 한 이 〈죽음의 댄스〉는 1538년 리옹에서 출간되었다. 복제되어 전 유럽에 유포되면서 이 판화는 다시 태어나는 인류에게 황폐한 동시에 그로테스크한 표상을 제공하였고, 그 표상은 프랑수아 비용의 어조를 화상(畵像)으로 되찾게 하였다. 갓난아기들에서부터 하층민들까지, 교황·황제·대주교·신부·귀족·소시민·연인들까지도…… 말하자면 전 인류가 죽음의 손아귀에 들어 있다. '죽음의 신'을 얼싸안고 있는 자는 누구도 그 포옹에서 벗어나지 못한다. 이 포옹이 숙명적인 것은 틀림없지만, 그러나 불안은 이 그림에서 그것이 지닌 우울증의 힘을 감추면서, 과잉 자신감도 없이, 마치 우리가 패배한 자신을 인식하면서 웃음을 터뜨리는 것처럼 빈정거리는 조소나 찌푸린 미소로서 도전을 보여 준다.

---

11) '죽음의 신'의 테마는 중세를 지나 북구의 여러 나라에서 특히 사랑을 받았다. 반대로 보카치오는 《데카메론 *Decameron*》의 서문에서 죽음을 떠올리는 음울한 등장인물에 대한 관심을 버리고 삶의 기쁨을 찬양하였다.

그 반면 홀바인이 에라스무스의 소개로 알게 된 토머스 모어(Thomas More)도 죽음에 대하여 홀바인이 그의 〈죽은 그리스도〉에 대해 말한 것과 같은 말을 하였다. "우리는 죽음을 조롱하고, 죽음은 아주 멀리 있다고 믿는다. 죽음은 우리의 신체 기관의 아주 은밀한 곳에 숨어 있다. 왜냐하면 그대가 태어난 순간부터 삶과 죽음이 똑같은 발걸음으로 나아가고 있기 때문이다."(A. Lerfoy, 《홀바인 *Holbein*》, Albin Michel, Paris, 1943, p.85) 우리가 알고 있듯이 셰익스피어는 죽음의 테마들을 비극적으로 ,그리고 환상적으로 그것들을 뒤엉키게 하는 데 뛰어났다.

'부활'과 마주한 '죽음'

우리는 라블레가 남긴 르네상스 시대의 인간상을 쉽사리 상상할 수 있다. 웅대하고, 파뉘르즈처럼 약간 우스꽝스럽고, 그러나 솔직하게 애주가의 행복과 지혜를 향해 돌진하는 인간 말이다. 그와는 반대로 홀바인은 또다른 비전을 제시한다. 이는 죽음을 면할 수 없는 인간, '죽음'을 부둥켜안고 있는 인간, 존재 자체 안에 죽음을 끌어들이는 인간, 자신의 영광의 한 가지 조건이나 죄에 빠진 본성의 한 귀결로서가 아니라 새로운 존엄성의 기반인 탈신성화된 현실의 최종의 진수로서 죽음을 통합하는 인간의 비전이다. 바로 그런 이유에서 홀바인이 보여 주는 인간적인 그리스도의 죽음의 이미지는 데지데리우스 에라스무스의 《우신 예찬》과 깊은 관계를 맺고 있다. 1523년 홀바인은 에라스무스와 친구가 되어, 그의 삽화를 그렸고 초상화를 제작하였다. 인간은 자신의 광기를 인정하고, 자신의 죽음을——뿐만 아니라 정신적인 위험과 심적인 죽음의 위험을——직시하기 때문에 인간이 새로운 차원에 도달하게 되는 것이다. 이것은 반드시 무신론의 차원에서가 아니라 확실히 환상에서 깨어난, 차분하면서도 위엄을 갖춘 인간 자세의 차원이다. 홀바인의 그림처럼.

프로테스탄트의 비탄

종교 개혁이 이와 같은 죽음의 개념에 영향을 미쳤을까? 무엇보다도, 그리고 특히 '속죄'와 '부활'에 대한 모든 암시를 발판으로 하여 그리스도의 죽음을 그처럼 값지게 하는 데 영향을 끼쳤을까? 알려진 바와 같이 가톨릭교는 '그리스도의 수난'의 고통을 가볍게 다루고, 예수가 오래전부터 자신의 '부활'을 알고 있었다는 사실에 특전을 부여하면서 그리스도의 죽음의 '지복 직관(vision béatifique)'을 강조하는 경향이 있다.(《시편》22, 29 그리고 그 이하) 그 반대로 칼뱅은 예수가 죽던 시간에 죄와 지옥의 깊숙한 바닥으로 추락하여 잠겼던 **무시무시한 심연**(formidabilis abysis)을 강조하였다. 루터는 이미 개인적으로 '토성'과 악마의 조종을 받는 우울증 환자처럼 자신을 묘사하였다. 그는 1532에 이렇게 말했다. "나, 마르틴 루터는 가장 불행한 운명을 타고 태어났다. 아마도 '토성' 아래서 태어났을 것이다." "멜랑콜리 환자가 있는 곳에서 악마는 목욕시킬 준비를 했다……. 경험을 통하여 나는 유혹의 시도에 어떻게 대처해야 하는지를 배웠다. 슬픔, 절망, 그리고 다른 마음병으로 고통을 받는 사람, 양심에 뱀을 기르고 있는 사람은 우선 하느님의 '말씀'으로 위로받아야 하고, 그러고 나서 먹고 마실 때 그는 하느님을 믿는 행복한 크리스천들과의 친교와 대화를 추구해야 한다. 그렇게 하면 더 좋은 일이 있을 것이다."[12]

《면죄부에 대항하는 95개조 명제》(1517)에서부터 마르틴 루터는 고통을 위한 비의적인 호소를 천국으로의 접근 방법으로 형식화했다. 그래서 은총을 통한 인간 생성에 대한 생각이 고통 속으로의 침잠과 나란히 현존할 때, 신앙의 강렬함이 회개의 능력과 병행한다는 사실은 여전히 남게 된다. 이와 같이 "그렇기 때문에 자기 자신에 대한 증오(달리 말하자면 진정한 내적 회개)가 지속되는 한 속죄는 계속되고, 그것은 우리가 천국에 들어갈 때까지 그러하다."(제4명제) "하느님은 보좌하는 성직자 앞에서 만사에 겸허해질 것을 인간에게 강요하지 않고는 절대로 죄를 사하여 주시

---

12) M. Luther, 《마테시우스 모음집 속의 식탁 담화 Tischereden in der Mathesischen Sammlung》, t. I, n° 122, p.51, Jean Wirth, 《루터, 종교사 연구 Luther, étude d'histoire religieuse》, Droz, 1981, p.130에서 재인용.

지 않는다."(제7명제) "진정으로 회개한 자는 벌을 받으려 들고, 벌받기를 좋아한다. 너그러운 관용은 그들을 해이하게 만들고, 적어도 순간적으로 그들을 가증스럽게 만든다."(제40명제) "기독교인들에게 벌, 죽음, 지옥 자체를 통하여 그들의 주 그리스도를 충실하게 따르도록 권고해야 한다." (제94명제)

루카스 크라나흐는 개혁파의 공인 화가가 되었고, 이때 뒤러가 일련의 종교 판화들을 루터에게 보냈다. 그러나 에라스무스 같은 인문주의자는 종교개혁자 루터에 대해 처음에는 신중한 태도를 취했다. 그후 그는 《교회의 바빌로니아적인 속박》에 제시된 급진적 변화에 대해, 그리고 특히 인간의 의지가 신과 악마에 예속되어 있다는 루터의 주장에 대해 주저하는 입장을 취했다. 에라스무스는 자유 의지를 구원에 접근하는 수단이라고 보는 오카미즘적(occamiste) 입장에 동의하였다.[13] 마찬가지로 홀바인은 자신이 루터보다는 친구 에라스무스에 더 가깝다고 느낀 것이 틀림없다.

성화상 파괴 운동과 미니멀 아트

안드레아스 카를슈타트 · 루트비히 헤처 · 가브리엘 즈윌링 · 울리히 츠빙글리 같은 종교 개혁 신학자들과 보다 애매한 태도이긴 하지만, 루터 그 자신까지 포함한 또 다른 신학자들은 말이나 소리가 아닌 이미지와 모든 재현 형태 혹은 대상들에 대해 진정한 전쟁을 벌였다.[14]

---

13) Cf. 에라스무스의 《자유의지론 De libero arbitrio》과 루터의 회신 《노예적 의지론 De servo arbitrio》. Cf. John M. Todd, 《마르틴 루터, 평전 Martin Luther, a Biographical Study》, The Newman Press, 1964, 그리고 R. H. Fife, 《마르틴 루터의 반항 The Revolt of Martin Luther》, Columbia University Press, 1957.

유산 계급의 도시, 동시에 융성했던 종교 도시였던 바젤은 1521년에서 1523년에 걸친 프로테스탄트의 성화 파괴 운동에 휩싸였다. 교황청의 물질주의적·이교도주의적 남용과 악용이라고 생각되었던 것에 대한 반동으로 비텐베르크의 개혁자들은 교회들을 부수고, 그림들과 신앙의 온갖 물질적 표상을 약탈하고 파괴했다. 1525년의 농민 전쟁은 또다시 예술 작품의 파괴를 가져왔다. 1529년에는 바젤에서 대대적인 '우상 파괴 운동'이 일어났다. 열렬한 가톨릭 신자는 아니었어도 홀바인은 화가로서, 더구나 수많은 훌륭한 성모상을 그렸기 때문에 우상 파괴 운동으로 인해 괴로웠다. 그의 작품으로는 〈성모와 아기예수〉(바젤, 1514년), 〈르네상스 양식의 포치 아래 있는 성모와 아기예수〉(런던, 1515년), 〈탄생과 예배〉(프리부르, 1520-1521년), 〈동방박사들의 경배〉(프리부르, 1520-1521년), 〈졸로투른의 성모〉(1521년)가 있고, 그후에 그린 것으로 〈다름슈타트의 성모〉(1526-1530년)가 있다. 우상 파괴 운동의 분위기는 그 화가를 도피하게 했다. 그는 에라스무스의 편지 한 장을 들고 영국으로 떠났고(1526년경), 이 편지는 그 화가를 토머스 모어에게 다음과 같은 유명한 구절로 소개하였다. "이곳에는 예술이 차가워졌습니다. 그래서 이 화가는 영국에 가서 몇 명의 아기천사들이나 휘갈기듯 그려 볼까 한답니다."[15]

그러나 두 진영——종교개혁자와 인문주의자——에게는 고통과 죽음에 대한 인간의 대결을 강조하는 한 가지 경향이 뚜렷했다는 것을 지적해야 할 것이다. 이것은 '공교회'의 피상적인 돈벌이주의에 대한 진실과 도

---

14) Cf. Carl C. Christensen, 《독일의 미술과 종교 개혁 *Art and the Reformation in Germany*》, Ohio Univ. Press, 1979; Charles Garside, Jr, 《츠빙글리와 예술 *Zwingli and the Arts*》, New Haven, Yale Univ. Press, 1966. 같은 전통을 따르고 있는 Henri Corneille Agrippa de Nettesheim, 《학문과 예술의 불확실성과 허영심 *Traité sur l'incertitude aussi bien que la vanité des sciences et des arts*》, 프랑스어 역. Leiden, 1726.

15) Cf. Carl C. Christensen, 앞의 책, p.169.

전의 증거이다.

그렇지만 저명한 그의 친구 에라스무스보다는 더 강하게, 그리고 생의 만년에 토머스 모어가 가톨릭 신앙의 순교자가 된 것과는 반대로, 홀바인은 신앙의 진정한 혁명을, 말하자면 점진적인 신앙의 약화를 경험할 수밖에 없었을 것이다. 신앙의 외관을 계속 보존하면서, 그 신앙을 자기 직업의 엄격한 차분함 속에 재흡수하기는 그 화가로 하여금 당시의 종교적·철학적 조류의 다양한 양상들——회의주의에서 우상 숭배의 거부까지——을 그 개인적인 방식으로 통합시키고, 예술의 여러 가지 수단을 통해서 인류의 새로운 비전을 재형성할 수 있게 해주었던 것 같다. 고통의 각인(예를 들면 〈화가의 아내와 두 큰 아이들의 초상화〉(1528년, 바젤 미술관), 혹은 아메르바흐의 두 장 접이 그림——〈고통의 그리스도와 고통의 성모 마리아〉——(1519년에서 1520년)) 그리고 특히 상상할 수도, 볼 수도 없는 죽음의 영역(1533년의 그림 〈대사들〉은 아래쪽에 어마어마하게 큰 두개골의 외상을 담아내고 있다)은 홀바인에게 새로운 인간, 틀림없는 화가 자신의 중대한 시련처럼 자리잡게 된다. 당신에게는 더 이상 아무것도 욕망하는 것이 없고, 가치들이 무너져 내리니, 당신은 침울한 기분에 빠져들었는가? 그런데 우리는 이 상태를 아름답게 만들 수 있고, 욕망 그 자체의 퇴거를 욕망할 수 있는 것으로 만들 수 있다. 그리하여 치명적인 단념이나 붕괴처럼 생각될 수 있었던 것이 이제부터 조화로운 존엄성으로서 포착될 것이다.

회화적인 관점에서 보면 이것은 매우 중대한 시련과 마주한 셈이다. 여기서는 표상 불가능한 것에 형태와 색깔을 부여하는 것이 문제인데, 그것은 관능적 과잉처럼(이탈리아 미술에서, 그리고 특히 그리스도의 수난의 재현에서 나타난 것처럼) 구상된 표상 불가능한 것이 아니라 죽음 속에서 소멸되기 시작한 표현 수단들의 결여로 구상된 표상 불가능한 것이다. 홀바인의 채색과 구성의 금욕주의는 죽음에 대항하는 형식을 드러내 보여 주고, 죽음은 교묘히 피하거나 미화된 것이 아니라 그것이 지닌 최소한의 가시성 속에 고통과 우울이 만들어 내는 극한적인 표현으로 고착되어 있다.

영국 여행을 마치고 1528년에 바젤로 돌아온 홀바인은 1530년 신교로 개종하면서, 신도 등록 서류가 증명하듯이 "입신하기 전에 '성체 배령'의 더 나은 해석"을 요구하였다. 새크즐이 기록한 것처럼[16] '이성과 정보'에 기반을 둔 이 개종은 그가 루터파들과 맺고 있던 관계를 나타내는 표본이다. 그의 데생들 중 몇 개는 '교회' 내의 개혁 정신을 분명히 선택하였음을 보여 주지만, 그러나 그 '개혁자' 자신의 광신에는 가담하지 않았다.

그래서 레오 10세에 관한 두 장 접이 그림 〈세상의 빛 그리스도〉, 바젤에서 출간된 최초의 루터파의 성경 표지, 그리고 루터의 《구약성서》에 그린 삽화를 통해서 홀바인은 신교의 지배적인 교리를 보여 주기보다는 자기 개인적인 견해를 더욱더 표현하였다. 루터를 그린 목판화에서 그 '개혁자'는 마치 게르만 민족의 헤라클레스처럼 묘사되었으나, 사실상 홀바인은 자신이 느끼는 공포와 혐오감 그리고 광신의 잔인함을 표현하였다.[17] 루터의 세계보다는 에라스무스의 세계가 홀바인의 생각과 더 일치한 것 같다. 우리가 알고 있듯이 홀바인이 《우신 예찬》을 쓴 저자를 그린 그 유명한 초상화(1523년)는 인문주의자의 결정적인 이미지를 후세를 위해 고정시켰다. 그래서 우리가 에라스무스를 생각할 적에 항상 우리는 홀바인 2세가 남긴 그의 얼굴 모습을 떠올리지 않는가? 또한 이 논제에 더 접근시켜 우리가 떠올릴 수 있는 것은 죽음에 대해 그 두 사람이 가졌던 친근감일 것이다.

---

16) Cf. F. Saxl, 〈홀바인과 종교 개혁 Holbein and the Reformation〉, *Lectures*, vol. I, p.278, London, Warburg Institute, Univ. of London, 1957.

17) *Ibid.*, p.282.

"죽음은 모든 것의 최종적 한계이다"

앞에서 언급한 그 유명한 홀바인의 연작 〈죽음의 댄스〉는 '죽음의 신'과 포옹하고 있는 인물의 외관상 제한된 테마를 비상한 다채로움으로 추구하고 있다. 그런데 이 미세화들(miniatures)과 그처럼 제한된 이 주제 내부의 공간은 얼마나 다양하고, 얼마나 무한한가! 홀바인은 그와 똑같은 테마를 오목하게 닫힌 공간 속에 죽음을 가져오는 무용수들을 삽입하면서 단검집 위에도 그려넣었다. 〈죽음의 댄스 장면들로 채색된 머리글자들〉의 경우도 마찬가지이다. 거기에는 각 글자에 '죽음의 신'과 싸우는 인간의 형상이 곁들여졌다. 홀바인이 보여 주는 집요하면서도 가볍게 처리된 '죽음의 신'의 현존을 그의 친구 에라스무스의 수호신이 로마의 경계신 테르미누스였다는 사실과, 그리고 그 신의 영상을 담고 있는 그의 메달에는 다음과 같은 좌우명이 적혀 있다는 사실을 어떻게 연결시키지 않을 수 있겠는가? 그 좌우명은 "Terminus concedo nulli" 혹은 "Concedo nulli Terminus" 즉 "나는 아무것에도 굴복하지 않는다" 그리고 "오랜 삶이 끝난다는 것을 잊지 말아라"(그리스어로) 또한 "죽음은 모든 것의 최종적 한계이다"(라틴어로)라고 씌어 있다. "죽음은 최종적 한계이다"가 호라티우스와 에라스무스의 좌우명이 아니라면, 그것은 실제로 바젤의 〈죽은 그리스도〉의 좌우명일 수는 있을 것이다.[18]

홀바인 예술의 차가움, 신중함, 그리고 장인 정신 자체는 자주 강조되어 왔다.[19] 그 당시에는 화가의 지위 변화가 그의 작품의 변화를 이끌었다는 것이 사실이고, 작품의 변화를 특징짓는 것이 아틀리에를 중심으로 한 인간 관계의 해이, 입신출세에 대한 걱정, 태어나기 시작하던 기교주의를 위하여 자전적 요소를 일부 제거하기 등이다. 기교주의는 꾸미기, 평면 화면 그리고 기울어진 각도를 좋아했는데, 홀바인은 그런 것들을 그가 지녔던 공간 감각과 연결시킬 수 있었다. 개혁파의 성화상 파괴 운동 역시 거기에 흔적을 남겼다. 홀바인은 그 운동을 비난하고, 그것을 피해 바젤을 떠나 영국으로 떠났지만, 그렇다고 어떤 열광을 선택하기 위함은 아니었다. 그는 사실상 자기 시대의 정신——가식을 제거하기, 수평으로 조준하기, 섬세한 미니멀 아트 정신——을 흡수하였다. 그 시대의 이러한 움직임을 우울증에 대한 개인적인 선택으로 환원시키는 것은, 비록 우울증이 홀바인이 그리기 좋아하는 나라들이나 사회 계급에 속한 인물들의 표정에서 드러난다 해도 옳지 않을 것이다. 그렇지만 성격과 시대의 특징들은 한 점에 집중되어 있다. 말하자면 그 특징들은 최대한 정확히, 최소한 열렬히, 무관심의 언저리에서 포착된 표상 불가능한 것의 최종적 한계에 표상 작용을 위치시키기에 도달한다……. 실제로 홀바인은 예술에나 우정에 얽매이는 사람이 아니었다. 그의 친구 토머스 모어의 실총도 그의 마음을 아프게 하지 않았기에 계속 헨리 8세 편에 남아 있었다. 에라스무스 자신은 그러한 파렴치한 태도에 충격을 받았는데, 홀바인의 그러한 태도는 단지 미적이고 심리적인 초연한 무관심, 즉 멜랑콜리 환자의 냉소와 정서 마비에 불과했을 것이다. 1533년 3월 22일 에라스무스가 보니파키우스 아메르바흐에게 보낸 편지의 추신에서 그는 자기의 후원을 악용하고, 보살피던 사람들을 이용해 먹고, 그 사람들을 실망시킨 사람들을 개탄했는데, 그 중에는 홀바인도 포함되어 있다.[20]

---

18) Cf. Erwin Panofski, 〈에라스무스와 시각 예술 Erasmus and the visual arts〉, 《Journal of the Warburg and Courtauld Institutes》, 32(1969), pp.220-227. 경계신 테르미누스와 마찬가지로 에라스무스도 아무것에도 굴복하지 않는다. 그리고 다른 해석에 따르면 테르미누스처럼 죽음의 신도 아무것에도 항복하지 않는다.

19) Cf. Pierre Vaisse, 《홀바인 2세 Holbein le Jeune》, Rizzoli, 1971; Flammarion, Paris, 1972.

파렴치한 사람, 혹은 초연한 사람

성화상 파괴 운동가들의 적수 홀바인, 바젤에서 격분한 신교도들이 일으킨 그림 파괴 운동을 피했던 홀바인은 이념 세계의 성화상 파괴 운동가였을까? 즉 그는 거리를 두고 대상을 관찰하는 자, 초연한 자, 극단적인 야유를 즐기는 자, 온갖 강압적인 형식에 반발하는 일종의 무도덕한 사람이었을까? 슬프게, 세심하게 꾸며진 기교 한가운데에 모든 기교가 소멸할 때까지, 깨닫게 된 탈-억압(dé-pression)을 신봉하는 자였을까? 19세기에 높이 평가되었고, 20세기 예술가들의 눈에는 실망스러운 홀바인이 그의 작품 〈죽은 그리스도〉에 대한 절반-냉소적인, 절반-음흉한, 절반-절망적인, 절반-야유적인 설명으로 우리에게 더 가까이 다가오고 있음을 우리가 깨닫게 되는 것일까? 죽음과 함께 산다는 것과 죽음을 표현하기 위해 죽음을 비웃는다는 것은 물론 '선(Bien)'의 인문주의적 도덕의 길을 열어 주지 않는다. 그러나 이것은 허식의 제거와 이득 사이에서 아름다움을 추구하고 있는, 피안을 잃은 한 기술자의 무도덕주의(a-moralisme)를 분명히 예고하고 있다. 역설적으로 이 메마른 장소, 아름다움이 부재할 수밖에 없는 이 불모지에서 느끼는 혼란을 그는 색채와 형태 그리고 공간의 걸작품으로 응축하고 있다……

사실 그의 미니멀 아트는 강력하면서도 엄숙한 표현력을 지니고 있다. 우리는 루브르 박물관에 있는 필립 드 샹파뉴의 작품 〈죽은 그리스도〉[21]의 장엄하면서도 거만하고 의사 전달이 되지 않는, 어딘지 모르게 기교적인 슬픔과 비교하면서 홀바인의 그런 표현력을 더 잘 이해할 수 있게 된다.

---

20) Cf. E. Panofski, 〈Erasmus and the visual arts〉, *op. cit.*, p.220.

결론적으로 홀바인은 가톨릭도 아니고, 프로테스탄트도 아니고, 인문주의자도 아니었던가? 에라스무스와 토머스 모어의 친구였고, 나중에는 그 두 사람의 흉포하고도 잔인무도한 적수였던 헨리 8세와 아주 좋은 관계를 맺고 있던 그. 바젤에 정착하기를 원하면서도 다시 영국으로 떠났고, 그가 정성껏 초상화를 그렸던 수많은 옛친구들을 처형한 전제 군주를 모시면서 공식 화가가 되었던 그. 홀바인 자신이 그 어떤 전기적인, 철학적인, 혹은 형이상학적인 주석을 남기지 않은(예를 들면 뒤러와는 대조적으로) 그러한 사건들을 추적해 보면, 그리고 어떠한 배려도 없이 묘사된 그의 모델들의 침울하고도 가식 없는, 존엄한 얼굴들을 유심히 관찰해 보면, 우리는 환멸을 느끼며 깨달은 한 진실주의 화가의 성격과 미학적 입장을 감지할 수 있을 것 같다.

각성은 아름다울 수 있는가?

혼란에 빠진 유럽 한복판에서 도덕적인 진리 탐구는 양쪽 모두에게 과잉을 수반하였다. 그래서 상인·장인·항해자 계급의 현실적 취향이 엄격한 규율을 지배하기에 이르렀고, 그것은 이미 황금으로 인해 부패한 성

---

21) 필립 드 샹파뉴가 그린 하얀색 염포 위에 드러누운 죽은 그리스도(1654년 이전 작품)는 '구세주'의 고독을 염두에 두고 그린 홀바인의 그림을 연상시킨다. 화가는 라파엘로를 따라서 보나소노(J. Bonasono)의 판화에 등장한 성모를 제거하였는데, 그것이 샹파뉴 창작의 원천이기도 했다. 그러나 채색의 엄격함과 절제를 통하여 홀바인과 가깝게 느껴지기는 해도 필립 드 샹파뉴의 그림은 (전통적으로 보여 주던 그리스도의 상흔과 가시면류관 등을 보여 주면서) 성서에 더 충실하고, 동시에 보다 더 냉철하고, 더 거리감이 있고, 더 메말랐다. 그의 그림에는 얀센파의 정신과 고통의 표현을 피하던 16세기말의 신학자들(Borthini·Paleoti·Gilio)의 여러 가지 권고도 드러나고 있다.(Cf. Bernard Dorival, 《Philippe de Champagne(1602-1674)》, 2 vol, Éd. Léonce Laguet, 1978)

격을 띠고 있었다. 이 소박하고도 허약한 진리 세계에서 예술가는 미화시키는 시선을 갖고 싶어하지 않는다. 배경과 의상을 아름답게 묘사한다 해도 예술가는 성격을 파악한다는 환상을 배제한다. 새로운 개념, 역설적인 회화 사상이 유럽에 탄생한 것이다. 이는 진리란 가혹하고, 이따끔은 슬프고, 자주는 우울한 사상이다. 이러한 진리도 하나의 아름다움이 될 수 있을까? 홀바인의 내기(pari)는, 우울증을 넘어서 '그렇다'라고 대답한다.

아름다움으로 변신한 깨달음이 특별하게 느껴지는 것은 여성들의 초상화에서이다. 그 화가의 아내가 모델인 〈졸로투른의 성모〉는 어딘지 모르게 슬픔이 감도는 냉담함을 드러내고, 뒤이어 〈화가의 아내와 두 큰 아이들의 초상화〉(바젤, 1528)에서는 비탄에 빠진 의기소침한 아내의 모습을 재현하고 있다. 영국에서 제작된 여성상들은 비통할 정도로 간소하게 묘사한다는 원칙에 위배되지 않았다. 물론 헨리 8세의 통치하에서 왕국의 비극적인 역사가 그러한 작풍으로 이끌어 갔다. 그러나 백성들이 그 왕을 열렬히 사랑하면서도 두려워하는 것을 보면서 홀바인은 자기 시대의 암울한 비전을 끌어냈다. 실제로 〈안 보레인〉〈제인 시모어〉〈안 드 클레브〉〈캐서린 하워드〉 같은 부인들의 초상화 시리즈는 그러한 특징을 잘 나타내고 있는데, 묘사된 섬세한 얼굴 표정과 활달한 성격들은 다양한 변화를 보여 주지만, 그러나 모두가 똑같이 약간 겁을 먹은 듯한 아니면 음울한 경직성을 지니고 있다. 어린 〈웨일즈공(公) 에두아드〉(1539)의 소년상에서도 마찬가지인데, 아래로 처진 그 황태자의 눈꺼풀은 순진한 어린아이의 볼록한 두 뺨을 슬픔으로 적시고 있다. 단지 화가의 내연의 처가 모델이었을 〈비너스와 큐피드〉(1526)와 〈코린트의 속녀〉(바젤, 1526)가 보여 주는 가벼운 조롱기——아니면 그것이 쾌락이라기보다는 빈정거림일까?——만이 그러한 엄격성을 벗어나고 있다. 그렇다고 그같은 조롱기가 바젤 출신의 화가가 손에 쥔 붓을 유쾌하고도 태평스런 관능의 왕국으로 인도하지는 않았다. 남성 초상화들 중에는 〈에라스무스〉가 보여 주는 지성의 온화함, 혹은 예외적으로 〈보니파키우스 아메르바흐〉(바젤, 1519)에 표현된 귀족적이면서도 지성적인 우아미, 〈베네딕트 폰 헤르텐슈타인〉(뉴욕, 메트로폴리탄 미술관, 1517년)에서 느낄 수 있는 관능미, 이러한 것들은 항상 이미 무덤에서 지속된 인간미의 비전을 차단하고 있다. 여러분, 죽음이 보이지 않으세요? 꼼꼼히 찾아보세요. 죽음은 데생의 윤곽 속에, 구성 속에 들어 있어요. 죽음은 오브제들, 얼굴들, 신체들의 입체감 속에 변형되어 나타나 있지요. 〈창문의 벽감에 달린 두 개의 해골〉(바젤, 1517년)에서처럼 공개적으로 드러나 있지 않을 경우, 죽음은 〈장 드 댕트빌과 조르주 드 셀브 대사들〉(런던, 1533년)의 발치에 놓인 기형의 두개골처럼 나타나 있지요.[22]

색조와 구성 형태의 탕진

여기서 문제는 홀바인이 멜랑콜리 환자였고, 그가 멜랑콜리 환자들을 그렸다는 사실을 주장하는 것이 아니다. 보다 더 근본적인 문제는, **멜랑콜리 증세의 요인**(현실적 혹은 상상적인 의미의 상실, 현실적 또는 상상적인 절망, 생의 가치까지 포함한 상징적 가치들의 현실적 혹은 상상적 분쇄)이 그의 미적인 활동에 동원되었다는 것이 그의 작품(주제와 회화 기법을 포함한)에 나타나 있고, 그의 미적 활동은 잠재된 멜랑콜리 증세의 흔적을 간직하면서 그 잠재성을 극복한다는 사실이다. 우리는 마그달레나 오펜부르크가 바젤의 〈비너스〉(1526년 이전)와 〈코린트의 속녀〉의 모델이었다

---

22) Cf. Paul Ganz, 《한스 홀바인의 그림들》, *op. cit.*

는 사실과, 그리고 홀바인이 두 명의 서자를 런던에 남겨두었다는 사실을 토대로 청년기 홀바인에게 감추어진 격렬한 관능적인 활동을 추적해 낼 수 있다. 홀바인의 방탕한 생활에 역점을 둔 사람은 샤를 파탱이었고, 그는 1676년 바젤에서 발행한 에라스무스의 《우신 예찬》에서 그것을 밝힌 바 있다. 루돌프와 마리 위트코워는 그 주장을 믿었고, 홀바인을 '낭비가'라고 판단했다. 말하자면 그가 헨리 8세의 궁에서 받았을 거액의 재산을 후손들에게는 하찮은 유산밖에 남기지 못할 정도로, 호사스럽고 휘황찬란한 의복들을 사는 데 탕진했을 것이라고 생각한 것이다.[23] 마그달레나 오펜부르크 그녀 자신의 방탕한 생활에 대해 전해진 이야기가 아니고는 이러한 전기적 추적들을 축소한다거나 아니면 긍정적으로 확언하는 믿을 만한 자료는 전혀 없다. 게다가 루돌프와 마리 위트코워는 그 화가의 작품을 고찰할 생각을 하지 않았고, 그의 그림들이 그 두 사람이 화가의 탓으로 돌리는 관능적이고 금전적인 방탕을 전혀 반영하지 않았다는 사실을 하찮은 일로 간주하였다. 우리의 견해로는, 이러한 성격의 특징은——그것이 확인된다면——작품이 반영하고 장악하는 우울증적인 초점을 아무것도 아닌 것으로 무효화하지 않는다. 우울증의 체제는 전지전능한 대상, 즉 환유적 욕망의 극(極)보다도 독점욕이 강한 '쇼즈'로 지탱되고 있고, 이 쇼즈는 무엇보다도 감각, 만족감, 열정의 탕진을 통하여 우울증으로부터 보호받는 경향을 '설명할 것이다.' 이 탕진은 열광적인 동시에 공격적이고, 도취시키는 동시에 무감동적인 양상을 띠고 있다. 그러나 이러한 탕진의 공통된 특징은 **초연하기**——거기에서 벗어나기, 다른 곳으로, 외국으로, 타인들 쪽으로 가기——이다……. 그런데 자발성과

---

23) Cf. R. et M. Wittkower, 《토성의 아이들, 고대에서 프랑스 대혁명까지 예술가들의 심리와 행동 Les Enfants de Saturne, psychologie et comportement des artistes de l'Anti-quité à la Révolution française》, 프랑스어 역. Macula, 1985.

통제력을 가지고, 기술적으로 일차 과정을 전개할 수 있는 가능성은 잠재된 상의 슬픔을 이겨내는 데 가장 효과적인 방법인 것 같다. 달리 말하자면 색·소리·말의 통제되고 억제된 '탕진'은 화가라는 주체에게 기본적인 수단처럼 인정받고, 그것은 '자유분방한 생활'에, '범죄 행위' 아니면 화가 놀음꾼들의 처신에서 확인할 수 있는 '탐욕'과 교차하는 '방탕'에 평행한다. 따라서 행동 양식과 평행 관계를 이루는 예술 **양식**은 타자의 상실과 의미의 상실을 관통하는 하나의 수단과도 같은 성격을 갖는다. 말하자면 보다 자율적인 수단이기 때문에 다른 그 무엇보다 강력한 수단이다. (화가는 자기 작품의 옹호자인 동시에 그 주인이 아닌가?) 그러나 실제로, 그리고 근본적으로 그것을 분리·공허·죽음과 대결한다는 동일한 심적 요구에 대처하기 때문에 행동 양식을 보완하는 수단이거나, 아니면 행동 양식과 유사한 수단인 것이다. 예술가의 삶이란 그 자신을 시작으로 하는 하나의 예술 작품처럼 생각되지 않는가?

예수의 죽음

우울증적 계기──모든 것이 죽고, 신도 죽고, 나도 죽는다.

그런데 어떻게 하느님이 죽을 수 있는가? 잠시 예수의 죽음에 관한 복음서적인 의미로 돌아가 보자. '속죄의 신비'와 연관된 신학적·해석학적·교리적 표상들은 헤아릴 수 없이 많고, 복잡하고, 모순적이다. 정신분석가가 그 표상들을 받아들일 수 없다 해도 그는 거기에 의문을 제기하면서, 텍스트가 그 자체의 청취에서 드러나는 텍스트의 의미를 끌어내려고 노력할 수 있다.

예수가 한 말씀 중 몇 가지는 구원을 암시하지 않는 자신의 변사(mort

violente)를 예고하고 있다. 반대로 다른 말씀들은 곧바로 '부활'을 위하여 하신 말씀인 것 같다.[24]

〈누가복음〉의 문맥에서도 '식사의 섬김'이라는 '섬김'이 〈마가복음〉에서는 '속죄' '대속(lytron)'의 의미가 된다.[25] 이 의미론적 변화는 그리스도의 '희생'이라는 존재적 규정을 확실하게 해준다. 먹을 것을 주는 자는 살게 하기 위해 자기 몸으로 값을 치르고 사라지는 자이다. 그의 죽음은 살해도 배출도 아니고, 생명을 주는 불연속으로서, 단순한 가치 파괴나 폐물 유기보다는 영양 섭취에 더 가깝다. 희생의 개념은 이 텍스트를 통하여 눈에 보일 정도로 변하고 있고, 이 변화는 증여자의 중개로 하느님과 인간 사이를 잇는 끈(lien)을 만들어야 한다고 주장한다. 증여가 주는 자, **자신을 주는 자**로부터의 탈취를 함의한다는 것이 사실이라면 더욱 강조되는 것은 끈이고, 동화(同化)이고('식탁에서 섬기기'), 그리고 이러한 작용의 화해적인 혜택이다.

사실 그리스도가 '최후의 만찬'을 통하여 그의 제자들과 신도들에게 남긴 유일한 의식은 '성찬식'이라는 구전적 의식이다. 성찬식을 통해서 희생물은(그것과 함께 죽음과 우울증은) '지양(aufgehoben)' 된다. 말하자면

---

24) 한편 다음과 같은 말씀도 읽을 수 있다. "너희가 나의 마시는 잔을 마시며, 나의 받는 세례를 받으려니와."(〈마가복음〉, 10장 39절; 〈마태복음〉, 20장 23절) "내가 불을 땅에 던지러 왔노니 불이 이미 붙었으면 내가 무엇을 원하리요, 나는 받을 세례가 있으니 그 이루기까지 나의 답답함이 어떠하겠느냐."(〈누가복음〉, 12장 49절) 그리고 특히 자기 소망의 죽음을 예고한 그 유명한 문장도 있다. "엘리 엘리 라마 사박다니 하시니, 이를 번역하면 나의 하느님 어찌하여 나를 버리셨나이까."(〈마태복음〉, 27장 26절; 〈마가복음〉, 15장 35절) 다른 한편 복음을 예고한다. "인자의 온 것은 섬김을 받으려 함이 아니라 도리어 섬기려 하고 자기 목숨을 많은 사람들의 대속물로 주려 함이니라."(〈마가복음〉, 10장 42-45절) "나는 섬기는 자로 너희들 중에 있노라."(〈누가복음〉, 22장 25-27절)

25) Cf. X-Léon Dufour, 《《신약성서》에 나타난 그리스도의 속죄하는 죽음 La mort rédemptrice du Christ selon le Nouveau Testament》, Publ. des Facultés Universitaires Saint-Louis, Bruxelles, 1979, pp.11-45.

파괴되고 넘어서게 된다.[26] 예수에 의한 그리고 기독교에 있어서 희생의 폐기를 가정하면서 성스러움 그 자체에 종지부를 찍었던 르네 지라르[27]의 명제에 수많은 주석가들이 이의를 제기하고 있다.

우리가 '속죄하다'라는 단어에서 끌어낼 수 있는 의미 작용은 그러한 넘어서기(dépassement)의 의미를 담고 있다. 즉 그리스어 hilaskomaï, 히브리어 kipper에 해당하는 expiare(속죄하다)는 '벌을 받다'라는 의미보다 화해하기('누구에 대해 호의적으로 처신하기, 자신을 하느님과 융화되게 하기')를 함의한다. 실제로 '화해하기'의 의미를 우리는 그리스어 allassô('다른 것이 되다' '다른 사람을 위하여 스스로 변하다')에까지 거슬러 올라갈 수 있다. 이는 기독교의 속죄하는 '희생'에서 피를 흘리는 폭력보다 오히려 수용 가능하고 수용된 증여물의 헌납을 알 수 있게 한다. 원칙적으로 사랑이신 하느님의 지배하에서 '희생자'를 구원적이고 매개적인 '헌납물'로 바뀌는 이 관대한 변질은 기독교 특유의 것임은 분명하다. 그 변질은, 그리스 세계와 유대 세계가 그들에 고유한 의식에 비추어 분노할 만한 그 무엇이라고 생각하지 않게 되었을 때, 그 두 세계가 모르고 있었던 새로운 그 무엇을 표상하고 있는 것이다.

그런데 우리가 잊을 수 없는 것은 금욕적이고 순교적인 그리고 희생적인 기독교의 모든 전통이, 증여의 희생자적 측면을 찬양 찬송하면서 육체적이고 정신적인 고통과 고뇌를 최대한 관능화하였다는 사실이다. 그러한 전통은 단순히 복음서의 '진정한 의미'를 배반하던 중세적 일탈일까? 이런 생각은 복음서의 저자들이 전하는 그리스도 자신이 표명한 불안을

---

26) Cf. A. Vergote, 〈인류학으로 밝혀낸 그리스도의 구원적 죽음 La mort rédemptrice du Christ à la lumière de l'anthropologie〉, *ibid.*, p.68.

27) 《창세기부터 감추어진 것들 Des Choses cachées depuis le commencement du monde》, Grasset, Paris, 1983.

별로 중요시하지 않은 것이다. 복음서 텍스트에도 나타나 있듯이, 그 역시, 헌신적인 아버지에게 헌신적인 증여물을 헌납한다는 확신과 함께 불안이 묵직하게 모습을 드러낼 때, 그 불안을 어떻게 이해해야 할까?

단절과 동일화

일시적이지만 그리스도는 그의 '아버지'와 생명에 이어 주는 관계의 중단을 '주체'의 신화적 표상 속에 근본적이고 심적으로 필요 불가결한 불연속성을 끌어들인다. '단절(hiatus)'[28]이라고 부르는 이 중간 휴지는 개인의 정신적인 삶을 구성하는 수많은 분리에 한 가지 이미지와 하나의 이야기를 부여한다. 중간 휴지는 개인이 지녔다고 추정된 균형을 다소 빈번히 감시하는 몇 가지 종류의 심적 이변에게 이미지와 이야기를 제공한다. 이처럼 정신분석은 일련의 분리를 자립화의 **절대 불가결한**(sine qua non) 조건으로 인정하며 상기시킨다. (헤겔은 '부정적인 것의 작업'에 대해 언급했다.) 일련의 분리에는 탄생, 젖떼기, 어머니와의 분리, 욕구불만, 거세 등이 포함된다. 현실적이고 상상적인 혹은 상징적인 이 분리 작용은 필연적으로 우리의 개체화를 구축한다. 그 작용의 불이행이나 배제는 정신병적인 혼란을 일으킨다. 반대로 그 작용의 희곡화는 정상을 벗어난 파괴적 불안의 원인이 된다. 기독교는 그리스도라는 절대적인 주체 한 가운데에 그 단절을 무대화하였고, 또한 그리스도의 '부활'·영광·영원성과 일체화된 그 이면에 자리잡은 '수난'처럼 그 단절을 표상했다. 그렇

---

28) Cf. Urs von Balthasar, 《영광과 십자가 *La Gloire et la Croix*》, t. III, 2, La Nouvelle Alliance, Aubier, Paris, 1975.

기 때문에 기독교는 각 주체의 생성에 내재하는 기본 드라마를 의식화시켰다. 그리하여 기독교는 막대한 카타르시스적인 힘을 지니게 되었다.

그리스도의 죽음은, 통시적인 참극을 영상화하는 것 이외에, 멜랑콜리 환자들에 고유한 표상할 수 없는 격렬한 불안에게 상상적인 버팀목을 제공한다. 어린아이가 상징 질서와 언어 기호 질서에 접근하기 위해서는 소위 말하는 '우울증적' 국면이 얼마나 중요한지 우리는 알고 있다. 이 우울증──모든 부재하는 사물을 표상하기 위한 조건으로서의 분리의 슬픔──은 그 이면이자 상징 활동을 은폐하는 열광이 아닐 때 회귀하여 우리의 상징적 활동을 따른다. 의미의 중단, 희망 없는 밤, 삶의 사라진 전망과 삶의 공백까지, 이런 것들은 기억 속에 외상적 분리를 회상시키고, 우리를 자포자기 상태에 집어넣는다. "아버지, 왜 나를 버리시나이까?" 게다가 중증 우울 상태나 발작성 임상 멜랑콜리 증세는 인간에게 진정한 지옥을 드러내 보여 주고, 더 나아가서는 대상과 가치의 욕망을 모두 실현해야 하고, 또 실현 가능하다고 확신하는 현대의 인간에게 참된 지옥을 보여 준다. 하느님에게서 버림받은 그리스도의 고독은 그 지옥에게 상상적인 구성을 제공한다. 고독은 주체를 위해 의미의 상실, 삶의 의미의 상실이라는 참기 어려운 그의 순간순간들을 메아리치게 한다.

그리스도가 '우리를 위해' 죽었다고 하는 가정은 복음서 텍스트 속에 자주 나타난다.[29] Hyper, peri, anti의 표현은 '우리 때문에'라는 의미뿐만 아니라 '우리를 위해' '우리 대신에'를 뜻한다.[30] 이 표현들의 출처는 야

---

29) Cf. 〈로마서〉, 5장 8절 "우리가 아직 죄인되었을 때에 그리스도께서 우리를 위하여 죽으심으로." 또한 〈로마서〉, 8장 32절; 〈에베소서〉, 5장 2절; 〈마가복음〉 10장 45절 "인자의 온 것은 자기 목숨을 많은 사람의 대속물로 주려 함이니라." 그리고 〈마태복음〉, 20장 28절; 〈마태복음〉, 26장 28절; 〈마가복음〉, 14장 24절; 〈누가복음〉, 22장 19절; 〈베드로전서〉 2장 21-24절 역시 참조할 것.

30) Cf. X.-Léon Dufour, op. cit.

훼를 섬기는 종의 노래(성서 속의 〈이사야서〉 네번째 노래)로 거슬러 올라가고, 더 고대로 들어가면 'gâ' al' 즉 '이방인의 소유가 된 재산과 사람을 되사서 해방시킨다'라는 헤브라이어적인 개념으로까지 올라간다. 이처럼 속죄(되사기·해방)는 '구세주'와 신도들 사이의 대체를 함의하고, 이 대체는 또한 수많은 해석을 만들어 낼 수 있게 하였다. 그러나 이러한 해석들 중의 하나는 분석가의 글자대로의 독해, 즉 상상적 동일화를 유도하는 독해로 자리잡는다. 동일화는 죄를 '메시아'의 현상에다 위탁하거나 내려놓는 것을 의미하지 않는다. 그 반대로 동일화는 주체들과 그리스도의 고통, 그리스도가 참고 견딘 단절, 그리고 그가 희망하던 구원과의 완선한 관련을 유도한다. 엄격한 신학이 보기에 너무나 인류학적이고 심리학적인 이 동일화를 출발점으로 하고 있는 인간은 그렇지만 강력한 상징 장치를 부여받았고, 이 상징 장치는 인간에게 절대적 '주체(그리스도)'와의 상상적 합일──그리고 그것의 실재 효과──의 위력 덕분에 신체 속까지 그의 죽음과 부활을 살아 있게 해준다.

그리하여 진정한 입문 의식이 바로 기독교의 중심부에 형성된다. 기독교는 앞선 시대의 입문 의식이나 자기 영역 밖의 이교도적 입문 제의의 심오한 정신 내적 의미를 되찾아, 그것들에게 새로운 의미 작용을 부여한다. 입문 의식의 제의에서와 마찬가지로 기독교에서도 죽음──새로운 육체에게 자리를 내주기 위한 늙은 육신의 죽음, 영광을 위하여 스스로 죽기, 압축 공기 물체를 위한 노인의 죽음──은 경험의 중심에 있다. 그러나 기독교적인 입문 의식이 있다고 해도 그것은 어디까지나 완전히 상상계의 영역에 속해 있다. 완전한 (현실적이고 상징적인) 동일화의 모든 음계를 개방하면서도 기독교적인 입문은 '성찬식'의 말씀과 기호들 이외에는 그 어떤 제의적 시련도 허용하지 않는다. 그런 관점에서 금욕주의와 고통주의의 리얼하고도 발작적인 표현은 사실상 극단적인 수단이다. 게

다가, 그리고 특히 애정의 무언적 존재와 그 결과로서의 화해와 용서의 무언적 존재는 기독교적 입문 의식의 범위를 완전히 변형시키면서 믿는 사람들을 불굴의 영광과 희망의 후광으로 감싼다. 이때 기독교 신앙은 단절과 우울증과 함께, 또 그것들을 출발점으로 하여 단절과 우울증을 해소시키는 하나의 해독제처럼 나타난다.

이것은 헌신적인 '아버지'의 이미지를 보존하고 있는 초자아적 의지주의일까? 아니면 일차 동일화의 천국에서 비롯된 시원적 아버지의 형상에 대한 추억일까? '속죄'에 내재하는 용서는 **죽음과 부활**을 요약하고, 삼위일체의 논리에서 가장 흥미롭고 가장 혁신적인 형상들 중의 하나로 모습을 드러낸다. 그 얽힌 매듭을 지배하고 있는 원동력은 일차 동일화, 즉 '아버지'와 '아들' 사이의 구전적이고 이미 상징적인 헌신적 증여라고 생각된다.

개인적인 이유들 때문에, 아니면 우리의 사회적 대부(paternité)인 정치 혹은 형이상학적 권위의 역사적인 압박으로 인하여, 개념화의 기저에 깔린 일차 동일화의 역동성이 어려움에 처할 수 있다. 다시 말하면 그 역동성은 의미 작용을 빼앗겨 환상적이고 위선적인 것으로 보일 수 있다. 이때 영속하는 것은 오직 십자가가 표상하는 보다 심오한 메커니즘, 즉 절단·불연속성·우울증의 메커니즘의 의미뿐이다.

홀바인은 자신이 욕구를 충족시켜 주는 내세와의 동일화인 반(反)우울증적 수송파(onde porteuse)에서 벗어난 그 기독교를 그려내는 화가이기를 바랐을까? 어쨌든 그가 우리를 안내하는 곳은 신앙의 마지막 기슭이고, 무의미의 문턱이다. 사랑과 구원이 작품 수행 속에 숨어 버리면, 오직 형식——예술——만이 용서의 이 공백에게 평안을 되돌려 준다.

'분열'을 표상하기

헤겔은 기독교에서 죽음의 이중 운동을 분명히 밝혀냈다. 한편에는 자연스런 신체의 자연사가 있고, 다른 한편에는 '가장 큰사랑' '타자'를 위한 숭고한 자기 포기'인 죽음이 있다. 헤겔은 여기에서 '무덤, 세올(sheol)을 이긴 승리' '죽음의 죽음'을 알게 되었고, 그러한 논리에 고유한 변증법을 역설하였다. "이와 같이 오직 '정신'에만 적절한 부정적인 운동은 정신 내적인 전환이고, 정신의 변환이다. (…) 종말은 인간 존재가 신성한 '이데아' 속에서 받는 영접인 찬란함과 축제에서 해소된다."[31] 헤겔은 이 운동이 표상에 미치는 결과가 어떤 것인지를 강조하였다. 죽음은 자연스럽게 표상되었지만 그러나 '이데아'라는 그의 타자성과 동일화한다는 조건에서 실현되기 때문에 우리가 목격하게 되는 것은 '절대적인 극단들의 경이로운 결합'이고, "신성한 '이데아'의 숭고한 소외이다. (…) '신은 죽었고, 신 자신도 죽었다'는 경이롭고도 끔찍스런 표상이며, 이것은 표상 작용에게 가장 심오한 분열의 심연을 제시한다."[32]

이러한 분열(자연사와 신의 사랑)의 중심부에 표상 작용을 끌어들이는 것은 하나의 도박이고, 이 도박은 한쪽 끝이나 다른 한쪽 끝으로 기울어지지 않고서는 유지될 수가 없다. 도미니크회의 영향을 받은 고딕 미술은 자연스런 죽음의 비장한 표상을 예우하였고, 프란체스코회의 영향을 받은 이탈리아 미술은 찬란한 육체와 조화로운 구성이 어울리는 성적인 아름다움으로 숭고미의 영광 속에 가시적인 것이 된 내세의 영광을 찬양하

---

31) Cf. Hegel, 《종교철학 연구 Leçons sur la philosophie de la religion》, 제3부, Vrin, Paris, 1964, p.153-157.

32) *Ibid.*, p.152. 인용자의 강조.

였다. 홀바인의 〈죽은 그리스도〉는 헤겔이 말하는 바로 그 표상 작용의 분열의 장(場)에 자리잡은 유일한 실현이 아니라면 가장 보기 드문 실현들 중의 하나이다. 그 작품에서는 절정에 달한 고통을 드러낸 고딕식 에로티즘은 찾아볼 수 없다. 마찬가지로 내세의 약속이나 다시 소생하는 자연에 대한 찬미도 없다. 거기에 남아 있는 것은 예술가와 관람자의 고독한 명상 속에 억제되어 있는 고통을, 절제되고 검약적인 이미지로 그려낸——재현된 시체같이——난처한 상황에 처한 감수성이다. 차분하고 각성된 슬픔에, 무의미한 것의 한계에 대응하는 것은 간결하고도 최대한 간소화된 회화 기법이다. 그것은 색채나 형태의 향연을 보여 주는 것이 아니라, 오히려 조화와 절도를 갖춘 한 거장의 솜씨를 보여 주고 있다.

우리를 육체와 감각에 붙들어맨 끈이 절단될 때에도 그림을 그릴 수 있을까? 묶는 **끈**인 **욕망**이 붕괴될 때에도 그림을 그릴 수 있을까? 욕망과 동일시되는 것이 아니라 인간의 정신 생활의 진실인 **분열**, 즉 상상계를 위하여 죽음이 표상하고, 우울이 증후로서 실어나르는 분열과 동일시될 때에도 우리가 그림을 그린다는 것이 가능할까? 홀바인의 대답은 긍정적이다. 고전주의와 기교주의 사이에 자리잡은 그의 미니멀 아트는 분열의 은유이다. 삶과 죽음 사이, 의미와 무의미 사이에는 우리가 지닌 우울증의 미묘하고도 친밀한 응답이 존재한다.

파스칼은 헤겔과 프로이트 이전에 무덤의 이 불가시성을 확언하였다. 그에게 무덤은 그리스도가 숨은 장소였다. 모든 사람들이 십자가에 매달린 그리스도를 쳐다보지만, 적수들의 눈을 피해 그리스도는 무덤 속에 숨어 있다. 오직 성인들만이 그를 만나서 휴식이라는 임종에 따르고 있다. "예수-그리스도의 무덤——예수-그리스도는 죽었고, 그러나 그의 모습이 십자가 위에서 보인다. 그분은 죽어, 무덤 속에 숨어 있다.

예수-그리스도는 오직 성인들에 의해 매장되었다.

예수-그리스도는 무덤 속에서 그 어떤 기적도 행하지 않았다.

그 무덤으로 들어가는 사람은 성인들뿐이다.

바로 그곳에서 예수가 새로운 삶을 얻게 되지, 십자가 위에서는 얻게 되지 않는다.

이것은 '예수의 수난'과 '속죄'의 최후의 신비한 사건이다.

예수-그리스도에게는 무덤 속이 아니면 이 지상 어디에서도 휴식을 취할 곳이 없다.

그의 적수들은 오직 무덤 속에서만 그를 괴롭히기를 그쳤다."[33]

따라서 예수의 죽음을 본다는 것은 죽음에 의미를 부여하고, 죽음을 삶에 되돌려 놓는 한 가지 방법이다. 그런데 바젤의 무덤 속에는 홀바인의 '그리스도'가 홀로 있다. 누가 그를 보는가? 성인들은 없다. 물론 화가는 있다. 우리들도 있다. 이는 죽음 속에 빠져들기 위해, 아니면 아마도 삶에 내재하는 한계인 섬세하고도 끔찍스런 아름다움을 지닌 죽음을 만나기 위해서일 것이다. "비탄에 빠진 예수 (…) 예수가 임종에, 가장 큰 고통을 받고 있으니 우리 더 오래 기도를 드립시다."[34]

기도 대신에 그림을? 그림에 대한 명상은 그것이 출현하는 그 결정적인 장소에서 기도를 대신할 수 있을 것이다. 거기서는 무의미가 시니피앙이 되고, 한편으로 죽음은 가시적이고 살 만한 곳으로 보이기 때문이다.

파스칼이 말하는 불가시적인 무덤처럼 죽음은 프로이트의 무의식에 표상될 수 없다. 그러나 앞에서 언급했듯이 죽음은 간격, 공백, 불연속성, 혹은 표상의 파괴로 무의식 속에 흔적을 남긴다.[35] 그러므로 죽음은 자아의 상상력에게 바로 그러한 모습으로, 기호들의 고립을 통하여, 혹은 소멸될

---

33) Cf. Pascal, 《팡세 Pensées》, 〈예수-그리스도〉, 735.
34) Cf. Pascal, 《팡세》, 〈예수의 신비 Le mystère de Jésus〉, 736.
35) Cf. 이 책의 제1장 p.40 및 그 이하.

때까지 기호들의 일반화를 통하여 자신을 알린다. 바로 이것이 홀바인의 미니멀 아트이다. 그러나 자아의 성애적 성기론과 투쟁하고, 에로스의 존재를 표현하는 고양된 기호들 혹은 병적인 기호들의 과다한 환희와 대결하는 죽음은 거리를 둔 리얼리즘이 되거나, 혹은 더 좋게 말한다면 듣기거북한 아이러니가 된다. 바로 이것이 화가의 화풍 속에 용해된 '죽음의댄스'이고 각성된 방탕함이다. 자아는 자기를 살아 있는 것으로 지켜 주는, 말하자면 형식의 유희 속에 뿌리박은 자아에 고유한 상상적 확신을 고립, 공허, 부조리한 웃음으로 나타내면서 '죽음'이라는 이 집요한 존재를 관능화하고 의미화한다. 역으로 이미지들과 자기 동일성——이 의기양양한 자아의 복사판——은 접근할 수 없는 슬픔으로 각인되어 있다.

이러한 불가시적인 것의 비전으로 가득 찬 두 눈으로 우리 다시 한 번 홀바인이 창조한 인간을 쳐다보자. 현대의 영웅들인 그들은 엄하고, 근엄하고, 똑바른 자세를 하고 있다. 그것 또한 알 수 없는 비밀이다. 있을 수 있는 진실이지만 이해하기 어려운 비밀이다. 향락을 드러내는 그 어떤 움직임도 없다. 어떤 내세를 향한 고양된 비약도 없다. 단지 이 속세에 서 있기가 어렵다고 하는 소박한 표현만이 있을 뿐이다. 그들은 자신들을 이상야릇하게 고립시키는 공허의 언저리에 오로지 똑바로 서 있을 뿐이다. 자신만만하게. 그리고 친근하게.

6

네르발, ⟨상속받지 못한 자⟩

〈상속받지 못한 자 EL DESDICHADO〉

(1853년 12월 10일 《르 무스크테르》지에 실린 텍스트)

1 Je suis le ténébreux, le veuf, l'inconsolé,

2 Le prince d'Aquitaine à la tour abolie;

3 Ma seule étoile est morte, et mon luth constellé

4 Porte le soleil noir de la mélancolie.

5 Dans la nuit du tombeau, toi qui m'as consolé,

6 Rends-moi le Pausilippe et la mer d'Italie,

7 La fleur qui plaisait tant à mon coeur désolé,

8 Et la treille où le pampre à la vigne s'allie.

9 Suis-je Amour ou Phoebus, Lusignan ou Biron?

10 Mon front est rouge encor des baisers de la reine;

11 J'ai dormi dans la grotte où verdit la sirène,

12 Et j'ai deux fois vivant traversé l'Achéron,

13 Modulant et chantant sur la lyre d'Orphée

14 Les soupirs de la sainte et les cris de la fée.

1 나는 침울한 사람, 홀아비, 위로받지 못한 자,

2 허물어진 탑에 갇힌 아키텐의 왕자,

3 나의 유일한 별은 죽었고, 별이 박힌 나의 류트에는

4 우울의 검은 태양이 새겨져 있다.

5 무덤 속의 밤중에, 나를 위로해 주었던 너,

6 되돌려 다오, 포지리프 야산과 이탈리아 바다를,

7 상심한 내 마음을 그토록 기쁘게 해주던 꽃을,

8 그리고 가지가 포도나무와 뒤엉키던 포도덩굴을.

9 나는 사랑의 신인가 빛의 신인가, 뤼지냥 왕인가 비롱 공인가?

10 내 이마는 아직도 여왕의 입맞춤으로 붉게 물들었다.

11 인어가 녹색으로 물드는 동굴 속에서 나는 잠들었다.

12 그리하여 나는 두 번이나 살아서 지옥의 강을 건넜노라,

13 성녀의 한숨과 요정의 외침을

14 오르페우스의 칠현금에 변조하여 노래하면서.

〈상속받지 못한 자 EL DESDICHADO〉

(1854년 시집 **《불의 딸들》**에 수록한 텍스트)

1 Je suis le ténéreux——le veuf——l'inconsolé,

2 Le prince d'Aquitaine à la tour abolie;

3 Ma seule *étoile* est morte——et mon luth constellé

4 Porte le *Soleil* noir de la *Mélancolie*.

5 Dans la nuit du tombeau, toi qui m'as consolé,

6 Rends-moi le Pausilippe et la mer d'Italie,

7 La *fleur* qui plaisait tant à mon coeur désolé,

8 Et la treille où le pampre à la rose s'allie.

9 Suis-je Amour ou Phébus…? Lusignan ou Biron?

10 Mon front est rouge encor du baiser de la reine;

11 J'ai rêvé dans la grotte où nage la sirène……

12 Et j'ai deux fois vainqueur traversé l'Achéron:

13 Modulant tour à tour sur la lyre d' Orphée

14 Les soupirs de la sainte et les cris de la fée.

1 나는 침울한 사람——홀아비——위로받지 못한 자,

2 허물어진 탑에 갇힌 아키텐의 왕자.
3 나의 유일한 **별**은 죽었다──그래서 별이 박힌 내 류트에는
4 **멜랑콜리**의 **검은 태양**이 새겨져 있다.

5 무덤 속 밤중에, 나를 위로해 주었던 너,
6 되돌려 다오, 포지리프 야산과 이탈리아 바다를,
7 상심한 내 마음을 그토록 기쁘게 해주던 그 **꽃**을,
8 포도나무가 장미와 뒤엉키는 포도덩굴을.

9 나는 아무르신인가 페뷔스신인가…? 뤼시낭 왕인가 비롱 공인가?
10 내 이마는 아직도 여왕의 키스로 붉게 물들었다.
11 인어가 헤엄치는 동굴 속에서 나는 꿈을 꾸었지…….

12 나는 두 번이나 지옥의 강을 승리자로 건넜다.
13 오르페우스의 칠현금에 차례차례로
14 성녀의 탄식과 요정의 외침을 변조하여 노래하면서.

"나는 외로운 사람, 홀아비, 그래서 내 위로 석양이 내려오네."

빅토르 위고, 〈잠든 부우즈〉

"바로 멜랑콜리가 그의 여신이 되었다."

제라르 드 네르발, 〈알렉상드르 뒤마에게〉

붉은 잉크로 씌어진 〈상속받지 못한 자〉와 〈아르테미스〉는 1853년 11월 14일에 네르발이 쓴 편지로 알렉상드르 뒤마에게 보내졌다. 〈상속받지 못한 자〉의 초판은 1853년 12월 10일 〈르 무스크테르〉지에 발표되었고, 거기에는 뒤마가 쓴 소개 기사가 붙어 있다. 두번째 변형본은 1854년에 출판된 《불의 딸들》에 수록되었다. 폴 엘뤼아르가 소장하고 있던 똑같은 텍스트의 원고에는 〈운명〉이라는 제목이 붙어 있는데, 그 텍스트는 《불의 딸들》의 변형본과 근본적으로 다르지 않다.

1853년 5월에 일어났던 광기의 발작 이후, 제라르 드 네르발(1808-1855)은 향수를 달래어 줄 은신처와 마음의 평온을 찾아서 고향인 발루아 지방(샤아리스·상리스·루아지·모르트퐁텐)으로 길을 떠났다.[1] 남프랑스·독일·오스트리아와 중동 지방을 지칠 줄 모르게 횡단하던 이 불굴의 유랑자는 자기 머리를 떠나지 않는 과거의 지하 납골당에서 잠시 자신

---

1) Cf. Jeanne Moulin, 《환상시집 Les Chimères》, 《주석 Exégèses》, Droz, Paris. 1854년 여름, 자살하기 몇 달 전 네르발은 독일 글로고에 있는 그의 어머니 산소를 순례한 것 같고, 그후 다시 병으로 쓰러졌다.

을 되돌아보았던 것이다. 8월, 광기의 징후가 재발했다. 위협을 받은 고고학자처럼 그는 '파리 식물원'의 골격 표본 전시실을 탐방하였고, 비를 맞으면서 자신이 대홍수를 맞았다고 확신하고 있었다. 무덤, 해골, 죽음의 침입이 실제로 그의 뇌리를 떠나지 않았다. 이러한 문맥에서 〈상속받지 못한 자〉는 그의 노아의 방주가 된다. 이 방주가 비록 일시적인 것이라고 해도, 그것은 수수께끼 같고 주문 같은, 파악하기 어려운 자신의 정체성을 보장해 주었다. 이번에도 역시 오르페우스가 '암흑의 왕자'를 이겨낸 승리자가 된 것이다.

〈상속받지 못한 자〉라는 텍스트는 단번에 그뒤를 잇는 텍스트의 기이함을 신고한다. 그러나 날가롭고 쇳소리가 나는 스페인풍의 음향인 '엘 데스디차도'는 그 단어가 지닌 슬픈 의미를 넘어서 어둡고도 은근한 프랑스어의 모음 체계와 대조를 이루면서, 암흑 바로 한가운데에서의 그 어떤 승리를 예고하는 것 같다.

상속받지 못한 자, 즉 '엘 데스디차도'는 누구인가? 한편으로 네르발이 월터 스콧의 《아이반호》(제8장)에서 그 이름을 빌려 왔을 수도 있다. 그 이름은 '사자의 심장 리차드 왕'이 물려 준 성(城)의 소유권을 장 왕에게 빼앗긴 그 왕의 기사들 중 한 명을 지칭한다. 상속권을 박탈당한 그 불행한 남자는 그래서 뿌리가 뽑힌 참나무 문장과 '상속받지 못한 자'라는 좌우명으로 자신의 방패를 장식하기로 결심한다. 다른 한편 우리는 '상속받지 못한 자에 대한 프랑스적인 근원'을 지적한 바 있다. 즉 르사주의 《절름발이 악마》에 등장하는 블라즈 데스디차도이다. 그는 후손이 없어서, 아내가 죽자 모든 자기 재산을 처가에 돌려 줄 수밖에 없게 되자 미쳐 버린 인물이다.[2] 프랑스의 수많은 독자들에게 'el desdichado'라는 스페인어가 '상속받지 못한 자(déshérité)'로 번역되고 있는 것이 사실이지만, 엄격한 어휘 연구는 그 스페인어가 더 정확하게는 '불운한 사람' '불행한 사람' '불쌍한 사람'을 의미한다는 것이다. 그런데 네르발은 '상속 받지 못한 자'의 의미를 더 선호한 것 같다.――이것은 더구나 알렉상드르 뒤마가 《아이반호》 번역에서 선택한 것이기도 하다. 또한 그것은 시인 네르발이 다른 문맥 속에서 자신을 지칭하는 용어이기도 하다. ("그래서 나, 한때는 잘나가던 연극배우, 잊혀진 왕자이자 신비스런 연인, 상속받지 못한 자, 환희에서 추방된 자, 침울한 미남(…)."[3])

잃어버린 '쇼즈' 혹은 상실한 '대상'

무엇에 대한 상속권을 빼앗겼다는 말인가? 최초의 박탈은 이렇게 단번에 지적되었다. 그것은 물질적이고 양도 가능한 유산을 형성하는 '재산'이나 '물건'의 박탈이 아니라 명명할 수 없는 영토, 우리가 기이하게도 낯선 곳에서, 본질적인 유배 상태에서 환기하거나 기원할 수 있는 영역의 박탈이다. 이 '무엇(quelque chose)'은 식별할 수 있는 '대상'에 선행한다. 즉 우리의 사랑과 욕망의 비밀스럽고 만질 수 없는 지평인 이 '무엇'은 어떠한 구체적 이미지도 포괄할 수 없는 원초적 어머니라는 일관성을 상상 세계 속에 설정해 두고 있다. 연인들에 대한 끈질긴 추구나 종교적인 견지에서 동양의 종교들과 특히 이집트가 풍요롭게 보여 준 여신들 혹은 모성 수호신들을 모으는 행위는 '대상'에서 분리된 '주체'가 화자가 되기 위해 필연적으로 상실한 이 **쇼즈**의 포착 불가능한 속성을 가리킨다.

---

2) Cf. Jacques Dhaenens, 《오르페우스의 운명, 제라르 드 네르발의 '상속받지 못한 자' Le Destin d'Orphée, 'El Desdichado' de Gérard de Nerval》, Minard, Paris, 1972를 인용한 Kier의 논문.

3) Cf. 〈알렉상드르 뒤마에게 A Alexandre Dumas〉, in 《전집》 t. I, La Pléiade, Gallimard, Paris, 1952, pp.175-176.

멜랑콜리 환자가 이 '쇼즈'에 대해 증오에 차 있는 만큼 또한 사랑의 지배력을 끊임없이 행사한다면, 시인은 그 지배하에 있는 동시에 또…… 그것에서 벗어나는 수수께끼 같은 방법을 찾아낸다. 상속을 받지 못하고, 천국을 빼앗긴 그는 불행하기 때문이다. 그렇지만 글쓰기는 이 불행을 지배하는 기이한 방법이 되어, 박탈의 두 측면──위로받지 못한 자의 침울함과 '여왕의 입맞춤'──을 통제하는 '나'를 거기에 자리잡게 한다.

그리하여 '나'는 기교의 영역에서 확실해진다. 말하자면 '나'를 위한 장소로는 오직 가능한 자기 동일성의 가면을 쓴 놀이, 연극 속이고, 그 가능한 자기 동일성은 믿을 수 없을 만큼 괴이하고 매혹적이며, 신비하고 서사적이며, 역사적이고 비의적이다.

첫 행──'나는 침울한 사람──홀아비──위로받지 못한 자'──를 고정시키고 확정하는 이 '나'는 환각적인 무지(nescience)가 비추어 주는 만큼의 확실한 지식을 가지고, 시적 행위의 필요한 조건을 규정한다. 말을 한다는 것, 자신을 조정하고 생볼릭의 활동인 합법적인 허구 속에 정착한다는 것, 이것은 사실상 '쇼즈'를 잃는 행위이다.

이제 다음과 같은 딜레마가 생긴다. 이 잃어버린 '쇼즈'의 흔적들이 말하는 자를 지배할 것인가? 아니면 화자가 그 흔적들을 지배하게 될 것인가? 즉 '쇼즈'를 계속 추구하다 보니 노래가 되어 버린 그의 담론 속에 그 흔적들을 통합하고, 융합시킬 수 있을 것인가? 달리 말하자면 바쿠스의 무녀들이 오르페우스를 집어삼킬 것인가, 아니면 오르페우스가 상징적 식인 행위에서처럼 그의 주문 속에 그 무녀들을 쓸어넣을 것인가?

나는 존재하지 않는 그 무엇이다

요동(oscillation)은 영원하리라. 고독은 혼란을 가져다 주지 않고 오히려 평온을 안겨 준다는 빅토르 위고 식의 가부장적 자신감("나는 고독한 사람, 나는 홀아비, 그리고 내 위로 석양이 내려오네")을 상기시키는 존재와 확신의 믿을 수 없는 단언이 있은 후에, 우리는 또다시 불행 속에 처해 있다. 그 의기양양한 '나'의 속성들은 부정적 속성들이다. 빛을 빼앗기고, 아내를 빼앗기고, 위로를 박탈당한 이 '나'는 존재하지 않는 그 무엇이다.

연금술과 비교(ésotérisme)에 관한 네르발의 관심은 르 브르통의 해석을 매우 신빙성이 있는 것으로 만들어 놓는다. 그에 의하면 〈상속받지 못한 자〉의 첫 행들은 타로 카드들의 순서를 따르고 있다(15,16,17번 카드)고 한다. 침울한 사람은 지옥의 대악마일 수도 있고(타로 카드의 15패는 악마의 패이다), 또 기형적인 모습이 여신들을 도망치게 만들어 독신으로 살았고 (홀아비라는 말은 여기서 나온다), 모든 연금술적 작용의 기원이 되는 항아리 밑의 땅을 표상한 연금술사 플루톤일 가능성도 크다.[4]

그러나 네르발의 관념 체계를 형성하고 있는 이 참조 사항들은 시적 짜임 속에 삽입되어 있다. 연금술의 토양에서 뿌리가 뽑히고 옮겨진 이런 참고 자료들은 다가성과 종종 풀리지 않는 함축 의미를 갖게 된다. 시라는 새로운 구성 언어 질서의 내면에 든 상징 체계의 다가성은, 비의적인 교리에 들어 있는 상징들의 엄밀함과 결부되어 네르발의 언어에 이중적 특권을 부여하게 된다. 그의 언어는 한편으로는 안정된 의미를 보장함과 동시에 위로받지 못한 자가 이해되어 받아들여지고, 결국에는 위로를 받게 되는 은밀한 공동체를 보장하고, 다른 한편으로는 명명하기의 불확실성을 통하여, 특별히 네르발적인 슬픔의 대상에게로 더 가까이 가기 위해 단일 의미화와 공동체를 저버리기 때문이다. 시적 언어가 잃어버린 대상 속으로 침잠하는 우울한 주체의 소멸을 동반하고 있는 이러한 소멸의 차

---

4) 〈상속받지 못한 자〉의 첫 3행과 Court de Gebelin의 《원초적 세계, 그 분석과 현대 세계와의 비교 Monde primitif, analysé et comparé avec le monde moderne》의 제3권 (1781) 사이에는 매우 놀랍고도 확실한 대응 관계가 있음을 우리는 증명할 수 있었다. 또한 《환상시집》의 다섯 개의 소네트(〈상속받지 못한 자〉〈미르토〉〈호루스〉〈앙테로스〉〈아르테미스〉)의 근원이 생모르 수도회의 베네딕트파 수도사 dom Antoine-Joseph Pernety의 저서 《이집트와 그리스 우화 Les Fables égyptiennes et grecques》(1758) 속에 있음도 찾아낼 수 있었다. 네르발은 dom Pernety의 《신화 연금술 사전 Le Dictionnaire mytho-hermétique》도 틀림없이 읽었다. 다음과 같은 Pernety의 문장은 네르발의 작품과 연관이 있다. "작품의 진짜 열쇠는 그 작업의 시작에 있는 이 우울이다. (…) 우울은 완전한 용해의 참된 기호이다. 그래서 물질은 태양광선을 받으며, 비상하는 원자들보다 더 미세한 분자들로 용해되고, 그 물질의 원자들은 영원한 물로 변한다.

철학자들은 이 용해 상태에게 죽음 (…) 지옥, 바닥 없는 저승의 심연, 암흑 상태, 밤 (…) 무덤 (…) 멜랑콜리 (…) 가려진 태양 또는 일식과 월식이라는 이름을 붙였다. 그들은 결국 부패, 용해, 암흑을 표현하거나 지시할 수 있는 모든 이름들로 그것을 지칭한다. 바로 이 용해 상태가 죽은 자들과 무덤들에 관한 수많은 비유의 재료를 철학자들에게 제공한다……"(《이집트와 그리스 우화》제1권, pp.154-155, 강조는 인용자) Pernety는 암흑 상태에 관한 Raymond Lulle의 다음과 같은 기술을 소개하였다. "13일간 태양의 본체를 썩게 하시오. 그 기간이 지나면 용해 상태가 잉크처럼 검게 될 것이오. 그러나 그 내부는 루비처럼, 혹은 석류처럼 붉을 것이오. 그러니 그 자매 혹은 그 어머니의 포옹을 통하여 검고 어두운 그 태양을 가져다가 증류 솥에 넣으시오……"(같은 책, 제2권, p.136) 멜랑콜리에 대한 그의 정의는 다음과 같다. "멜랑콜리는 물질의 부패를 의미한다. (…) 이 명칭을 검은색을 지닌 물질에 붙인 것은 확실히 검은색이 슬픈 무엇을 지니고 있기 때문이고, 또한 멜랑콜리라고 부르는 인간의 체액이 새까맣게 탄 검은 담즙처럼 보이고, 그것이 슬프고 음울한 기분을 불러일으키기 때문이다."(《신화 연금술 사전》, p.289) "비애와 멜랑콜리는 (…) '신봉자들'이 암흑 상태에 도달한 그들의 물질에게 부여한 명칭들 중의 하나이다.(《이집트와 그리스 우화》, 제2권, p.300)

네르발의 텍스트와 연금술 자료 사이의 조응 관계는 George Le Breton, 〈《환상시집》의 열쇠—연금술 La clé des Chimères〉, in Fontaine, nº 44, 1945, pp.441-460에서 밝혀졌다. 같은 저자의 〈《오렐리아》 속의 연금술: '기억할 수 있는 것들' L'alchimie dans Aurèlia: 'Les Mémorables'〉, Ibid., nº 45, pp.687-706도 참조할 것. 그외 네르발의 비교주의에 관한 수많은 책들이 발표되어 있다. 그 중 Jean Richer, 《체험과 창조 Expérience et Création》, Paris, Hachette, 1963; François Constant, 〈검은 태양과 소생한 별 Le soleil noir et l'étoile ressuscitée〉, 《La Tour Saint-Jacques》, nºˢ 13-14, janvier-avril 1958 등이 있다.

원에 도달하기 전에, 네르발의 텍스트가 보여 주는 논리적으로 탐지할 수 없는 의미 작용들을 따라가 보기로 하자.

역전과 분신

'침울한'이라는 속사는 빛이 결핍된 밤과 어울릴 뿐 아니라 타로 카드가 이미 밝힌 어둠의 '왕자'와도 잘 어울린다. 그것은 멜랑콜리 환자가 어둠과 절망의 세계와 맺는 공모 관계를 환기시킨다.

'검은 태양'(제4행)은 '침울한'의 의미장을 되찾지만, 그러나 그 장을 완전히 뒤집어 놓고 있다. 왜냐하면 어둠은 계속 검은 불가시성으로 눈부신 태양의 빛으로 솟아오르기 때문이다.

'홀아비'는 상의 슬픔을 지적하는 첫번째 기호이다. 그렇다면 그 암울한 기분은 아내를 잃은 결과일까? 엘뤼아르의 필사본에는 이 대목에 '과거에는: 마우솔로스(olim: Mausole)?'라는 주석이 달려 있는데, 이것은 '죽은/왕자' 혹은 '시'라는 삭제된 글자를 대신하는 것일까? 마우솔로스는 자기 누이인 아르테미아를 아내로 삼은 기원전 4세기 그리스 왕이었고, 아르테미아보다 먼저 죽었다. 그 홀아비가 마우솔로스라면, 그는 근친상간자이다. 즉 자기 누이의 남편, 자기 어머니의 남편…… 친근한 가족 내의 성애적 '쇼즈'의 남편이다. 이 인물의 양가성은 네르발이 그것을 사용함에 따라 더욱더 혼란해진다. 왜냐하면 먼저 죽은 그는 홀아비가 될 수 없고, 자기 누이 아르테미아를 **과부**로 남겼기 때문이다. 네르발은 소네트 〈아르테미스〉에서 Artémise라는 이름을 Artémis로 남성화하여, 그들이 서로서로의 **분신**인 것처럼 쌍을 이룬 두 주인공과 놀이를 하고 있는지도 모른다. 그 분신들은 서로 엇바꿀 수 있는 동시에, 결과적으로는 성별이 불분명하고, 거의 양성성(androgynale)을 갖고 있다. 지금 우리는 네르발의 시적 과정에서 극도로 압축된 한 지점에 들어와 있다. 즉 과부 아르테미아는 죽은 자기의 분신(오빠+남편)과 동일화되고, **그녀는 그**가 되고, 따라서 '홀아비'가 된다. 그리고 이러한 동일화 작용은 타인의 무덤이자 자기 안에 타인의 무덤을 파놓는 행위로서, 시의 등가물이 된다. (어떤 해설가들은 실제로 지워졌지만 '시'라는 단어를 읽을 수 있다고 생각한다.) 텍스트는 영묘(mausolée)와 같은 것인가?

'위로할 수 없는 자'가 아니라 '위로받지 못한 자'라는 용어를 쓴 것은 역설적인 시간성을 암시한다. 말하자면 화자는 과거에 위로를 받지 못했고, 그 욕구불만의 결과가 현재까지 지속되고 있다는 것이다. 그래서 '위로할 수 없는 자'가 우리를 현재에 위치시킨다면, '위로받지 못한 자'는 이 현재를 정신적 외상이 일어났던 과거로 되돌려 놓는다. 현재는 돌이킬 수 없고, 전혀 위로받을 희망이 없다.

가상의 기억

'아키텐의 왕자'는 틀림없이 패팽 르 브레프의 추격을 받아 페리고르 지방의 숲 속에 숨었던 메프르 다키텐이다. 아리스티드 마리에 의해 부분적으로 출판되었고, 장 리세에 의해 완본으로 출간된 그의 전설적인 계보에서 보면[5] 네르발은 자신이 명문 집안의 혈통을 이어받았다고 생각했고, 그의 라브뤼니 가문은 독일 황제 오토의 기사들의 후손이라고 여겼다. 말하자면 라브뤼니가(家)에서 분가한 한 집안이 아키텐의 왕자처럼 페리고

---

5) Cf. Jean Richer, 《체험과 창조》, *op. cit.*, pp.33-38.

르 지방의 출신이라는 것이다. 그는 또한 브룬(Broun) 혹은 브륀(Brunn)은 탑과 작은 탑을 의미한다고 명시한다. 도르도뉴 강가에 세 개의 성채를 소유하고 있던 라브뤼니가의 문장에는 세 개의 은탑과 '동양'을 환기시키는 별들과 초승달들이 그려져 있는데, 이것은 다음 텍스트에 나오는 '별'과 '별이 박힌 류트'와 같은 것이다.

물의 고장 아키텐이 지닌 상징의 다가성에 우리는 조르주 상드에게 보낸 네르발의 주석(리셰가 인용한)을 덧붙일 수 있다. 거기에는 가스통 페뷔스 다키텐(GASTON PHOEBUS D'AQUITAINE)이라는 이름이 씌어져 있는데, 그것이 지닌 비의적인 의미는 태양교에 입문한 자라는 것이다. 더 간단하게는 자크 다에닝[6]과 함께, 아키텐은 남프랑스 음유시인들의 고장이고, 그래서 홀아비는 '어둠의 왕자'를 환기시키면서 궁정풍의 연가를 통하여 오르페우스로 변신하기 시작한다는 점을 우리는 주목하게 된다 ······. 어쨌든 우리는 아직도 확인된 비애의 영역에 들어와 있다. 즉 '허물어진'이라는 말은 텍스트의 시작부터 짜여지고 있는 파괴·박탈·결여의 의미를 확고히 한다. 에밀 눌레[7]가 지적했듯이 '허물어진 탑에 갇힌'이라는 통합사는 '유일한 정신적 집합'처럼 작용하고, 아키텐 왕자에게 단어들이 용해되고 음절들이 기도문에서처럼 끊어지는 복잡한 속성을 부여한다. 즉 'à-la-tour-a-bo-lie'라는 기도문으로 소리나게 하여, 라브뤼니(Labrunie)의 글자 바꿔 놓기로 귀에 들리게 한다. 네르발의 작품에 'abolie'라는 단어가 세 번 나타나는데, 에밀 눌레가 지적한 바로는 잘 쓰이지 않는 이 단어가 말라르메에게는 아주 필요한 단어였고, 그는 시 속에 적어도 여섯 번이나 사용하였다고 한다.

---

6) Cf. 《오르페우스의 운명 Le Destin d'Orphée》, op. cit.

7) Cf. Émile Noulet, 《문학 연구―프랑스 현대시의 난해성 Études littéraires, hermé-tisme de la poésie française moderne》, Mexico, 1944.

상속권을 빼앗긴 왕자, 무너진 과거를 지닌 영광스런 주체인 '상속받지 못한 자'는 하나의 역사에 속하지만, 그것은 실추된 역사이다. 미래가 없는 그의 과거는 역사적 과거가 아닌 것이다. 말하자면 그의 과거는 미래가 없는 만큼 더욱더 현존하는 하나의 **기억**에 불과하다.

다음 시행은 개인적인 심적 외상과 관련된다. '허물어진 탑,' 따라서 그 후로 결여된 이 높이는 하나의 별이 되었고, 현재는 죽은 별이다. 그 별은 뮤즈 여신의 이미지이고, 역시 높은 세계의 이미지이며, 중세의 탑보다 더 높은 우주의 이미지 아니면 지금은 부서진 운명의 이미지이기도 하다. 자크 주니나스카[8]의 지적처럼 이 첫번째 4행시는 높고, 별들이 있는 우뚝 솟은 공산이고, 그 속에서 시인은, 마치 천상의 아폴론의 음화처럼 역시 별이 박힌 칠현금을 들고 자리잡고 있다. 아마도 이 '별'은 우리가 '스타'라고 부르는 배우——제니 콜롱——일 수도 있다. 1842년에 죽은 그녀는 여러 번 네르발에게 정신병 발작을 일으키게 했다. '별이 박힌 칠현금'이 구성되는 것은 '죽은 별'과의 동일화를 통해서, 마치 바쿠스의 무녀들이 집어삼켜 죽은 오르페우스의 울려 퍼지는 응답에서처럼 그 죽은 별을 자신의 노래 속에 퍼뜨리면서이다. 시적 예술은 사후의 조화로움에 대한 기억처럼 확실해지고, 또한 피타고라스적인 공명을 통해서 마치 우주 조화의 은유처럼 뚜렷이 드러난다.

보이는 것과 보이지 않는 것의 문턱에서

'우울의 검은 태양'은 '칠현금' 속에 '죽은 별'을 흡수함으로써 생긴

---

8) Cf. Jacques Geninasca, 〈El Desdichado〉, in 《Archives nervaliennes》, n° 59, Paris, pp.9-53.

다. 이미 언급한 바 있는 연금술의 중요성을 넘어서, '검은 태양'이라는 은유는 침울한 기질이 지닌 맹목적인 힘을 요약해 주고 있다. 즉 참기 어려운, 명철한 감정 상태가 죽음을 강요하고, 그 죽음은 사랑하는 여인의 죽음과 사라진 여인과 동일시되는 자신의 죽음이라는 불가항력을 받아들이게 한다. (시인은 '별'의 '홀아비'이다.)

그러나 몸을 숨긴 아폴론 혹은 그렇다는 사실을 알지 못하는 아폴론의 천상 세계에 침입하여 장악한 이 정동(affect)은 자기 표현을 해보려고 시도한다. '지니고 있다(porte)'라는 동사는 이러한 발현, 즉 어둠의 기호에 도달했음을 나타내고, 따라서 '우울'이라는 학문적 용어는 의식을 지배하려는 노력과 정확한 의미 작용의 노력을 증언한다. 알렉상드르 뒤마에게 보낸 그의 편지에서 예고되었고, 작품 《오렐리아》에서 묘사된 '멜랑콜리'는 천상의 공간에 속한다. ('엄청나게 큰 존재가——남자인지 여자인지 알 수 없는 존재가——공간 위로 힘들게 날고 있었다. (…) 그 존재는 진홍빛 혈색을 띠고 있었고, 그의 날개는 변화하는 무수한 반사광으로 빛나고 있었다. 고풍스레 주름잡은 롱드레스 차림의 그는 알브레히트 뒤러의 '멜랑콜리'의 '천사'를 닮아 보였다.[9]) '멜랑콜리'는 어둠을 진홍빛으로 혹은 태양으로 변형시키며, 그 태양은 물론 계속 검게 남아 있지만 그래도 눈부신 빛의 원천인 태양이다. 네르발의 성찰은 **멜랑콜리를 명명하기**가 결정적인 경험의 문턱으로 그를 이끌어 가고 있음을 지적하는 것 같다. 여기서 중요한 경험의 문턱이란 나타남과 사라짐, 소멸과 노래, 무의미와 의미들 사이의 정점을 의미한다. 우리는 연금술적 변용에 대한 네르발의 언급이 물리적이고 화학적인 사실의 과학 외적 묘사로서라기보다는 난삽한 기호 해독 불능증과 투쟁(lutte)(류트; luth?)하고 있는 심적 현상의 이러한

---

9) In *O. C.*, La Pléiade, Gallimard, 1952, p.366.

경계선상의 경험을 더 잘 지칭하는 은유라고 이해할 수 있을 것이다.

너는 누구인가?

둘째 연은 독자들을 별들이 뿌려진 높은 천상에서 '무덤의 밤'으로 끌어내린다. 이 어두운 지하 세계는 침울한 자의 어두운 기질을 되찾게 하지만, 그러나 점차 4행시를 따라서 그 지하 세계는 위로의 세계, 빛나고 생기 있는 융합의 세계로 변모한다. 무기력한 우주 공간의 지체 높은 귀공자인 '나'(제1연의 '별' '태양')는 제2연 속에서 자신의 동반자를 만난다. 어떤 '너'가 처음으로 나타나서 위로, 빛 그리고 식물성 생명의 출현을 알린다. 천상의 **별**은 이제부터 대화자, 즉 내면에 기거하고 있는 **너**가 된다.

네르발의 시세계의 한결같은 다의성과 끊임없는 역전은 주목할 만하다. 이 다의성과 역전은 그의 상징 체계에 불안정성을 증대시키고, 대상의 애매성뿐만 아니라 우울증적 성향의 애매성을 동시에 드러내 보인다.

이러한 '너'는 누구인가? 많은 네르발 연구가들은 이 문제를 자문해 보았고, 그에 대한 대답 역시 수없이 많다. 오렐리아, 성녀, 아르테미아-아르테미스, 제니 콜롱, 죽은 어머니……. 누구라고 결정할 수 없는 실재하거나 상상적인 일련의 형상들이 또다시 원초적 '쇼즈'——모든 화자에게 만성적인 상의 슬픔의 포착할 수 없는 전(前)-대상이고, 우울증 환자에게는 자살에의 유혹인——를 향해 달려간다.

그러나——그런데 이것은 다의성들 중에서 가장 하찮은 부분은 아니다——시인이 '무덤의 밤' 속에서만 되찾게 되는 이 '너'는 오직 그리고 확실히 그 장소에서만 위로를 주는 자이다. 그녀의 무덤 속에서 그녀를 다시 만나면서, 그녀의 죽은 시체와 동일화를 이루면서, 뿐만 아니라 어쩌면 자살이라는 매개를 통해서 실제로 그녀를 되찾으면서 '나'는 비로소 위안을 얻게 된다. 이러한 행동의 역설——오직 자살만이 잃어버린 존재와 나를 결합시키고, 오직 자살만이 나를 평화롭게 한다는 역설——은 일단 숙명적 결단을 내린 자살자들을 감싸 주는 행복감·차분함·평온함을 통해서 이해될 수 있다. 나르시즘적인 완결성은 상상을 통해 형성되는 듯하고, 그것은 끔찍한 상실의 고뇌를 없애고 마침내는 슬픔에 젖은 주체를 만족시켜 준다. 왜냐하면 그는 더 이상 슬퍼할 이유가 없고, 죽음 속에서 사랑하는 존재와의 결합을 통해 위로를 받기 때문이다. 따라서 죽음은 잃어버린 낙원으로 되돌아가는 환몽적 체험이 된다.—— '나를 위로해 주었던 너'에서 사용된 과거 시제를 주목해 두자.

이때부터 무덤은 밝아진다. 시인은 거기에서 포지리프(Pausilippe; 그리스어 포지리폰(pausilypon)은 '슬픔이 끝난 상태'를 뜻한다)라 불리는 찬란한 나폴리 만과 물결치며 넘실거리는 모성적 공간('la mer d'Italie'; 이탈리아 바다)을 되찾게 되기 때문이다. 우리는 이러한 물의, 빛의, 이탈리아의 세계가 지닌 다가성에——제1연의 아폴론적인 혹은 중세적인 세계, 그리고 별들과 광물의 세계와 대비하여——네르발이 제니 콜롱에 대한 사랑으로 포지리프 만에서 자살을 시도했다는 사실을 우선적으로 첨가할 수 있을 것이다.[10] 게다가 호프만이 설정한 '오렐리아와 성녀 로잘리의 그림'의 관련성은 네르발에 의해 확인되었고, 네르발은 나폴리에 머무는 동안 (1834년 10월) 익명의 여인숙에 장식용으로 걸려 있던 '성녀 로잘리의 초상화'를 유심히 관찰했다고 한다.[11]

---

10) Cf. 〈제니 콜롱에게 보낸 편지 Lettres à Jenny Colon〉, in *O. C.*, t. I, *op. cit.*, p.726 sq.

11) Cf. Jean Guillaume, 《오렐리아, 비평판에 대한 서설 *Aurélia, prolégomène à une édition critique*》, Presses Universitaires de Namur, 1972.

꽃, 성녀: 어머니?

성녀 로잘리는 기독교적인 순수한 여성상을 지닌 상징 체계를 텍스트에서 이미 지적된 비의적 함축 의미와 연결시킨다. 이러한 일련의 생각들은 네르발이 엘뤼아르 필사본 제8행―― '포도나무 가지가 장미와 뒤엉키는 곳(où le pampre à la rose s'allie)' (Rosalie)――에 삽입한 '바티칸의 정원' 이라는 주석을 통해 확인된다.

성녀의 이름이 지닌 꽃의 함축 의미는 제7행 '상심한 내 마음을 그토록 기쁘게 해주던 꽃' 에서 명시적인 것이 된다. 앞 연의 죽은 **별**(제3행)은 시인과 죽은 여인의 동일화 가운데에서 **꽃**으로 소생한다. 시인과 죽은 여인의 동일화는 가지와 잎사귀들이 서로 파고드는 넝쿨망인 '포도나무' 의 은유 속에서 환기된다. 포도나무는 포도나무 가지와 장미꽃을 '결합' 시키고, 또한 제1연에서 묘사된 검은 별 같은 아폴론과는 대조적으로 식물적 사랑에 도취한 바쿠스 신 혹은 디오니소스를 상기시킨다. 현대의 몇몇 주석가들이 디오니소스가 남근적인 신이라기보다는 그의 몸과 춤추는 듯한 취기 속에서 여성과의 어떤 공모 관계, 즉 여성성과의 은밀한 동일화를 꾀하는 신이라고 한 것에 주목하도록 하자.[12]

바쿠스적인 '포도나무 가지' 와 신비스런 '장미,' 디오니소스와 비너스, 바쿠스와 아리아드네……. 무덤 속에서의 결합과 부활을 가져다 준 이 결합 속에서 우리는 암암리에 환기된 일련의 신비스런 쌍들을 상상할 수 있다. 네르발이 성녀 마리아를 '백장미' 라고 불렀고, 무엇보다도 〈시

---

12) Cf. M. Détienne, 《열린 하늘의 디오니소스 *Dionysos à ciel ouvert*》, Hachette, Paris, 1986.

달리즈들〉에서는 다음과 같은 표현들이 있음을 기억해 두자. "사랑하는 여인들은 어디에 있는가?/그네들은 무덤 속에 있네./그녀들은 더욱 행복하도다/훨씬 더 아름다운 곳에 머물러 있으니! (…) 오 순결한 약혼녀여!/오 꽃다운 젊은 처녀여!"[13]

그 '꽃' 은 나르시스가 변신한 그 꽃으로 읽혀질 수 있다. 우울증 환자인 나르시스는 샘물의 영상 속에 빠져 죽은 후 비로소 위안을 얻었다. 그 꽃은 또한 '물망초'[14]이다. 이 단어의 특이한 울림을 시적 기교 "어떤 대답이 달콤한 언어 속에서 들렸다"를 보여 주며, 동시에 작가가 사랑한 사람들에게 기억해 달라고 호소하기("나를 잊지 말아 주세요!") 때문이다. 이제 타자의 환기에 부가된 이러한 꽃세계의 의미론적 가능성을 지적해 보자. 네르발이 두 살 때 돌아가신 어머니의 이름은 마리-앙투아네트-마르그리트-로랑(Marguerite Laurent)이었고, 보통 로랑스라고 불렸다. 즉 성녀와 꽃(마르그리트(Marguerite), 월계수(laurier))이다. 그런데 제니 콜롱의 본명도 마르그리트였다. '신비로운 장미' 는 그런 사실들에서 자양분을 얻어낸다.

매발톱꽃과 망설임: 나는 누구인가?

위안을 주지만 치명적인 융합. 장미와의 결합으로 얻어낸 빛나는 완결성인 동시에 무덤의 밤. 자살 기도인 동시에 꽃으로의 부활……. 네르발이 그 자신의 텍스트를 다시 읽었을 때, 이러한 상반된 결합이 그에게

---

13) In *O. C.*, t. I, *op. cit.*, p.57.
14) 《오렐리아》, in *O. C.*, t. I, *op. cit.*, p.413.

'광기'처럼 보였을까?

그는 엘뤼아르 필사본 제7행('꽃'을 가리키는 행)에 '매발톱꽃(ancolie)' 이라고 적었는데, 이것은 어떤 사람들에게는 슬픔의 상징이고, 또 어떤 사람들에게는 광기의 표상이다. Mélancolie/ancolie(멜랑콜리/앙콜리). 이 각운은 첫번째 두 연 사이에 있는 유사성과 대립을 다시 한 번 읽도록 해 준다. 즉 제1연의 광물적 슬픔은 치명적인 융합과 겹쳐질 뿐 아니라 무덤 너머의 다른 삶을 약속하는 듯한 미칠 지경으로 매혹적인 것이다.(제2연)

첫 3행시는 '나'의 불확실성을 명시하고 있다. 처음에는 의기양양했던 '나'는 그 다음에 '너'와 연결되어, 이제 스스로에게 묻는다. "나는 누구 인가?" 이는 그 소네트의 전환점이자 명철성을 의심하게 되는 순간이다. 시인은 그 둘 사이에서 아폴론적이지도, 디오니소스적이지도, 비탄에 빠 지지도, 도취해 있지도 않은 제3의 양태를 상정할 수 있는 음역상에서 그 의 특수한 동일성을 찾고자 한다. 의문형은 두 4행시의 거의 환각적인 세 계에서부터, 변덕스럽고 정할 수 없는 상징 작용과 함축 의미에서부터 잠 깐 우리를 벗어나게 한다. 지금은 선택의 순간이다. 문제가 '사랑의 신,' 즉 프시케의 애인 '에로스'(24행시의 환기)인가? 아니면 오비디우스의 《변신》에 나오는 다프네 요정을 추격한 빛의 신 페뷔스/아폴론(첫 4행시 의 환기)이 문제인가? 다프네는 그에게서 도망쳐 나와 월계수로 변신하 는데, 그래서 우리는 두번째 4행시에서 환기된 꽃으로의 변신을 기억하 게 된다. 여기서는 문제가 만족한 연인인가, 아니면 욕구불만에 찬 연인 인가?

카프로스 왕 뤼지냥 다주네(Lusignan d'Agenais)로 말하자면, 그는 네르 발이 상상한 그의 계보에 따르면 뱀-아내 멜뤼진이 도망을 치자 낙담에 빠졌던 라브뤼니 가문의 선조 중의 한 사람이었다. 비롱은 비롱공의 선조 중 한 사람으로, 제3차 십자군에 참가한 병사 엘리 드 공토까지 거슬러 올라가게 하고, 아니면 바이런 경을 떠오르게 하는데 이 경우 네르발은 비롱과 바이런(Biron/Byron)의 철자를 혼동하고 있다.[15]

이 두 가지 이원론(아무르와 페뷔스, 뤼지냥과 비롱) 안에는 어떤 정확한 논리적 관계가 있는가? 또 그것들 사이의 관계는? 이것은 언제나 잡을 수 없는 여인을 추구하는 다소 불행한 연인들의 열거인가? 아니면 두 가지 유형의 연인들――한쪽은 만족해하고, 다른 한쪽은 절망에 빠진――의 열거인가? 여러 가지 해석들이 축적되고, 여러 갈래로 나누어지면서 어떤 해설가들은 열거라고 하고, 다른 해설가들은 변화 반복법(chiasme)이라고 한다.

그런데 네르발적인 의미론의 본질적 다가성(다른 곳에서도 찾아볼 수 있는 "갈색머리 여인과 금발머리 여인 중에서/선택을 해야 하는가?/'세상'의 '신'/그것은 '쾌락'이다"[16])은 여기서도 논리적 관계가 불확실함을 생각할 수 있게 한다. 작가는 나비의 매혹적인 불확실성을 묘사하고 있는 다음과 같은 이미지로 우리를 안내한다. "나비, 줄기 없는 꽃/하늘을 날고/우리는 나비를 그물로 잡네./무한한 자연 속에/초목과 새 사이의/조화여…!"[17]

결과적으로 이 3행시에 축적된 고유명사들[18]은 오히려 다양한 동일성의 지표들처럼 기능한다고 볼 수 있다. 이 명명된 '인물들'이 사랑과 상실의 동일한 세계에 속한다면, 그들은――시인의 그 인물들과의 자기 동일화를 통하여――사랑에 빠진 동시에 시적인 '나'의 흩어짐을 포착할 수 없는 자기 동일성의 '별자리'로서 암시하고 있다. 네르발에게 있어서 이 인물들이 그들의 신화적이고 중세적 출처의 의미론적 두께를 가졌는

---

15) Cf. Jacques Dhaenens, *op. cit.*, p.49.

15) Cf. Jacques Dhaenens, *op. cit.*, p.49.
16) 《고딕풍의 노래 Chanson gothique》, in *O. C.*, t. I, *op. cit.*, p.59.
17) 《나비 Les Papillons》, in *O. C.*, t. I, *op. cit.*, p.53.
18) Cf. 이 책의 p.206 및 그 이하.

지는 확실하지가 않다. 그 고유명사들의 푸념하듯 늘어놓는 환각적인 축적은 그 명사들이 단지 잃어버린 '쇼즈'의 토막나고 합치기 불가능한 지표들의 가치만을 가질 수 있다는 것을 상정하게 한다.

잠재된 폭력

자기 자신의 정체성에 대한 질문이 제기되자마자, 제10행은 그의 여왕 앞에서 말하는 자의 종속성을 상기시킨다. 즉 질문자인 '나'는 군주가 아니고, 여왕을 보시고 있다("내 이마는 아직도 여왕의 입맞춤으로 붉게 불늘었다"). 왕과 왕비 그리고 둘의 결합에 대한 연금술적인 환기, 치욕과 살인의 기호인 붉은("나는 때때로 카인의 치명적인 붉은빛을 가지노라!")에서 우리는 또다시 모호한 세계로 빠지게 된다. 말하자면 이마에는 사랑받는 여인의 입맞춤의 추억이 찍혀 있고, 그것은 따라서 사랑의 기쁨을 의미하고, 동시에 붉은색은 살인의 피와 아벨과 카인을 넘어 원초적 사랑의 파괴적인 폭력, 연인들의 열정에 내재하는 증오, 그들의 순정적인 사랑을 지탱시키는 복수와 박해를 의미한다. 멜랑콜리 환자의 강력한 힘을 가진 안테로스는 씩씩한 에로스에게 몹시 화를 낸다 "너는 나에게 왜 내가 그처럼 가슴속에 분노를 품었느냐고 묻는다./(…) 그래, 나는 '복수의 신'이 그 기운을 불어넣은 자들 중의 하나이다./성난 그의 입술로 그가 내 이마에 낙인을 찍었다./아 슬프게도! 피투성이 아벨의 창백한 모습 아래/이따금 나는 카인의 치명적인 붉은빛을 지니노라!"[19]

절망한 자의 창백함은 사랑하는 여인을 향한 살인적인 폭력에 대해 그

---

19) 〈앙테로스〉, in O. C., t. I, op. cit., p.34.

자신에게도 고백할 수 없는 복수심으로 불타는 분노를 숨기고 있는가? 이러한 공격성이 제10행에서 예고되었으나 화자가 그 공격성을 맡아서 행하지는 않는다. 그 공격성은 투사되어 있다. 상처입히고, 절단하고, 피투성이로 만드는 것은 내가 아니라 그것은 여왕의 입맞춤이기 때문이다. 그리고 즉각적으로 이 분노의 분출은 중단되고, 이제 그 몽상가는 자궁 같은 안식처 혹은 흔들리는 요람인 보호된 항구에서 모습을 드러낸다. 붉은 여왕은 헤엄치는 인어 혹은 '초록빛' 인어로 변신한다.(《르 무스크테르》지 판본) 우리는 두번째 4행시의 꽃의, 생명의, 재생의 가치와 네르발에게서 자주 보이는 붉은색과 초록색의 대립에 주목한 바 있다. 붉은색은 반항의 은유, 반란의 불길의 은유로 확인되었다. 붉은색이 카인, 악마, 지옥의 이미지인 데 비해 초록은 성스럽다. 그래서 고딕식 스테인드글라스는 초록색을 성 요한에게 바쳤다.[20] 한번 더 애인의 여왕과도 같은 기능을 강조할 필요가 있을까? 지배를 받는 만큼 지배적인 그녀는 권위와 부성(paternité)의 지위를 차지하고, 그럼으로써 침울한 자에 대한 침범할 수 없는 지배력을 즐기고 있다. 그녀가 바로 사바의 여왕이고, 이지스, 성모 마리아, '교회'의 여왕인가…? 그녀 앞에서 글쓰기의 행위만이 함축적으로 지배자이고 복수자이다. 이 소네트가 **붉은 잉크**로 씌어진 것을 상기하자.

여기서 우리는 성적 욕망과 그 양가성에 관해서는 단순하고도 빈약한 암시만을 찾아볼 수 있다. 사실 성애적 관계는 성욕과 그것을 지칭할 수 있는 담론을 똑같이 파괴자들이라고 느끼는 주체의 갈등을 그 절정에 이르게 한다. 우리는 멜랑콜리 환자의 도피가 이러한 에로티시즘과 마주한 위험을 피하는 것이라고 이해한다.

---

20) Cf. Jacques Dhaenens, *op. cit.*, p.59.

그와 같은 성욕과 그 명명하기의 회피는 〈상속받지 못한 자〉의 '별'이 욕망의 내상이라기보다는 원초적인 '쇼즈'에 가깝다는 가정을 입증한다. 그러나 어떤 사람들의 정신적 균형을 위해 그와 같은 회피가 필요하다 해도, **타자**를 향한 길(분명히 위협적인, 그러나 자아의 한계를 위치시키는 조건을 보장하는)은 이처럼 막음으로써 주체가 '쇼즈'의 무덤에서 벗어나지 못하는 것이 아닌가 하고 자문해 볼 수 있다. 관능적이고 타나토스적인 내용물을 가공하지 않으면서 관계들을 와해시키고 죽음으로 몰고 가는 퇴행적인 경향 앞에서 오직 승화만이 미약하나마 하나의 구원을 줄 수 있을 것같이 생각된다.

프로이트적인 방향은 그 반내로(어떤 경우에노, 그리고 소위 말하는 나르시스적인 성격의 인물들에게 어려움이 어떤 것이든간에) 성적 욕망의 도래와 형식화를 갖추는 것을 목표로 삼는다. 이러한 목표, 종종 정신분석을 비방하는 자들로부터 환원주의적이라는 비판을 받아 온 이 목표는——멜랑콜리 환자의 상상 세계에 관한 사고의 관점에서——마치 하나의 윤리적 관점처럼 자리를 잡는다. 왜냐하면 **명명된** 성적 욕망은 주체가 타자에게 이르는 균형을 보장하고, 결과적으로 의미——삶의 의미——를 보장하기 때문이다.

나는 이야기한다

시인은 그래도 지옥으로의 하강에서 되돌아온다. 그는 '두 번' '살아서'(《르 무스크테르》지의 판본) 그리고 '승리자'로서(《불의 딸들》의 판본) 죽음의 강을 건넜다. 그리고 그 두 번의 횡단은 네르발이 두 번 겪은 광기의 발작을 암시한다.

그의 노래 속에, 그리고 그의 칠현금의 화음 속에 명명되지 않은 에우리디케를 흡수함으로써 그는 대명사 '나'를 다시 쓴다. 첫 행보다는 덜 엄격하고 9행이 지닌 불확실성을 넘어서는 이 '나'는 소네트의 끝에서 한 이야기를 이야기하는 '나'가 된다. 건드릴 수 없고 폭력적인, 검고 붉은 과거와 죽음의 부활을 지닌 초록색 꿈은 시간적인 거리를 가져오는 기교로 변신하고("나는…… 건넜다"), 그리하여 또 하나의 현실, 즉 칠현금의 세계에 속하게 된다. 그리하여 멜랑콜리한 지옥의 내세는 이처럼 변조되어 노래가 된 하나의 이야기이고, 단지 여기서 시작된 서술 속에 운율법을 통합하기이다.

네르발은 이러한 기적적인 변신("나는 두 번 승리자로서 죽음의 강을 건넜다")으로 그를 이끈 원인이나 동기 혹은 이유를 밝히지 않는다. 그러나 그의 멜로디와 노래 속에 '성녀의 한숨과 요정의 외침'을 옮겨 놓는 것으로 이루어지는 자기의 변신 체제는 밝힌다. 사랑했던 여인의 성격은 이중화되어 있다. 즉 이상적인 여인이자 성적인 여자, 백색 여인이자 적색 여인, 성녀 로잘리이자 요정 메뤼진, 처녀이자 여왕, 정신적인 여성이자 육감적인 여자, 아드리엔이자 제니 등등. 게다가 이 여인들은 이제 과거를 들려 주는 하나의 이야기 속에 등장하는 인물들이 실어나를 소리들(sons)이 된다. 다기능적 상징 체계 깊숙이 자리잡은 명명할 수 없는 존재들도 아니고, 파괴적 열정을 지닌 신화적인 대상도 아닌 이 여인들은 모호성과 쾌락을 차별화하면서 명명하려고 애쓰는 카타르시스적인 이야기의 상상적 주역들로 바뀌려고 노력하고 있다. '한숨'과 '외침'은 향락을 내포한다. 그리고 우리는 이상적 사랑('성녀')과 관능적 열정('외침')을 구별한다.

기교의 (승화의) 오르페우스적인 세계로 뛰어들면서 그 침울한 자가 상의 슬픔의 경험과 외상을 안겨 준 대상에서 끌어내는 것은 오직 비통한 혹은 정념적인 음향뿐이다. 이처럼 그는 언어의 구성 요소들을 통하여 잃어버린 '쇼즈'와 접촉하게 된다. 그의 담론은 그 '쇼즈'와 동일화되고, 그것을 흡수하고, 변화시키고, 변형시킨다. 그는 멜랑콜리의 시옥에서 에우리디케를 구출하여, 그의 노래-텍스트 속에서 그녀에게 새로운 삶을 부여한다.

그 두 사람의 다시-태어나기, 즉 '홀아비'와 '별' - '꽃'의 재생은 서술적 자리매김으로 강화된 시편(poème)에 지나지 않는다. 이 상상 세계는 부활의 구조 체제를 지니고 있다.

그런데 네르발의 개인적 이야기는 단지 〈상속받지 못한 자〉 속에만 암시되어 있다. 다른 시에서는 그것이 흩어져 있고, 항상 공백 상태로 남아 있다. 산문으로 된 텍스트에서는, 목표와 한정된 메시지를 향한 어려운 선적 운동(mouvement linéaire)을 유지하기 위하여 그는 여행이나 문학 작품의 어떤 등장인물의 전기적 사실을 구실로 이용하여 그의 모험을 끌어들인다. 《오렐리아》는 몽상, 이중화, 성찰, 미완성으로 짜여진 이러한 서술적 분산의 본보기 자체이다…….

우리는 소설의 해체라는 현대적인 경험을 예시하고 있는 이 놀라운 서술의 만화경 앞에서 '실패'를 말할 수 없을 것이다. 그러나 구문론적 확실성을 넘어 공간과 시간을 구성하고, 우연성과 갈등에 대한 실존적 판단의 지배를 폭로하는 이야기의 연쇄는 네르발이 선호하는 영역이 되기에는 거리가 아주 멀다. 모든 이야기는 이미 오이디푸스 단계에서 안정된 자기 동일성을 상정하고 있다. 그리고 자기 동일성은 '쇼즈'로서 자신의 상의 슬픔을 만들었기 때문에, 욕망의 '대상들'에 대한 수많은 실패와 정복을 통해서 자신의 모험들을 이야기로 엮어낼 수 있다. 이것이 이야기의 내적 논리라고 한다면, 네르발에게서 '검은 태양'의 작열을 포착하기에는 서술이 너무도 부차적이고 도식적이고 비본질적이라는 것을 우리는 알 수 있다.

따라서 운율법은 언어 작용 안에서 '검은 왕자'의 고통과 기쁨을 걸러 내는 기본적인 첫 여과기이다. 연약하지만, 많은 경우 유일한 여과기이다. 우리가 단어들과 통사 구성들의 무수하고도 모순적인 의미 작용 너머에서 듣게 되는 것은 결국 음성의 몸짓이 아니겠는가? 첫 두운법·리듬·멜로디에서부터, 말하는 육체의 치환은 성문적이고 구순적인 현존으로 인정받는다. T: *ténébreux*(침울한 자), Aqui*t*aine(아키텐), *t*our(탑), é*t*oile(별), mor*t*e(죽은), lu*t*h(칠현금), cons*t*ellé(별이 박힌), por*t*e(지니다), BR–PR–TR: téné*br*eux(침울한), *pr*ince(왕자), *t*ou*t*(탑), mor*t*e(죽은), por*t*e(지니다). S: *s*uis(나는 ⋯⋯이다), incon*s*olé(위로받지 못한 자), prin*c*e(왕자), *s*eul(유일한), con*s*tellé(별이 박힌), *s*oleil(태양). ON: inc*on*solé, m*on*(나의), c*on*stellé(별이 박힌), méla*n*colie(우울)⋯⋯.

반복적이며 이따금 단조로운 이 운율법[21]이 감정의 유동성에게 강요하는 것은 하나의 암호용 무늬이고, 이 무늬는 바로 그 암시성 때문에 유연하고 불확실한 만큼 해독하기에 엄격하다. (그것은 신화나 비교주의에 정통한 지식을 전제로 한다.) 아키텐의 왕자, '유일한 별,' 빛의 신 페뷔스, 뤼지냥, 비롱⋯⋯. 이들은 누구일까? 우리는 알 수 있고, 알고 있다. 여러 가지 해석이 축적되거나 대립되고 있다⋯⋯. 그러나 이 소네트는, 일반적인 독자가 그러한 지시 대상들에 대한 지식이 전혀 없어도 단지 음성과 리듬의 일관성을 통해서 파악되고, 읽히도록 되어 있다. 음성과 리듬의 일관성은 각 단어나 고유명사에 의해 영감을 받은 여러 가지 자유로운 결합을 허용하는 동시에 한정하는 것이 된다.

그리하여 우리는 멜랑콜리에 대한 승리는 상징적 가족(선조, 신화적 인

---

21) Cf. M. Jeanneret, 《잃어버린 글자 ─ 네르발의 작품 속에서 글쓰기와 광기 *La Lettre perdue, écriture et folie dans l'œuvre de Nerval*》, Flammarion, Paris, 1978.

물, 비교의 공동체)의 형성에서와 마찬가지로 독립적인 언어 상징의 대상, 즉 소네트의 구성에서도 존재한다는 것을 이해하게 된다. 작가의 작품 구성은 잃어버린 이상향과 대체되는데, 이는 그것이 슬픈 어둠을 '성녀의 한숨과 요정의 외침'을 흡수하는 서정적인 노래로 전복시키는 것과 마찬가지이다. 향수의 극치——"나의 유일한 별은 죽었다"——는 이 시의 구성인 이러한 상징적 식인 성향 속에서, 예술가가 창조한 운율법 속에서 육화된 여성의 목소리로 변한다. 우리는 네르발의 텍스트, 특히 그의 시 속에 다량으로 나타나는 고유명사들을 그와 유사한 의미로 해석할 것이다.

지표 역할을 하는 이름들: 이것은 ……이다

일련의 고유명사들은 단 하나의 이름의 결여로 인해 비어 있는 자리를 차지하려고 시도한다. 그것은 아버지의 이름 혹은 신의 이름이다. "오, 아버지시여! 내가 내 안에서 느끼는 이가 당신인가요?/당신은 죽음을 살리고 물리칠 힘이 있습니까?/당신은 최후의 노력 아래 쓰러질 건가요?/저주가 내리쳤던 이 밤의 천사로부터……/왜냐하면 저만이 울며 괴로워하고 있으니까요,/슬프게도, 내가 죽는다면, 그건 모든 것이 죽는 것이니까요!"[22]

일인칭으로 쓴 이 그리스도의 탄식은 한 고아의 자전적인 탄식, 혹은 아버지의 지원을 받지 못한 자의 자전적 탄식과 너무도 유사하다. (라브뤼니 부인은 1810년에 죽었고, 네르발의 아버지 에티엔 라브뤼니는 1812년 빌나 전투에서 부상을 당했다.) 자기 아버지로부터 버림받은 그리스도, 홀

---

22) 《감람나무 동산의 그리스도 *Le Christ des Oliviers*》, in *O. C.*, t. I, *op. cit.*, p.37.

로 지옥으로 내려간 그리스도의 수난은 네르발의 주목을 끌었고, 또 그는 그 사실을 기독교의 중심에서 '신의 죽음'을 알리는 신호처럼 해석했다. '신의 죽음'은 독일 작가 장 파울이 선언하였고, 네르발은 그것을 첫머리에 인용하였다. 이처럼 자신의 전지전능함을 위반하는 아버지로부터 버려진 그리스도는 죽어, 모든 피창조물을 이러한 심연 속으로 끌어들인다.

네르발 같은 멜랑콜리 환자는 '아버지'로부터 버림받은 그리스도와 자신을 동일시한다. 그는 '이 광인, 이 숭고한 정신나간 자…… 하늘로 다시 올라가는 것을 잊어버린 이 이카루스'[23]의 신화를 더 이상 믿지 않는 무신론자이다. 네르발에게는 장 파울로부터 도스토예프스키와 니체에까지 이르는 유럽을 뒤흔든 이러한 니힐리즘이 문제가 된다. 또한 그것은 《감람나무 동산의 그리스도》의 인용구에까지 그 유명한 장 파울의 말을 울려 퍼지게 한다. 즉 "신은 죽었다! 하늘은 텅 비었다……./울어라, 아이들아! 너희들에게는 더 이상 아버지가 없단다!" 그리스도와 동일시된 시인은 그 점을 다음과 같이 암시하고 있다. "'아니다, 신은 존재하지 않는다!' 그들은 잠이 들어 있었다. 내 친구들이여, 그대들은 '복음'을 들었는가? 나는 영원한 천장을 내 이마로 만졌다네/나는 피투성이가 되었고, 낙심하여, 수많은 날들을 괴로워하노라!/형제들이여, 내가 너희들을 속였어. 심연! 심연! 심연이여!/내가 희생물인 그 제단에 신이 없으니……./신은 존재하지 않아! 더 이상 신은 존재하지 않도다! 그러나 그들은 여전히 잠을 자고 있었다…!"[24]

그러나 어쩌면 그의 철학은 비교주의로 덮인 내재하는 기독교일는지도 모른다. 죽은 신을 그는 숨은 신으로 대체하는데, 그는 장세니즘의 숨은

---

23) *Ibid.*, p.38.
24) *Ibid.*, p.36.

신이 아니라 확산된 영성(spiritualité)의 숨은 신으로, 이는 무참하게도 고뇌에 찬 영적 자아의 궁극적인 안식처이다. "종종 어두운 존재 속에 숨은 신 하나가 살고 있네./그리고 그 눈꺼풀로 덮여 태어나는 한쪽 눈처럼,/순수한 영혼이 돌들의 표면 아래서 자라난다."[25]

고유명사들(역사적이고 신비적인, 그리고 특히 비교적인 인물들을 지시하는 고유명사들)의 축적은 우선 '일자(Un)'에 대한 이러한 불가능한 명명을 실현해 주고, 그 다음에는 그것을 확산시키고, 마침내 명명할 수 없는 '쇼즈'의 어두운 영역 쪽으로 방향을 돌리게 한다. 왜냐하면 여기서는 신을 명명하는 것이 가능한가 혹은 불가능한가에 관한, 그 이름들의 단일성 혹은 다수성에 관한 유대교적 혹은 기독교적 일신교에 내재하는 토론이 문제가 되지 않기 때문이다. 네르발의 주관성에서는 주체의 단일성을 보증하는 권위나 명명하기의 위기가 더 심각하다.

'일자' 혹은 '그의 이름'은 죽었거나 부인되었다고 여겨지기 때문에 일련의 상상적인 맥락들로 그것을 대신할 가능성이 제공된다. 네르발이 '일자' 대신에 조심스럽게 떠올리는 신화적·비교적 혹은 역사적인 가족이나 형제들 혹은 분신들은 그래도 궁극적으로는 주문적이고, 주술적이며, 제의적인 가치를 지니는 것 같다. 구체적인 지시 대상 너머로 이 고유명사들이 의미한다기보다 그것들이 지칭하는 것은 하나의 집단적인 존재인데, 이것은 마치 그 명사들이 유일한 대상의 조응사(anaphore)인 것처럼, 즉 어머니와의 상징적 등가물이 아니라 의미 작용의 결여인 지시사 '이것(ceci)'인 것처럼 윤곽을 그려낼 수도 없고, 명명할 수도 없는 존재이다. 고유명사들은 상을 당한 주체와 분리된 성적 **대상**과, 그리고 그 대상을 상징적 차원으로 옮겨 놓는 언어적 **기호들의 기교**가 자리잡기 전에,

---

25) *Ibid.*, p.39.

먼저 '멜랑콜리의 검은 태양'을 탄생시킨 상실된 존재를 가리키는 몸짓이다. 결과적으로 그것들이 지닌 이념적인 가치를 넘어서서 시는 이 조응사들을 기의(signifié) 없는 기호들, **하부** 기호들, **상부** 기호들의 자격에 통합시키는데, 이 기호들은 의사소통을 넘어서, 죽은 혹은 건드릴 수 없는 대상에 도달하고, 명명할 수 없는 존재를 자기 것으로 만들려고 애쓴다. 그래서 네르발이 보여 주는 복잡한 다신교적 지식은 우리를 명명 행위의 문턱으로, 상징화되지 않은 것의 경계선상으로 이끌어 가는 최종적인 기능을 갖는다.

이처럼 상징화되지 않은 것을 근심과 향수의 근원이자 제의적 숭배의 원천인 모성적 대상처럼 동시에 표상함으로써 상상적 멜랑콜리 환자는 그 대상을 승화시키고, 기호 해독 불능증에 함몰되는 것에서 자신을 보호한다. 그래서 네르발은 잃어버린 '쇼즈'의 심연에서 끌어올린 정말로 그물처럼 얽힌 이 고유명사들의 잠정적인 승리를 다음과 같이 서술하고 있다. "나는 오랫동안 외쳤노라, 고대 신들에게 부여된 이름으로 내 어머니를 간절히 부르면서."[26]

상의 슬픔을 애도하기

그리하여 멜랑콜리 환자의 과거는 그냥 지나가지 않는다. 시인의 과거도 마찬가지이다. 그것은 그의 실제 역사라기보다는 그의 육신을 의미 작용으로 이끌었거나, 아니면 의식을 침잠하도록 협박하는 상징적인 사건

---

26) 《오렐리아 원고의 단편들 *Fragments du manuscrit d'Aurélia*》, in *O. C.*, t. I, *op. cit.*, p.423.

들의 영원한 역사가이다.

　네르발의 시는 이처럼 기억을 고양시키는 기능을 지니고 있다. (그는 《오렐리아》에서 '기억의 여신에게 드리는 기도'라고 적었다.[27]) 이는 상징들의 생성과 환몽적인 삶의 생성을 예술가의 유일한 '진정한' 삶이 되고 있는 텍스트로서 기념한다는 의미에서 그러하다. "나로 말하자면 이곳에서 앞으로 내가 현실 생활에서의 꿈의 토로라고 부르는 것이 시작되었다. 이 순간부터 모든 것이 이따금 이중적인 양상을 띠며"[28] 예를 들면 〈오렐리아〉의 한 구절 속에서, 다음과 같은 토막들의 연쇄가 계속됨을 보게 된다. 즉 사랑하는 여인(어머니)의 죽음, 그녀와 그리고 죽음과의 동일화, 양성석 혹은 무성석(a-sexuelle) 형태의 지각이 부추기는 심적 고독을 공간화하기, 그리고 최종적으로 뒤러의 〈멜랑콜리〉에 대한 언급이 요약하는 슬픔의 폭발이 바로 그것이다. 다음 구절은 멜라니 클라인 학파들이 중요하게 생각하는 '우울증적 태세'를 기념하는 것처럼 해석될 수 있다.[29] "……내 앞에서 나는 창백한 혈색에, 두 눈이 움푹 들어간 한 여인을 보았고, 그녀는 오렐리아의 모습을 닮은 것 같았다. 나는 생각했다. '나에게 예고된 것은 그녀의 죽음 아니면 나의 죽음이야!' (…) 나는 여러 개의 방으로 구성된 엄청나게 큰 건물 속에서 방황하고 있었다. (…) 어마어마하게 큰 한 존재——남자인지 여자인지 알 수 없는 존재——가 그 공간 위로 고통스럽게 날고 있었다. (…) 그것은 알브레히트 뒤러의 〈멜랑콜리〉의 천사와 흡사했다.——나는 공포의 비명을 지를 수밖에 없었고, 그 소리에 깜짝 놀라 나는 눈을 떴다."[30] 언어의 상징 체계와, 더 강조해서 말하면

---

27) 《오렐리아》, *op. cit.*, p.366.
28) *Ibid.*, p.367.
29) Cf. 이 책의 제1장., pp.32 및 그 이하, 그리고 pp.37 및 그 이하.
30) 《오렐리아》, *op. cit.*, p.366.

텍스트의 상징 체계는 공포를 극복하고, 잠시나마 타자 혹은 자기 자신의
죽음을 지배한다.

'분신'의 다양화

홀아비 혹은 시인, 별의 혹은 무덤의 존재, 죽은 여인과 동일화된 자 혹
은 오르페우스적인 승리자——이것들은 〈상속받지 못한 자〉를 읽는 우
리에게 알려 주는 모호함의 몇 가지 사실에 불과하고, 이 모호함은 네르
발적인 상상 세계의 중심적 형상으로 **이중화**(dédoublement)를 불러들인다.

멜랑콜리 환자는 대상의 상실(원초적 상실 혹은 현재의 상실)이 불러일
으키는 불쾌감을 억압하지 않으며, 잃어버린 '쇼즈' 혹은 대상을 자기 속
에 자리잡게 하면서, 한편으로는 이로운 양상들과 다른 한편으로는 불길
한 양상과 자신을 동일화한다. 여기서 우리 독자가 마주하게 되는 것은
자아의 이중화의 첫 조건인데, 이 첫 조건은 상상 세계의 작업이 화해하
려고 시도할 일련의 모순적인 자기 동일화——폭군적인 재판관과 희생
자, 도달할 수 없는 이상 혹은 회복 불가능한 환자 등등——에서부터 시
작된다. 여러 형상들이 서로 이어지고, 서로 만나고, 서로 추격하거나 사
랑하고, 서로 보살피고, 서로 거부한다. 형제, 친구, 아니면 적수들인 이
분신들은 동성애의 진정한 극작술을 끌어들일 수도 있다.

그런데 그 인물들 중의 하나가 상실한 대상의 여성성과 동일화할 적에,
분열을 너머서는 화해의 시도가 화자의 여성화 아니면 남녀 양성성에 이르
게 될 것이다. "그 순간부터 모든 것이 가끔씩 이중적인 양상을 띠었다."[31]

---

31) *Ibid.*, p.367.

오렐리아, '내가 오랫동안 사랑해 온 여인'은 죽었다. 그러나 "나는 생각했다. 그녀의 죽음 아니면 나의 죽음이 예고되었도다!"[32] 묘를 장식한 오렐리아의 흉상을 찾아낸 후 화자는 자기가 병에 걸렸음을 알게 되면서 그 자신 속에서 일어난 멜랑콜리 증세의 상태를 되새긴다. "나 자신도 살 날이 얼마 남지 않았다고 믿고 있었다. (…) 게다가 그녀는 삶 속에서보다 죽음 속에서 더욱더 나에게 속해 있었다."[33] 그녀와 그, 삶과 죽음은 여기서 거울로써 서로를 비춰 보며, 서로 교환 가능한 실체들인 것이다.

선사 시대의 동물들과 천재지변의 생성 과정이 환기된 다음("도처에서 영원한 '어머니'가 죽어갔고, 눈물을 흘리거나 괴로운 모습으로 번민하고 있었다"[34]) 또 하나의 분신이 나타난다. 그것은 한 동빙의 왕자이고, 그의 얼굴은 바로 화자의 얼굴이다. "그것은 이상화되고 크게 확대된 나의 모든 형상이었다."[35]

오렐리아와 결합될 수 없으므로 서술자는 그녀를 이상적인 분신으로 변형시키는데, 이번에는 남성적인 분신이다. '인간은 이중적이다'라고 나는 생각했다.——"나는 내 속에 두 인간이 있음을 느낀다."[36] 관객이자 배우, 화자와 응답자, 이러한 이중적 존재는 그러나 선과 악의 투사적 변증법을 되찾는다. "여하튼 타자는 나에게 적의를 품고 있다." 이상화는 박해로 바뀌고, 화자에게 들리는 모든 것에 '이중적인 의미'를 끌어들인다 ……. 이러한 못된 분신, '영혼들의 세계에서 내 자리를 빼앗은 악령'이 기거하게 되어, 오렐리아의 애인은 더욱더 절망에 빠진다. 설상가상으로 그는 자기의 분신이 '오렐리아와 결혼한 것이 틀림없다'라고 상상한다.

---

32) *Ibid.*, p.365.
33) *Ibid.*, p.378.
34) *Ibid.*, p.383.
35) *Ibid.*, p.384.
36) *Ibid.*, p.385.

──"그러자 곧 미친 듯한 분노가 나를 엄습했다."──그때 사방에서 사람들이 그의 무능함을 비웃었다. 이러한 비극적인 이중화의 결과로서 네르발의 몽상을 갈기갈기 찢어 놓는 것은, 여성의 외침과 낯선 단어들이다. 이것들은 이중화의 또 다른 지표들로서, 이번에는 성적이고 언어적인 것들이다.[37] 오렐리아의 육체적 분신인 한 여인을 포도덩굴 아래서 만남으로써 그는 또다시, 마치 자신이 죽은 여인의 또 하나의 자기(alter ego)인 것처럼 그녀를 만나기 위해 죽어야 한다는 생각에 빠진다.[38]

분신의 에피소드들은 이어지고 다양화되지만, 그러나 모두가 기본적인 두 가지 형상을 찬양하는 쪽으로, 다시 말하면 만물의 어머니, 이지스 혹은 성모 마리아 쪽과 서술자가 자신이 그 분신이기를 바라는 그리스도의 변명 쪽으로 집중되어 있다. "신비스러운 일종의 찬송가가 내 귀에 들려온다. 아이들의 음성이 합창으로 반복했다. 그리스도! 그리스도! 그리스도…! '그러나 그리스도는 더 이상 존재하지 않아'라고 나는 생각했다."[39] 서술자는 그리스도처럼 지옥으로 내려가고, 텍스트는 마치 용서와 부활에 대한 확신이 없는 것처럼 그러한 이미지에서 멈춰져 있다.

용서의 테마는 사실상 《오렐리아》의 마지막 페이지에서 중요한 자리를 차지한다. 즉 '그 여인'을 애도한 것만큼 열렬하게 그의 늙은 부모를 위해 통곡하지 않은 죄를 지었기 때문에 시인은 용서를 바랄 수 없다. 그러나 "그리스도의 용서가 너를 위해서도 표명되었노라!"[40] 이와 같이 용서에 대한 갈구와 존속을 약속하는 종교에 입문하려고 하는 시도는 멜랑콜리와 이중화에 대항하는 투쟁에 사로잡히게 한다. '우울의 검은 태양'과

---

37) *Ibid.*, p.388.
38) *Ibid.*, p.399.
39) *Ibid.*, p.401-402.
40) *Ibid.*, p.415.

마주한 《오렐리아》의 서술자는 "신은 곧 '태양' 이다"[41]라고 단언한다. 그렇다면 여기서는 부활적인 변신이 문제인가, 아니면 '검은 태양' 이라는 표면과 밀접한 관계를 맺고 있는 그 이면이 문제인가?

분할을 말하기

때때로 이중화는 '태양 없는 낮' 을 가로지르는 흐름들이 은유적으로 드러내는 '분자로' 분할된다. "나는 용해된 금속의 흐름 속으로 내가 고통 없이 실려 가는 것을 느꼈다. 그리고 그와 비슷한 수천 개의 강들은 그 색깔들로 화학적인 차이를 나타내면서, 뇌엽 속을 구불구불 흐르는 동맥과 정맥처럼 땅의 한복판을 가로질러 흘러갔다. 모든 것이 이처럼 흐르고, 선회하고, 진동하고 있었다. 그리하여 나는 이 흐름들이 분자의 상태로 살아 있는 영혼들로 구성되었고, 오직 그 흐름의 속도만이 내가 식별할 수 없도록 막는 것 같다는 느낌이 들었다."[42]

가속된 분열에 대한 기이한 지각과 놀라운 인지는 멜랑콜리 증세의 과정과 잠재된 정신병의 기저를 이룬다. 이러한 현기증나는 가속화의 언어는 일차 과정이 지배하는 다가적이고 총체적인 결합 양상을 띤다. 종종 표상에 반역하는, '비형상적이고' '추상적인' 구성 언어적 행위를 네르발은 훌륭하게 간파하고 있다. "내 친구들의 언어는 내가 이해할 수 있는 신비로운 어투를 지니고 있고, 형태도 없고 생명도 없는 그 대상들은 내 짐작으로 저절로 파악이 되었다.——조약돌들, 모서리의 형체, 균열이나

---

41) *Ibid.*, p.398.
42) *Ibid.*, p.370.

열림, 나뭇잎들의 톱니 모양 가장자리, 색채들, 냄새들과 소리들의 결합에서 나는 그때까지 알지 못했던 조화로움이 솟아오르는 것을 보았다. 어떻게 내가 자연 밖에서, 자연과 합일되지 않고서 그토록 오래 살아갈 수 있었을까 하고 나는 생각했다. 만물이 살아 있고, 움직이고, 서로 교통한다. (…) 이것이 세계를 덮고 있는 투명한 망이다." (…)[43]

만물조응의 비교주의 이론들이나 히브리 신비주의 철학(cabalisme)은 바로 여기에서 나온다. 어쨌든 인용된 구절은 이러한 글쓰기에 적합한 운율법적 다형주의(polymorphisme)에 대한 기이한 비유이다. 이러한 글쓰기 속에서 네르발은 일의적 정보 전달보다는 강렬함과 소리와 의미 작용의 망을 선호하는 것 같다. 사실상 이 '투명한 망'은 네르발의 텍스트 자체를 가리키며, 우리는 그것을 승화의 은유처럼 읽을 수 있다. 여기서 말하는 승화는 작가로 하여금 '나의 기쁨과 나의 고통을 함께 나눌'[44] 수 있게 해주는 유동적이고 재결합된 기호들 속에 욕동과 그 대상들을 옮겨 놓기이다.

비밀결사와 그 입문 의식에 대한 암시가 어떤 것이든간에 그 암시와 평행하게, 네르발의 글쓰기는 소수의 사람들이 그들의 의식적인 담론을 통하여 도달하게 되는 원초적인 심적 체험을 (마치 정신분석에서처럼) 환기시킨다. 네르발의 정신병적인 갈등이 언어와 인간성을 지닌 존재의 한계점에 그런 식으로 접근하는 데 기여하였다는 것은 분명한 것 같다. 네르발에게 멜랑콜리는 정신분열증적 분할에까지 갈 수 있었던 갈등 등의 여러 가지 측면 중의 하나에 지나지 않는다. 그런데 심적 공간의 조직과 그 해체 속에 있는 연결 장소를 통해서 정동과 의미, 생물학과 언어 활동, 기

---

43) *Ibid.*, p.407. 인용자의 강조임. 죽음의 표상에 대해서는 이 책 제1장을 참조할 것.
44) *Ibid.*, p.407.

호 해독 불능증과 현기증나게 빠르거나 숨어 버린 의미 작용의 경계선상에서 네르발적인 표상을 지배하는 것은 바로 멜랑콜리이다. 멜랑콜리의 '검은 점'이나 '검은 태양'을 둘러싼 상징들의 해결할 수 없는 운율법과 다성성의 창출은 이처럼 우울증의 해독제이자 일시적인 구원책이다.

멜랑콜리는 19세기를 뒤흔들고 비교의 확산 속에서 표현되었던 '가치의 위기'의 기반이 되었다. 가톨릭 유산도 문제가 되었다. 그러나 심적 위기 상태들과 관련된 그 요소들이 되살아나 다형적이고 다가적인 유심론적 혼합주의 안에 삽입되었다. '말씀'은 신의 화신과 행복감으로 체험되기보다는 명명할 수 없거나 은밀하게 남아 있는 **정열의 추구**로서, 그리고 **절대 의미의 현존**으로서 체험되었는데, 이 절대 의미는 포착할 수 없고 유기 공포증에 걸린 것만큼이나 총체적 가치를 지닌 것처럼 보인다. 그래서 인간의 언어적 표현 능력에 대한 멜랑콜리 환자의 진정한 경험은 프랑스 대혁명으로 일어난 종교적·정치적 위기를 통하여 체험된다. 발터 벤야민은 고전적이고 가톨릭적인 안정성은 결여되었지만, 그러나 새로운 의미를 (우리가 말을 하는 한, 예술가들이 창조를 하는 한) 부여받고 싶어하는 이 상상 세계의 기층에 멜랑콜리가 깔려 있음을 강조했는데, 이 새로운 의미는 본질적으로 암흑의 '왕자'의 침울함 혹은 아이러니로 인해 좌절되고 분열되어 있다. (우리가 고아이지만 창조자로 살아가고, 창조자이지만 버림받은 자로 살아가고 있는 한…….)

여하튼 〈상속받지 못한 자〉는 네르발의 모든 시와 시적 산문과 마찬가지로, 비교주의들의 다가성 속에서 비약하고 요동치는 이러한 자유로운 의미 작용의 놀라운 구현을 시도하고 있다. 이 소네트의 테마들은 분할된 자아에 대한 텍스트 내에서의 응답인 의미의 분산을 담당하면서, 시의 언어 속에 원초적인 것을 동화시킴으로써 극복해 낸 정동적 상의 슬픔과 성애적 시련에 관한 진정한 고고학을 그려내고 있다. 동시에 이러한 동화는 기호들 자체의 구술화와 음악화를 통해 이루어지며, 그렇게 해서 잃어버린 신체 감각과 연결시키고 있다. 가치의 위기 한복판에서 시적 글쓰기는 부활의 몸짓을 흉내낸다. "나는 두 번이나 지옥의 강을 승리자로 건넜다……." 세번째는 그러지 못할 것이다.

승화는 '데스디차도(상속받지 못한 자)'의 힘 있는 동반자이지만, 이는 그가 다른 누구의 파롤을 받아들이고 인정할 수 있을 때 그러하다. 그런데 그 타자는 '성녀의 한숨과 요정의 외침'을——칠현금도 없이, 단지 가로등이 켜진 밤중에 홀로——재결합시키려 나갔던 사람과의 약속 장소에 나타나질 않았다.

7
도스토예프스키,
고뇌의 글쓰기와 용서

고뇌의 찬양

　도스토예프스키(1821-1881)의 파란만장한 세계는 그 용어의 임상적 의미에서 멜랑콜리에 의해 지배되었다기보다는 간질에 의해 더욱더 지배되었다는 것이 확실하다.[1] 히포크라테스가 이 두 단어, 즉 멜랑콜리와 간질을 동일시했고, 그리고 아리스도텔레스가 그 두 가지를 비교하면서 차이를 두었지만, 현재의 임상의학은 이 두 가지를 근본적으로 분리된 하나의 실체처럼 간주하고 있다. 그러나 도스토예프스키의 저작 속에서 우리가 기억하게 되는 것은 저자 자신이 기술하고 있는 것과 같은 발작과, 그리

---

1) 도스토예프스키에 관한 프로이트의 기본 문헌은 이 작가를 간질, 무도덕주의, 부친 살해와 도박의 관점에서 다루고 있고, 고뇌 속에 잠재된 '사도마조히즘'을 암시적으로만 접근하고 있다. Cf. 〈도스토예프스키와 부친 살해〉(1927), 프랑스어 역, in 《결과, 사고, 문제》, t. Ⅱ, P.U.F., Paris, 1985, pp.161-179; S. E., t. XXI, p.175 sq.; GW, t. XIV, p.173 sq. 이 테마를 논하는 데 있어서는 Cf. Philippe Sollers, 〈도스토예프스키, 프로이트, 룰렛 Dostoïevski, Freud, la roulette〉, in 《예외의 이론 Théorie des Exceptions》, Folio, Gallimard, Paris, 1986.

고 고통의 실체를 선행하거나 아니면 특히 그뒤에 나타나는 의기소침이다. 이 고통은 간질과는 분명하고 직접적인 관계를 맺고 있지 않으면서, 그의 전 작품을 통하여 마치 도스토예프스키적 인간학의 기본 특징처럼 자리잡고 있다.

흥미롭게도 의식의 경계에서 조숙한 고뇌, 혹은 적어도 본원적인 고뇌의 존재를 집요하게 지적하는 도스토예프스키의 태도는 욕망의 담지자인 원초적 '죽음의 욕동'과 '일차 마조히즘'[2]에 관한 프로이트의 주장을 상기시킨다. 멜라니 클라인에게 있어서는 투사(projection)가 아주 빈번히 내투사(introjection)를 선행하고, 공격은 고뇌에 앞서며, 편집증적-정신분열증 태세가 우울증 태세의 기저를 이루고 있는 반면에, 프로이트는 정신 생활의 영도(degré-zéro)라고 부를 수 있는 것을 강조하고 있다. 거기에서는 성애화되지 않은 고뇌('일차 마조히즘' '멜랑콜리')가 파열의 본원적인 심적 기재가 될 것이다. (이 파열은 무기적 물질과 유기적 물질 사이의 비약에 대한 기억이고, 신체와 생태계 사이, 아이와 어머니 사이 등등의 분리에서 오는 감정 상태, 그리고 항구적이고 제압적인 초자아의 치명적인 효력이다.)

도스토예프스키의 입장은 그러한 견해와 아주 가까운 것 같다. 그는 고뇌를 확실한 외상(traumatisme)이지만, 어떤 점에서는 우리가 주체에서 분리되어 결국 에너지, 심적 기재, 표상 혹은 행위를 외부로 끌어낼 수 있는 동인을 부여할 수 없는 전(前)-대상적인 외상에 반응을 보이는 조숙하고 일차적인 정동처럼 생각한다. 프로이트가 '죽음의 욕동의 문화'라고 생각했던 멜랑콜리한 초자아를 상기시키는 역시 조숙한 초자아의 영향을 받는 것처럼, 도스토예프스키의 주인공들의 욕동은 그들에게 고유한 공간으로 되돌아간다. 성적 충동이 되는 대신에, 그 욕동들은 고뇌의

---

2) Cf. 이 책의 제1장, pp.28-34.

기질처럼 내부도 아니고 외부도 아닌 양자 사이에서 자아/타자라는 분리의 문턱에서 흔적을 남기고, 바로 그 분리가 가능해지기 직전에 도스토예프스키적인 고뇌가 형성된다.

전기작가들은 도스토예프스키가 우울한 성향을 지닌 사람들과 어울리는 것을 더 좋아했다는 사실을 주목한다. 그는 자신 속에 비애를 배양하여 텍스트와 서간문 속에서 그것을 높이 찬양하였다. 1869년 5월 27일, 피렌체에서 마이고프에게 써보낸 편지 한 장을 인용해 보자.

"중요한 원인은 슬픔이지요. 하지만 그것에 대해 말을 하거나 더 길게 설명을 할 경우에는 훨씬 더 많은 이야기를 해야겠지요. 그런데 나의 슬픔은, 내가 만일 혼자 있으면 슬퍼서 병이 날 것 같은 그런 것이라오…….여하튼 슬픔은 끔찍한 것이오. 그리고 유럽에 있으면서 더 악화되어, 나는 이 모든 것을 마치 한 마리의 짐승처럼 바라보고 있어요. 어떤 일이 생겨도 나는 내년 봄에 페테르부르크로 돌아가겠다고 마음먹었소……."

간질병 발작과 글쓰기는 나란히 시간을 초월한 신비적 희열로 역전되는 절정에 이른 슬픔의 높은 경지이다. 이처럼 《악령의 창작 노트》(1873년에 출판된 소설)에서는 이렇게 썼다. "아침 6시에 발작(트로프만의 형벌과 똑같은 날짜와 똑같은 시간). 시계 소리는 들리지 않았고, 8시에 발작이 일어났다는 의식을 가지고 눈을 떴다. 머리가 아팠고, 몸은 부서진 듯이 몹시 피곤했다. 보통 때의 발작 후유증, 즉 신경 흥분, 기억 감퇴, 일종의 망상적 연막 상태가 지금은 이전보다 더 길어지고 있다. 이전에는 3일 내에 끝났는데 지금은 6일 전에는 끝나지 않는다. 특히 밤에 촛불이 밝혀지면, 대상이 없는 우울증적 비애감이 피로 물든 (색상이 아닌) 붉은 구름이 모든 것을 뒤덮고……"[3] 혹은 "신경질적인 웃음과 신비로운 슬픔"[4]이라고 반복하면서 그는 중세기 승려들의 아케디아(acedia; 라틴어로는 '무관심'의 의미를 갖지만 중세기에 와서는 신학적인 개념으로 '신에 대한 무관심'이라는 의미를 가졌다)를 함의적으로 지시한다. 혹은 어떻게 글을 쓴담? "괴로워하기, 많이 괴로워하기……"라고도 썼다.

고뇌는 여기서 하나의 '여분'·힘·쾌락인 것처럼 나타난다. 네르발적인 멜랑콜리의 '검은 점'은 정념의 격류에게, 즉 히스테리적인 정동에게 길을 양보하고, 그 정동의 넘쳐나는 유출은 '단일 논리'적인 문학의 온화한 기호들과 안정된 구성을 실어나른다. 이 넘쳐나는 유출은 도스토예프스키의 텍스트에 어지러울 정도의 다가성을 지니게 하고, 그리하여 도스토예프스키적인 인간의 최종적 진리로서 '말씀'에 복종하지 않는 것을 즐기는 반항적인 육신을 전면에 내세운다. 고뇌 속의 쾌락, 그것은 '그 어떤 냉담함도, 그 어떤 환멸도 갖지 않는, 바이런이 낭시 유행시켰던 것과도 관계가 없는' 쾌락이다. 그러나 '절도·강도 행위의 쾌락, 자살하기의 쾌락'[5]을 포함한 '터무니없고 채워지지 않는 쾌락에의 갈증' '가시지 않는 삶에 대한 목마름'을 가진 쾌락이다. 고뇌에서 무제한적인 희열로 반전될 수 있는 이 고양된 기분을 자살 혹은 발작에 앞선 순간 속에서 키릴로프가 아주 훌륭하게 묘사하였다. "어떤 순간들이 있는데, 그 순간들은 5초 또는 6초 지속되고, 당신이 문득 영원한 조화의 존재를 감지하게 되면, 당신은 그것을 얻게 된 것이다. 그것은 지상적인 감정이 아니다. 나는 그것이 천상적인 것이라고 말하고 싶지 않지만, 지상적인 양상을 지닌 인간은 그것을 받아들일 수 없는 그 무엇이다. 그것은 육체적으로 변신하거나 아니면 죽어야 한다. 의문의 여지가 없는, 분명하고, 절대적인 감정이다. (…) 그것은 감동도 아니고, 사랑도 아니다. 오! 사랑보다 더 우월한

3) 인용자의 강조임. 《악령의 창작 노트 Carnet des Démons》, in 《악령 Les Démons》, La Pléiade, Gallimard, Paris, 1955, pp.810-811.

4) Ibid., p.812.

5) Ibid., p.1154.

것이다. 가장 두려운 것은 그것이 그토록 지독하게 분명하다는 사실이다. 또한 그것과 함께 느끼는 이처럼 무한한 기쁨이여 ! 이 기쁨이 5초 이상 지속된다면 영혼이 그것을 견뎌낼 수 없을 것이고, 소멸되어 버릴지도 모른다. (…) 10초 동안 그것을 참고 견디려면 신체적으로 변할 수밖에 없다. (…)

— 당신은 간질 환자가 아닌가요?

— 아니오.

— 그렇게 될 거요. 조심하시오, 키릴로프 . 간질이 그런 식으로 시작한다는 말을 들은 적이 있어요." (…) 그리고 이런 상태가 지속되는 순간이 짧다는 것에 대해서는 다음과 같이 말한다. "마호메트의 물병을 상기하시오. 그 물병의 물은 마호메트가 말을 타고 천국을 돌아다닐 동안에는 없어지지 않았어요. 그 물병이 곧 당신이 가진 5초라오. 또한 그것은 오직 당신이 지닌 조화로움과 너무나 흡사할 따름이오. 그런데 마호메트는 간질병 환자였다오. 간질을 조심하시오, 키릴로프."[6] 감정으로 환원될 수 없는 정동은 에너지의 유출과 심적 기재──언어를 넘어섰지만 명철하고 분명하며 조화로운──라는 이중적 양상 속에 들어 있으면서, 윗글에서 믿기 어려울 정도로 충실하게 묘사되었다. 정동은 언어의 회로를 통하지 않는다. 그래서 언어가 정동을 지시할 적에, 언어는 관념과 연결되어 있기 때문에 정동과 연결되지 않는다. 정동(무의식적인 것이든 아니든 간에)의 언어화는 관념(무의식적이든 아니든 간에)의 언어화와 동일한 체제를 가지고 있지 않다. 우리가 상정할 수 있는 것은, 무의식적인 정동의 언어화는 그 정동을 의식적인 것으로 만들지 못하지만(주어는 그 이전과 마찬가지로 어디에서 또한 어떻게 자기의 기쁨이나 슬픔이 생기는지 알지 못

---

6) 《악령》, *op. cit.*, pp.619-620.

하고, 그 기쁨이나 슬픔을 변화시키지도 않는다), 그러나 그것들을 이중으로 기능하게 한다는 것이다. 한편 정동은 **언어 질서를 재분배하고**, 하나의 문체를 탄생시킨다. 다른 한편 정동은 가장 금지되고 위반적인 충동을 나타내는 인물들과 행위들로써 무의식을 **펼쳐 보인다**. 문학은 히스테리가 프로이트에게는 하나의 '변형된 예술 작품'이었던 것처럼 상호 주관적인 차원에서(등장인물들), 그리고 언어 내적 차원에서(문체) 다양한 정동들의 **무대화**이다.

아마도 정동과의 이러한 친밀함이 도스토예프스키를, 인간미는 쾌락이나 이익의 추구(이것은 결국에는 '쾌락의 원칙 넘어서'를 지배하는 사상이 되었지만 프로이트의 정신분석학의 기반까지 된 사상이다)에 있기보다 쾌락을 지닌 고뇌에 대한 갈망에 있다고 보는 시각 쪽으로 인도하였다. 원한이나 격분과는 다르고, 대상성이 더 희박하고, 보다 더 그 자신을 되돌아보는 이러한 고뇌 이면에는 오직 자아의 상실만이 어두운 육신 속에 들어 있다. 이것은 억제된 죽음의 욕동이고, 의식이라는 야경꾼에 의해서 족쇄가 채워진 사디즘이며, 그 이후에도 고통스럽고 활발하지 못한 자아로 되돌아온 사디즘이다. "나의 격분은 바로 의식의 저주스런 법칙에 따라, 일종의 화학적인 분해를 당했다. 내가 내 증오의 대상을 식별해 내면 즉시 그 대상은 자취도 없이 사라지고, 이유들도 흩어지고, 책임자도 사라지고, 경멸은 더 이상 경멸이 아니라 운명의 일격이자 그 누구도 책임지지 않는, 치통 같은 그 무엇이다."[7] 결국 고뇌에 대한 이러한 변호는 중세의 **아케디아**와 성서 〈욥기〉에 견줄 만하다. "그런데 어째서 당신은 그처럼 확고하고 엄숙하게, 인간에게 필요한 것은 오직 정상적인 것, 긍정적인 것, 한마디로 안락함뿐이라고 확신합니까? 이성은 추정을 하면서 착각하

---

7) 《지하 생활자의 수기 *Le Sous-sol*》, La Pléiade, Gallimard, Paris, 1955, p.699.

지 않습니까? 인간은 안락함 이외의 그 무엇을 좋아할 수도 있지요. 그것만큼 고뇌를 좋아할 수는 없을까요? 고뇌가 안락함과 똑같이 좋은 것일 수는 없을까요? 이따금 인간은 고뇌를 정열적으로 사랑하기 시작하지요. 이것은 하나의 사실입니다……." 고뇌를 확인된 자유, 변덕스런 기분이라고 정의한 것은 매우 독특한 도스토예프스키의 주장이다. "사실 내가 여기서 옹호하는 것은 고뇌도 아니고, 안락함도 아니다. 그것은 나의 변덕스런 기분이다. 그리고 필요할 때 그 기분이 나를 보장해 주기를 바란다. 예를 들어 가벼운 희극(vaudeville)에서는 고뇌가 허용되지 않는다는 것을 나는 알고 있다. 또한 수정 궁궐 속에서도 고뇌는 허용되지 않는다. 고뇌 속에는 의혹이 들어 있고, 부정이 들어 있으니까. (…) 고뇌여! 그런데 이것이 의식의 유일무이한 근거이다! (…) 내 생각에 의식이라는 것은 인간의 최대 악 중의 하나이다. 그런데 인간은 의식을 사랑하고, 그 어떤 만족이든간에 의식을 만족과 바꾸지 않는다는 것도 나는 알고 있다."[8]

위반자, 예컨대 라스콜리니코프와 더불어 범죄의 변호를 통해서 자기 자신을 찾는 이 도스토예프스키적인 '초인'은 허무주의자가 아니라 가치 있는 인간이다.[9] 그의 고뇌가 그 증거이고, 이는 항구적인 의미 탐구의 결과이다. 자신의 위반 행위를 의식하는 자는 바로 그것 때문에 벌을 받는다. 왜냐하면 그는 의식 때문에 고민하고 있으니까. "자기 잘못을 인정하면서 그는 괴로워한다. 그것은 형벌과는 관계없이 그가 받는 벌이다."[10] "고뇌·고통은 고도의 지성, 관대한 마음과 분리될 수 없다. 진정한 위인들은 이 세상에서 무한한 슬픔을 맛보아야 하는 것 같다."[11] 그래서 니콜라이가 자신이 무죄인데도 범죄를 저질렀다고 고백하자, 예심판사 포르피리는 이 열렬한 고백 속에서 고뇌를 인간성의 지표로서 찬양하는 러시

---

8) *Ibid.*, pp.713-714.

아의 오랜 신비적 전통을 발견했다는 생각을 한다. "저 사람들 중 몇 명에게는 속죄가 어떤 것인지 (…) 당신은 알고 있나요? 그들은 누구를 위해서 속죄한다고 생각하지 않습니다. 그게 아니라 단지 그들은 고뇌하기를 갈망하고 있어요. 그래서 그 고뇌가 당국에 의해 강요된다면 더 좋을 뿐이지요."[12] "그러니 괴로워하시오! 미콜카가 괴로워하고 싶어하는 것은 아마도 옳을 것이오!"[13]

고뇌는 의식의 산물이고, 의식은 (도스토예프스키에게는) 괴로워한다고 말한다. "의식하기는 결과적으로 고뇌하기를 함의한다. 그런데 나는 고뇌하고 싶지 않다. 왜냐하면 무슨 목적으로 내가 고뇌하기에 동의하겠는가? 자연은 나의 의식의 경로를 통하여 '만물'의 놀라운 조화를 내세 동고한

---

9) 니체는 '범죄자와 그 유사한 사람들'이라는 고찰에서 나폴레옹과 도스토예프스키를 연결시키고 있다. 이 두 천재는 가치의 전환을 지닌 온갖 예외적인 경험의 기저에 '맹렬히 탄핵하는 존재'가 있음을 폭로하고 있다. "우리가 관심을 갖는 이 문제에는 도스토예프스키의 증언이 매우 중요하다. (말이 나왔으니 말인데, 도스토예프스키는 내가 무엇을 배울 수 있게 해준 유일한 심리학자이다. 나는 스탕달을 발견한 것 이상으로 그의 발견을 내 생에서 최고로 근사한 행운으로 꼽는다.) 이 통찰력 있는 인간, 천박한 독일인들을 깔본 것이 백 번 옳았던 그는 오랫동안 시베리아 강제수용소에서 살았다(…)." 그래서 W판 II. 6에 의하면 "범죄자의 전형, 그것은 불리한 조건에 처해 있는 강한 인간형이다. 그래서 모든 본능은 경멸·공포·불명예로 각인되어 보통 빠져나오지 못할 정도로 **우울증적인** 감정과 뒤섞인다. 생리학적으로 말하면 본능이 **퇴화되어 간다**."(F. Nietzsche, 《전집》, 《우상들의 황혼 Le Crépuscule des idoles》, Gallimard, Paris, 1974, p.146 et 478) 니체는 도스토예프스키가 보여 주는 '범죄적'이고 '미학적 천재'의 변호를 호평하면서도, 그에게는 사랑의 올가미에 걸린 기독교의 병적인 심리 묘사 같아 보이는 것을 이 러시아 작가가 펼치고 있다는 생각에 대해 분개했다. 《반(反)그리스도》에 의하면 복음서에는 '러시아 소설'에서와 마찬가지로 '소아적인 백치주의'가 들어 있다는 것이다. 초인의 선구자를 도스토예프스키 속에서 만난 니체에게 도스토예프스키가 행사한 마력은 특히 도스토예프스키적인 기독교가 이 독일 철학자에게 불러일으킨 불쾌감을 지적하지 않고서는 강조할 수가 없다.

10) 《죄와 벌 Crime et Châtiment》, Le Pléiade, Gallimard, Paris, 1967, p.317.

11) *Ibid.*, p.318.

12) *Ibid.*, pp.514-515.

13) *Ibid.*, p.520.

다. 인간의 의식은 이러한 통고 위에 다양한 종교를 세웠고 (…) '만물'의 조화를 위해 고뇌를 받아들이기, 살아가기에 동의하게 만든다. (…) 그런데 무엇 때문에 내 다음에 있을 ('모든 것'을) 보존하기에 대해 이처럼 내가 걱정을 해야 하는지, 당신에게 묻고 싶소! 내가 모든 동물처럼 창조되었으면, 다시 말해서 내 자신을 이성적으로 의식하지 않고 살아간다면 더 좋았을 텐데. 그런데 나의 의식은 화합이 아니라 그 반대로 불화이다. 왜냐하면 내가 불화로 인해 불행하기 때문이다. 이 세상에서 누가 행복한지, 어떤 사람들이 살아가기에 '동의하는'지 알아보시오! 그들은 바로 동물들과 비슷한 사람들로서, 그들의 의식은 거의 발달되지 않았고, 동물 상태에 더 가까울 것이오."14) 이러한 관점에서 허무주의적인 자살 그 자체는 의식을 타고난 인간 조건의 완성이지만…… 용서라는 사랑을 잃은, 이상적인 의미를 잃은, 신을 잃은 인간 조건의 완성일 것이다.

증오에 선행하는 고뇌

발언들을 병적인 마조히즘의 고백처럼 서둘러 해석해 버리지 말자. 인간이 구성 언어적인 동물로 명맥을 이어 간다는 것은 증오와 파괴를 **의미하고**, 무엇보다 스스로 자신을 죽이는 것을 **의미하는** 것이 아닐까? 부당한, 그러나 억제된 폭력은 주체가 태어날 수 있도록 그 자신이 자아를 죽이기로 귀착된다. 통시적인 관점에서 본다면 우리는 지금 주체성의 하위 문턱에 와 있고, 증오 혹은 사랑의 공격 **대상인 타인**이 부각되기 이전

---

14) 《판결 Une sentence》, in 《작가의 일기 Journal d'un écrivain》, La Pléiade, Galli-mard, Paris, 1972, pp.725-726.

의 시점에 와 있다. 그런데 이와 동일한 증오의 억제는 또한 기호들의 제어를 가능하게 해준다. 즉 나는 너를 공격하지 않고, 나는 **나의** 두려움 혹은 **나의** 고통을 **말한다**(아니면 글로 쓴다). 나의 고뇌는 내가 하는 말의 이면이고, 내가 지닌 문명의 이면이다. 우리는 이 문명 상태의 마조히즘적인 위험성을 쉽사리 상상한다. 작가로 말하자면 그는 그러한 것들의 바탕 위에서, 기호들과 사물들에게 그가 행사할 줄 아는 조작 행위를 통해서 문명 상태로부터 환희를 끌어낼 수 있게 된다.

고뇌와 그와 밀접한 관계에 있는 그 이면인 향락 혹은 도스토예프스키적인 의미에서의 '쾌락'은 주체와 타자의 (시간적이고 논리적인) 자율화를 가까스로 앞서는 분열의 죄종적 지표처럼 인정된다. 그것은 내부나 외부의 생물 에너지의 분열일 수도 있고, 아니면 포기 · 징벌 · 추방에서 유래된 상징적 분열일 수도 있다. 우리는 소작농들로부터 멸시를 받았고, 그들에 의해 살해되었을 가능성도 있는(몇몇 톨스토이 전기작가들이 주장하였으나 현재로서는 논증의 여지가 있다고 보는) 도스토예프스키의 아버지의 엄격함을 지나치게 강조하지 않을 것이다. 고뇌는 위협받은 생물학적인 단위와 시련을 당한 나르시시즘의 아주 가까이에서 주체가 자신의 '특성'을 표명하는 최초의, 아니면 최후의 시도이기도 하다. 따라서 그 '특성'의 이러한 체액 과다, 이러한 거드름 피우는 자기 주장이 의미하는 것은 전능한 타자성 속에서는 비록 아직은 알려지지 않았지만 이미 지배력을 행사하고 있는 '타자'의 법에 따라서, 말하자면 이상적 자아와 유착된 자아의 이상의 감시하에서 형성되거나 붕괴되어 가는 심적 형상의 기본 여건이다.

고뇌의 **관능화**는 부차적인 것 같다. 그것은 실제로 타인을 향한 사도마조히즘적 공격성의 흐름 속에 통합되어서만 생기는 것이다. 타인은 그 공격성을 쾌락과 변덕으로 물들이고, 그렇게 되면 전체가 자유 아니면 위반의 형이상학적인 경험처럼 합리화될 수 있다. 그러나 논리적·시간적으로 선행하는 단계에서는 고뇌가 변별 혹은 분리의 최종적 문턱인 일차 정동처럼 나타난다. 이런 관점에 우리는 간질의 발작이 가까워지면서 일어나는 화합과 기쁨의 감정은 상상 세계가 생긴 다음에 일어나는 것임을 덧붙여 말할 수 있다. 이러한 상상 세계가, 발작에 뒤이어 불연속성(격렬한 에너지 방출, 발작중에 구성 언어적 연쇄의 단절)에 의해 유발된 고뇌의 파열적인 공백 순간을 긍정적으로 가로챌 시도를 한다고 하는 최근의 주장들을 고찰해 볼 필요도 있을 것이다. 그러므로 도스토예프스키는 그를 뒤쫓으면서 간질병 환자에게는 발작에 앞서 행복감을 안겨 주는 순간들이 있음을 관찰한다고 믿었던 의사들을 착각하게 만들었는지도 모른다. 실제로 이 단절의 순간들은 오직 상실과 고뇌의 고통스런 체험에 의해 표시될 수 있고, 또 그것은 도스토예프스키 그 자신의 은밀한 경험을 따르고 있다.[15]

마조히즘 체제에서는 불연속성의 심적 기재가 외상이나 상실처럼 체험된다는 사실이 강조될 수 있다. 주체는 편집증적-정신분열증적인 격렬한 충동을 억압하거나 배제하는데, 이 충동은 그러한 관점에서는 불연속성의 고통스런 심적 기재 이후에 일어난다. 이때 주체는 분리와 결합 관계(주체/대상, 정동/의미)가 동시에 위협을 받는 영역에서 논리적으로 혹은 시간적으로 퇴행한다. 이러한 상태는 **멜랑콜리 환자**에게는 언어화의 가능성 자체에 대한 기질의 우세로 드러나게 되고, 그 다음에는 정동의 마비가 일어날 수도 있다.

그러나 **간질병 증상**을 우리는 주체의 그러한 퇴행의 또 하나의 변형이

---

15) Cf. J. Catteau, 《도스토예프스키와 문학 창작 *La Création littéraire chez Dostoïevski*》, Institut d'études slaves, Paris, 1978, pp.125-180.

라고 해설할 수 있을 것이다. 편집증적-정신분열증적 위치에 처해 있도록 위협받은 주체는 기동력 있는 에너지의 방출을 통하여 '죽음의 욕동'의 무언적 현동화(신경학적인 전도성의 단절, 상징적 결합 관계의 중단, 생체 구조의 항상성의 실패로 일어난 현상)를 되찾게 된다.

이러한 관점에서 상징적 불연속성을 파괴하는 기질로서의 **멜랑콜리**와 기동력 있는 방출로서의 **간질**은 모두 타인과의 성관계에 대한, 특히 욕망의 편집증적-정신분열증적인 잠재력에 대한 주체의 도피이다. 그 반대로 우리는 이상화와 승화를 동일한 대결을 회피하는 시도처럼 해석할 수 있겠지만, 이것은 퇴행과 그것이 지닌 사도마조히즘적인 양가성을 의미하는 시노이다. 이러한 의미에서 승화와 공연석인 **용서**는 '에로스' 너머로 관능성을 제거한다. 에로스/타나토스의 쌍은 에로스/용서의 쌍과 대체되고, 에로스/용서의 쌍은 잠재적 멜랑콜리가 세계의 정동적 퇴거로 굳어지지 않고, 타인과의 공격적이고 위협적인 결합 관계의 **표상을 관통할** 수 있게 해준다. 바로 이 표상 속에서, 그 표상이 용서의 이상 체제와 승화 체제의 기반이 되는 한, 주체는 자신의 죽음의 욕동과 성애적 결합 관계를 행사하는 것이 아니라 형성——형식화(poïein)——할 수 있다.

도스토예프스키와 욥

도스토예프스키에 있어서 고뇌하는 존재는 어느 누구보다 이 작가에게 큰 감동을 주었던 욥의 역설적인 운명을 상기시킨다. "나는 〈욥기〉를 읽고 있는데, 이 책은 나에게 병적인 흥분을 불러일으킨다오. 독서를 중단하고 나는 한 시간 동안 눈물을 흘리다시피 하면서 방 안을 걸어다니고 있소. (…) 기이한 일이야, 안나, 이 책은 내 마음을 감동시킨 최초의 책들 중의 하나라오……. 지금까지 나는 어린 젖먹이와 다름이 없었소."[16] 여호와에 충실하고 복받은 남자 욥은 갑자기 여러 가지 불운으로 충격을 받는다 ──여호와에 의해서일까, 아니면 사탄에 의해서일까?──그런데 조롱 거리 대상인("누가 네게 말하면 네가 염증이 나겠느냐![17]) 이 '우울증 환자' 는, 오직 그가 하느님에게 애착을 느끼고 있기 때문에 슬프다. 그 하느님 이 무자비하고, 신도들에게 부당하며, 신앙심 없는 자들에게는 관대하다 해도, 그런 것들이 하느님과 맺은 그의 약속을 파기하지는 못한다. 반대 로 그는 항상 하느님의 감시하에서 살고 있으며, 우울증 환자는 이상적 자아와 혼합된 자신의 초자아에게 의지하고 있다는 감동적인 깨달음을 고백한다. "사람이 무엇이기에 주께서 크게 여기사 그에게 마음을 두시 고"[18] "내 날은 적지 아니하니이까, 그런즉 그치시고 나를 버려두사 적이 평안하게 하옵소서."[19] 그렇지만 욥은 하느님의 진정한 힘을 인정하지 않 는다("그가 내 앞으로 지나시나 내가 보지 못하며"[20]). 그래서 욥이 희망을 되찾을 수 있도록, 하느님 자신이 결국 그가 만든 이 우울증 환자 앞에서 모든 '창조물'을 재검토해야 하고, '입법자' 혹은 이상화가 가능한 초자 아로서의 자신의 위치를 확고히 해야 한다. 고뇌하는 자는 자기애가 강한 자, 자기 자신에게 관심이 지나친 사람, 자신의 가치에 집착하고, 자기를

---

16) Dostoïevski, 《아내에게 보낸 편지 *Lettres à sa femme*》, t. II, 1875-1880, Plon, Paris, 1927, p.61, lettre du 10 juin 1875.

욥에 대한 도스토예프스키의 관심에 대해서는, B. Boursov, 《도스토예프스키의 인격 *La personnalité de Dostoïevski*》(en russe), in 《*Zvezda*》, 1970, n° 12, p.104. "그는 신과 우 주에 대해 고뇌하였다. 왜냐하면 그는 실현되고 있던 것이 완료되었음을 인정하기를 종종 거부할 정도로 자연과 역사의 영원한 법칙을 옹호할 생각이 없었기 때문이다. 또한 그는 모든 것에 반대하는 것 같았다."(책으로 엮어짐. éd. Sovietskii Pissatel, 1979)

17) 〈욥기〉, 제4장 2절.
18) 〈욥기〉, 제7장 17절.
19) 〈욥기〉, 제10장 20절.
20) 〈욥기〉, 제9장 11절.

초월의 내재성이라고 생각하기 쉬운 사람일까? 그런데 그에게 벌을 준 다음 여호와는 결국에는 그에게 은혜를 베풀며, 자기를 비방한 자들 위에 그를 올려 놓는다. 여호와는 비방자들에게 이렇게 반론한다. "너희가 나를 가리켜 말한 것이 내 종 욥의 말같이 정당하지 못함이니라."[21]

마찬가지로 기독교인 도스토예프스키에게도 고뇌——인간성의 최대 지표——는 신의 '법'에 대한 인간 종속의 표시이고, 뿐만 아니라 이 '법'에 대한 인간의 돌이킬 수 없는 차이의 표시이다. 관계와 과오의 동시성, 충실과 위반의 동시성을 윤리적 질서 그 자체 속에서 서로 만나고, 그 질서 속에서 도스토예프스키적인 인간은 신성(sainteté)에 의해서 백치가 되고, 범죄성에 의해서 셰시사가 된다.

법과 위반 사이의 필연적인 상호 의존이라는 이 논리는 간질병 발작의 시동 장치가 빈번히 사랑과 증오, 타인에 대한 욕망과 거부 사이의 강력한 모순이라는 사실과 무관하지 않을 것이다. 다른 한편으로 우리는 바흐친[22]이 그의 시학의 기반에 '대화주의'를 상정하도록 안내한 도스토예프스키의 주인공들이 보여 주는 그 유명한 **양가성**(ambivalence)은, 담론의 배치와 등장인물들 사이의 갈등을 통하여 욕동과 욕망에 고유한 두 가지 (긍정적 그리고 부정적) 힘에 대한 종합적인 해결책에 결여된 이 대립을 **표상하는** 하나의 시도가 아닐까라고 생각해 볼 수도 있다.

그런데 만일 상징적인 끈(lien)이 끊어지면, 우리의 욥은 자살 테러리스트 키릴로프가 될 것이다. 메레주코프스키[23]가 이 위대한 작가를 러시아 혁명의 선구자로 인정한 것은 전혀 잘못된 것이 아니다. 물론 도스토예프

---

21) 〈욥기〉, 제42장 8절.
22) Cf M Bakhtine, 《도스토예프스키의 시학 *La Poétique de Dostoïevski*》, Seuil, Paris, 1970.
23) Cf. D. Merejkovski, 《러시아 혁명의 예언자 *Prophète de la révolution russe*》, 1906 (러시아어판).

스키는 혁명을 두려워하며, 그것을 부정하고 비난했다. 그러나 자신을 신이라고 생각한(도스토예프스키에 의하면 바로 그런 것이 무신론자들의 사회주의적 신앙이다) 혁명가의 편집증적인 열광을 위하여 욥의 겸손을 저버릴 각오를 하고, 고뇌하는 인간인 자신의 영혼 속에서 음험한 혁명이 도래하고 있음을 알아본 사람이 바로 그이다. 우울증 환자의 나르시시즘은 무신론적 테러리즘의 광기로 전환된다. 키릴로프는 신의 자리를 차지한 신 없는 인간이다. 고뇌가 멈추면 죽음이 확실해진다. 고뇌는 자살과 죽음을 막아 주는 방파제였을까?

자살과 테러리즘

우리는 도스토예프스키적인 고뇌——혼돈과 파괴를 감추고 있는 최후의 베일——의 해결책에는 적어도 두 가지 방법이 있고, 그 두 가지가 모두 운명적이라는 사실을 기억할 것이다.

키릴로프는 신은 존재하지 않는다고 확신하고 있다. 그러나 신의 권능에 집착하면서 그는, 그에게는 자살이 그러하듯이 인간의 자유를 철저하게 부정적이고 자유로운 행위를 통하여 절대라는 높이에까지 끌어올리고 싶어하였다. **신은 존재하지 않는다——내가 신이다——나는 존재하지 않는다——나는 자살한다**, 바로 이러한 역설적인 논리가 내가 독점할 수 있도록 유지되어 온 부성(父性) 혹은 절대 신성에 대한 부정의 기저를 이룬다.

라스콜리니코프는 그 반대로 마치 절망에 대항하는 편집증적 방어에서처럼, 증오를 자기 쪽으로가 아니라 부인되고 인정받지 못한 타인 쪽으로 돌린다. 하찮은 아낙네를 죽이게 되는 무상의 범죄로 인하여 그는 기독교의 계약("너는 네 이웃을 너 자신처럼 사랑하라")을 파기한다. 그는 원초적 대상에 대한 그의 사랑을 부인하고("나는 내 어머니를 사랑하지 않기 때문에 내 이웃은 하찮은 존재이며, 이는 나로 하여금 스스럼없이 이웃을 해치울 수 있게 한다"라고 말하는 것 같다), 그리고 이러한 함축된 뜻을 바탕으로 하여 그는 박해자들이라고 느낀 주위 사람들과 사회에 대한 증오를 실현하는 권리를 갖는다.

알려진 바와 같이 이러한 행동의 형이상학적 의미는 최상의 가치에 대한 허무주의적인 부정이며, 그것은 또한 고뇌를 상징화하고 사유하고 수용할 능력이 없음을 드러낸다. 도스토예프스키에게 허무주의는 초월적인 삭제에 대항하는 신도의 반항을 불러일으킨다. 정신분석의는 앞으로 이러한 고뇌에 대항하도록 배치된 몇 가지 편집증적 방어와 특히 자신의 글쓰기에 필요하면서도 이율배반적인 닮은꼴(doublure)로서 작가가 배양하고 있는 감미로운 우울증에 대한 작가의 다소 모호한 현혹을 밝혀낼 것이다. 그러한 편집증적 방어가 비열하다는 사실을 우리의 현실 속에서 너무나 빈번히 접할 수 있는 도덕성의 포기, 삶에 대한 의미 상실, 테러리즘 혹은 고문 등이 끊임없이 우리에게 상기시킨다. 우리의 작가로 말하자면, 그는 종교적 정통성에 동참하기를 선택했다. 프로이트에 의해서 그토록 격렬하게 비난받았던 이 몽매주의는 결과적으로 테러리즘적 허무주의보다는 문명에 덜 해롭다. 이데올로기와 더불어, 그리고 그 너머에 남아 있는 것은 글쓰기이다. 이것은 파괴와 혼돈의 명명할 수 없는 쾌락과 마주하며 작품을 구성하기 위하여 벌리는 고통스럽고 끊임없는 투쟁이다.

종교 혹은 편집병의 딸인 편집증은 절망에 대한 유일한 평형추들인가? 예술적 창조 행위는 그것들을 통합하고 소비한다. 이처럼 예술 작품은 우리 자신과 다른 사람들 사이에 보다 안정적이고, 덜 파괴적인 관계를 확립할 수 있게 한다.

부활 없는 죽음. 묵시록적인 시간

홀바인의 작품 〈죽은 그리스도〉 앞에서 《백치》(1896년)의 미슈킨과 이폴리트는 '부활'에 대해 의심을 품는다. 이 시체의 너무나도 자연스럽고 준엄한 죽음은 구원의 가능성을 전혀 보여 주지 않는 것 같았다. "퉁퉁 부어오르고, 피투성이 상처로 뒤덮인 이 얼굴 모습은 끔찍하다"라고 안나 그리고리에프나 도스토예프스카야는 그녀의 회상록에 기록했다.[24] "또한 그 당시 내가 처해 있던 상황에서 더 오랫동안 그 그림을 바라보고 있기에는 너무 고통스러워서 나는 다른 전시실로 가버렸다. 그런데 내 남편은 어리둥절해하는 표정이었다. 이 그림이 남편에게 준 너무도 강한 인상의 반영을 작품 《백치》에서 찾아볼 수 있다. 20분이 지나서 내가 되돌아왔을 때도 그는 거기, 바로 그 자리에 못박힌 듯이 꼼짝 않고 있었다. 감동을 받은 그의 얼굴은 간질병 발작이 시작되던 초기에 내가 이미 매우 자주 주시해 왔던 그러한 겁먹은 표정을 짓고 있었다. 나는 살며시 남편의 팔을 잡고 그 전시실에서 데리고 나와 벤치에 앉게 하고, 발작이 일어날 순간을 기다렸는데, 다행히 발작은 일어나지 않았다. 점차 남편은 안정을 되찾았다. 그러나 미술관을 나오면서 그는 다시 한 번 그 그림을 보겠다고 고집하지는 않았다."[25] 어떤 사라진 시간이 이 그림을 짓누르면서, 불가항력적인 죽음은 계획이나 연속성 혹은 부활의 약속을 모두 지워 버린다. 그것은 도스토예프스키가 잘 알고 있는 묵시록적인 시간이다. 그는 첫 번째 부인 마리아 드미트리에프나의 유해 앞에서 〈묵시록〉(10장 6절)을

---

24) Cf. A. G. Dostoïevskaia, 《도스토예프스키 *Dostoïevski*》, Gallimard, Paris, 1930, p.173. 이 텍스트는 1867년 그 부부의 스위스 여행에 관한 것이다.

참조하며 그 시간을 환기시킨다("더 이상 시간은 없을 것이오"). 그리고 미슈킨 공작도 동일한 어휘로 로고진에게 말한다("이 순간 나는 더 이상 시간은 없을 것이라는 그 기이한 말을 이해할 것 같아요"). 그러나 키릴로프처럼 그도 마호메트식으로 시간 정지라는 그 행복한 진술을 검토한다. 도스토예프스키에게 시간을 정지시키기는 것은 바로 그리스도를 향한 신앙을 중단시키는 것이다. "그러므로 모든 것이 다음과 같은 것, 즉 그리스도를 지상의 결정적인 이상으로 받아들이느냐에 달려 있다. 이는 모든 것이 그리스도에 대한 신앙에 달려 있음을 의미한다. 우리가 그리스도를 믿는다면 우리가 영원히 살 것이라고도 믿는 것이다."[26] 그렇지만 홀바인의 그림이 담고 있는 생명이 없는 육신과 절대 고독의 보상할 수 없는 허무와 마주하면서 어떤 용서, 어떤 구원이 있을 수 있겠는가? 작가는 1864년 첫번째 부인의 유해 앞에서 그랬던 것처럼 혼란에 빠져 있다.

---

25) 1867년 8월 12/24일자 작가의 《일기》에 나오는 속기 노트에서 그의 아내는 다음과 같이 기록했다. "바젤 시의 미술관에서 피오드르 미하이로비치는 한스 홀바인의 그림을 보았다. 그 그림에서 그는 엄청난 감동을 받았고, 이때 그는 '이런 그림은 신앙을 잃어버리게 할 수 있어'라고 내게 말했다." L. P. 그로스만(Grossman)에 의하면 도스토예프스키는 어린 시절부터 이 그림의 존재를 카람진(Karamzine)의 《러시아 여행자의 편지 Lettres du voyageur russe》를 통해서 알고 있었다. 카람진은 홀바인의 〈죽은 그리스도〉 속에는 '성스러운 것은 아무것도 없다'라고 생각했다. 그로스만은 도스토예프스키가 조르주 상드의 《악마의 늪 la Mare au diable》을 읽은 것이 사실인 것 같다고 상정하였고, 상드는 홀바인의 작품 속에 묘사된 고통의 충격을 강조하고 있다.(Cf. L. P. Grossman, 《F. M. 도스토예프스키 F. M. Dostoïevski》, Molodaïa Gvardia, 1962, et 《도스토예프스키에 관한 세미나 Séminaire sur Dostoïevski》, 1923, en russe.)

26) 《문학 유산 Héritage littéraire》, éd. Nauka, n° 83, p.174, J. Catteau, op. cit., p.174에서 재인용.

요령이란 무엇인가?

  멜랑콜리의 의미는? 이는 자신을 의미하기에 도달하지 못하고, 의미를
상실했기 때문에 삶을 상실하는 심층 고뇌에 지나지 않는다. 이 의미는
상궤를 벗어난 감정 상태이다. 이것을 분석가는 최대한의 감정 이입으로
우울증 환자들의 완만한 신체 움직임과 느릿한 언어 표현 너머에서, 그들
의 목소리가 내는 어조 속에서 탐구할 것이고, 아니면 우울증 환자들의
생기 없고 평범한 상투어들, 즉 타인을 위한 호소력이 사라진 단어들을 뚜
렷하게 드러내면서 음절 · 단편들 그리고 그것들의 재구성 속에서 타자를
찾아내려고 노력할 것이다.[27] 그와 같은 분석적인 청취는 **요령**(tact)을 전
제로 한다.

  요령이란 무엇인가? 용서하며 진실을 듣는 것이다. **용서**——이는 덤으
로 주기, 현재 여기 있는 것에 기대를 걸며 우울증 환자(자기가 받은 상처
에 몸을 도사린 이 이방인)가 되살아나고, 다시 출발할 수 있게 하기, 그리
고 그 환자에게 새로운 만남의 가능성을 부여하기이다. 이러한 용서의 중
대성이 가장 잘 나타나는 것은 도스토예프스키가 멜랑콜리 증세의 의미
에 대해서 전개하고 있는 개념 속에서이다. 말하자면 고뇌와 행위로의 이
행(passage à l'acte) 사이에서는 미적 활동이 용서이다. 여기서는 도스토
예프스키의 작품 깊숙이 침투해 있는 동방정교회 기독교가 두드러지게 드
러난다. 또한 여기에서 허무주의에 빠진 현대 독자에게 도스토예프스키
의 텍스트들이 야기하는 불안이——범죄자와의 가상적 공범 관계를 대신
하는 것 이상으로——시작된다.

---

27) Cf. 이 책의 제2장, pp.74-78.

사실상 기독교에 대한 현대의 온갖 저주는——니체의 저주까지도 포함하여——용서에 대한 저주이다. 그러나 타락과의 영합으로서, 권력의 쇠퇴와 거부로서 이해된 이 '용서'는 아마도 몰락하는 기독교가 만들어낸 이미지에 불과할 수 있다. 반대로 전통적 신학에서 기능하고, 비열함(abjection)과 동일시되어서 그것을 관통하고 명명하며 소비하는 미적 체험이 회복시켜 주는 것 같은 용서의 **중대성**은 정신적 거듭남의 체제에 내재해 있다. 이런 식으로 용서의 중대성은 어쨌든 분석적 실천의 호의적인 단정에서도 모습을 드러낸다. 바로 그 지점에서 니체가 파스칼[28]에 대해서 규탄하였으나, 도스토예프스키에게는 미학적 용서의 양가성으로 강력하게 전개되고 있는 '기독교의 타락'은 용서에 적대적인 편집증에 대항하는 힘찬 투쟁이 된다. 라스콜리니코프의 역정은 그 중 하나의 예인데, 이것은 그가 지닌 우울증, 테러리스트적인 부인, 그리고 결국 거듭남이라고 밝혀진 그의 감사하는 마음과 통한다.

죽음: 용서하기에의 부적응

용서의 사상은 도스토예프스키의 작품 전체를 차지하고 있다.

《학대받는 사람들》(1861)은 첫 페이지에서부터 뼈와 가죽만 남은 한 인간을 등장시킨다. 죽은 사람 같은, 실제로 죽음의 문턱에 와 있는 상태의 이 육신은 도스토예프스키의 상상 세계를 떠나지 않는다. 1867년 그가 바젤에서 홀바인의 그림을 보게 되었을 때, 틀림없이 그는 오래전부터 알고

---

28) "……파스칼의 타락, 파스칼은 이성이 오직 기독교에 의해서 타락되었기 때문에 원죄에 의한 자기 이성의 타락을 믿고 있었다."(《반(反)그리스도》, in 《전집》, Gallimard, Paris, 1974, p.163)

지내던 사람, 친밀한 유령을 다시 만난 것 같은 인상을 받았을 것이다. "또 한 가지 나를 몹시 놀라게 한 것은 그가 지독하게 말랐다는 사실이었다. 그에게는 몸이라는 것이 거의 없었고, 오직 뼈 위에 살갗만이 붙어 있는 것 같았다. 크게 뜬 빛이 사라진 그의 두 눈은 검푸른 멍으로 둘러싸여 있었고, 언제나 똑바로, 앞만 바라보지 절대로 옆을 보지 않았으며, 결코 아무것도 보지 못한다는 것을 확실하게 나는 느꼈다. 그는 머릿속에 무슨 생각을 담고 있을까? 그리고 아직도 그가 무엇을 생각하고 있을까? 그의 얼굴은 너무나 죽어 있어서 이미 더 이상 아무런 표정이 없었다."[29]

이것은 홀바인의 그림을 묘사한 것이 아니라, 《학대받는 사람들》에 등장하는 수수께끼 같은 한 인물의 묘사이다. 그는 스미스라는 노인인데, 어린 간질병 환자 넬리의 할아버지이고, '몽상적이고 상궤를 벗어난' 딸의 아버지이다. 그는 자기 딸과 P. A. 발코프스키 공작과의 관계를 절대로 용서할 수 없었고, 그 관계의 결과는 스미스의 전 재산과 그의 딸, 그리고 공작의 사생아 넬리 자신을 파멸로 몰아넣는다.

스미스는 용서하지 못하는 자의 엄격하고 치명적인 위엄을 지니고 있다. 그는 소설 속에서 극도로 학대받고 굴욕당한 인물들의 시리즈를 선보인다. 그 인물들은 그들의 압제자를 용서하지 못하고, 죽는 순간에도 격렬한 열정으로 압제자를 저주하는데, 이 열정은 죽음의 문턱에서도 그들이 욕망하는 것이 바로 학대자임을 추측하게 한다. 바로 그런 것이 스미스 영감의 딸과 손녀 넬리의 경우이다.

이러한 인물 시리즈에 대립되는 또 하나의 시리즈가 있다. 그것은 도스토예프스키 같은 작가 내레이터와 이크메니에프가(家)의 인물들 시리즈인데, 그들은 스미스가 사람들과 동일한 상황에서 학대받고 굴욕당한 사람

---

29) 《학대받는 사람들 Humiliés et Offensés》, La Pléiade, Gallimard, Paris, 1953, p.937.

들이지만, 결국 그들이 용서하는 자는 파렴치한 남자가 아니라 희생된 젊은 여성이다. (이러한 차이에 대해서는, 죄를 지워 버리지는 않지만 용서받은 자에게 '새로운 삶'을 찾을 수 있게 하는 범죄의 가르침을 강조할 적에 다시 거론하기로 하자.)

이제는 용서의 불가능성을 강조해 보자. 스미스 영감은 자기 딸도, 발고프스키도 용서하지 않는다. 넬리는 자기 어머니를 용서하지만, 발코프스키는 용서하지 않는다. 넬리의 어머니는 발코프스키나 격분한 자기 아버지도 용서하지 않는다. 죽음의 댄스에서처럼 용서 없는 굴종이 원무를 리드하고 '이러한 고뇌의 에고이즘'을 이야기 속에, 그리고 이야기를 통하여 모두를 사형 집행으로 몰고 간다. 숨은 메시지 하나가 드러나는 것 같다. 즉 사형수는 용서하지 않는 자라는 메시지이다. 늙어서 쇠약해진 몸, 질병과 고독, 피할 수 없는 죽음의 온갖 신체적 징후, 병과 슬픔 그것 자체가 그런 의미에서 용서하기에의 부적응을 알려 줄 것이다. 독자는 그것과 연관시켜서, 〈죽은 그리스도〉 그 자신이 용서와는 무관한 존재로 상상된 그리스도일 것이라고 결론을 내리게 된다. 그처럼 '실제로 죽은 자'가 되기 위하여 이 그리스도는 용서를 받지 못했고, 또한 용서하지도 않을 것이다. 그 반대로 '부활'은 용서의 숭고한 표현처럼 나타날 것이다. 즉 자기 '아들'에게 생명을 되돌려 주면서 '아버지'가 '그'와 화해하지만, 그보다도 부활하면서 그리스도는 자기를 믿는 신도들에게 그들 곁을 떠나지 않겠노라고 선언한다. "내가 너희들에게 왔노라. 내가 너희들을 용서한다고 생각하여라"라고 그는 말하는 것 같다.

믿을 수 없는, 불확실하고 기적적인 일이지만 기독교 신앙에서뿐만 아니라 도스토예프스키의 미학과 윤리에도 근본적인 문제인 용서가 작품 《백치》에서는 광기에 가깝고, 《죄와 벌》에서는 **기계 같은 신**(deus ex machina)으로 묘사되어 있다.

사실 경련성 발작을 제쳐 놓고 보면, 미슈킨 공작이 '백치'에 지나지 않는 것은 그에게는 원한이 없기 때문이다. 로고진으로부터 조롱받고, 모욕당하고, 우롱당하며, 죽인다는 위협까지 받은 그 공작은 용서를 한다. 그 사람 속에서 자비는 문자 그대로의 심리학적 자기 실현을 발견한다. 말하자면 너무나 괴로웠기 때문에 그 공작은 다른 사람들의 비참을 자기에게로 끌어들인다. 마치 공격적인 행위의 배후에 있는 고뇌를 직감한 것처럼 그는 공격을 무시하고, 비켜서고, 위로하기까지 한다. 그가 참고 견디는, 그리고 도스토예프스키가 비극성과 괴기미(grotesque)를 힘차게 환기시키는 부당한 폭력 장면들은 물론 그의 마음을 아프게 한다. 성생활 때문에 마을에서 쫓겨난 한 젊은 스위스 시골 여자에 대해 그가 느낀 동정심과 아이들에게 그녀를 사랑할 것을 가르치게 되는 그를 상기해 두자. 또한 아글라야가 그에게 퍼붓는 유치하고도 사랑스럽게 날카로운 냉소에 대해서도 멍청하게 착한 척하면서 속아 넘어가지 않는 그를 기억해 두자. 아니면 나스타샤 필리포브나가 자기를 이해한 유일한 남자라고 생각하는 이 타락한 공작에게 퍼붓는 히스테리성 공격과, 결국 로고진이 그 침침한 호텔의 복도에서 그에게 가한 칼질까지 상기해 보자. 그 범행의 무대인 호텔의 복도는 새로운 공간의 창안자로서의 도스토예프스키의 재능이 돋보인다고 프루스트가 인정한 바 있다. 공작은 그러한 폭력 행위에 충격을 받아 고통으로 괴로워했고, 마음속에는 공포가 잊혀지거나 중화되기는커녕 또다시 그를 엄습하게 된다. 그러자 그의 관대한 불안이 아글라야의 말처럼 '가장 중요한 지성'을 표방한다. "왜냐하면 당신이 정신병을 앓고 있다 해도(이런 말을 한다고 나를 원망하지 마세요. 나는 보다 높은 차원에서 이런 말을 하니까요), 당신에게는 그 대신 가장 중요한 지성이 다른 누구에게보다도 그들이 전혀 생각할 수 없을 정도로 발달되어 있습니다. 지성에는 두 가지가 있는데 하나는 근본적인 것이고, 다른 하나는 부차적인 것이니까요. 그렇지 않습니까?"[30] 이러한 '지성'이 그를 공격하는 자를 진정시키게 만들고, 집단과 화해하게 한다. 따라서 그는 그 집단의 부차적인 요소, '이방인' 혹은 '인간 쓰레기'[31]로서가 아니라 신중하고도 넘어설 수 없는 영적인 지도자로서 모습을 드러낸다.

용서의 대상

무엇이 용서의 대상인가? 이는 가지각색의 모욕은 물론이고 정신적·신체적인 온갖 상처와, 그리고 궁극적으로는 죽음이다. 《학대받는 사람들》의 구심점을 이루는 것은 성적 과오이고, 이것은 도스토예프스키의 작품 속에 등장하는 다수의 여성 인물들(나스타샤 필리포브나·그루첸카·나타샤……)을 따라다닌다. 마찬가지로 남성의 성도착(예를 들면 스타브로긴의 미성년자 강간)에서도 성적 과오가 드러나는데, 이것은 용서의 중요 모티프 중의 하나를 표상하기 위한 것이다. 그러나 절대악은 여전히 죽음이다. 그래서 도스토예프스키의 주인공들을 자살이나 살인의 경계선으로 몰고 가는 이유들 혹은 고뇌의 즐거움이 어떤 것이든 간에 도스토예프스키는 살인을, 다시 말하면 인간이 부과할 수 있는 죽음을 가차없이 단죄한다. 그는 광기 어린 살인과 인간의 정의가 내린 도덕적인 처벌로서의 살인을 구분하지 않는 것 같다. 만일 그가 그 두 가지를 확실히 구분해야 한다면, 그는 고통을 관능화하면서 예술가가 보기에 살해와 폭력을 '배양하고,' 따라서 인간적인 것으로 만드는 것 같은 형벌과 고통을 택했을

---

30) 《백치》, La Pléiade, Gallimard, Paris, 1953, p.531.
31) *Ibid.*, p.515.

것이다.[32] 역으로 그는 돌이킬 수 없는 냉혹한 죽음, 단두대에 처형된 '깨끗한' 죽음을 용납하지 않는다. 그것은 '가장 잔혹한 처형'이기 때문이다. "그 누가 인간의 본성이 이러한 시련을 미치지 않고 참아낼 수 있다고 말할 수 있었던가?"[33] 사실 단두대에서 처형된 사람에게는 용서가 있을 수 없다. "이미 단두대에서 흔들대에 매달리기를 기다릴 때, 단두형이 가해지려는 순간의 사형수"[34]의 얼굴은 미슈킨 공작에게는 그가 바젤에서 본 그 그림을 상기시킨다. "그리스도가 말한 것은 바로 이러한 고통과 불안이다."[35]

그 자신이 사형수였던 도스토예프스키는 사면을 받았다. 용서는 그 중요성을 아름다움과 정의에 대한 도스토예프스키의 비전 속에서 최후의 순간에 해결된 이러한 비극에서 끌어내는가? 이미 상상된 죽음, 이런 말이 가능하다면 이미 체험된 죽음, 도스토예프스키의 감수성만큼이나 강렬한 감수성을 필연적으로 타오르게 한 죽음 이후에 찾아오는 용서가 실제로 그러한 죽음을 **지양하기**(relever)——죽음을 지워 버리고 죽음을 선고받은 인간과 죽음을 선고하는 힘을 화해시키기——가 가능한가? 또다시 바람직한 이상이 된 유기 공포증적 권력과의 화해의 높은 비약은 다시 주어진 삶이 활동을 재개하고, 다시 만난 타인들과의 관계가 확립되기에

---

32) 사형의 거부와 병행하는 이 고통의 관능화는 사드 후작의 이와 비슷한 태도를 상기시킨다. 이 두 작가의 유사성은 악의가 없는 것은 아니지만 도스토예프스키의 동시대인들에 의해 지적된 바 있다. 그래서 1882년 2월 24일자 살티코프-체드린(Saltykov-Chtchedrine)에게 보낸 편지에서 투르게네프는 도스토예프스키도 사드와 마찬가지로 "그의 소설 속에 관능의 쾌락을 묘사하고 있다"라고 쓰면서 다음과 같이 분개했다. "러시아의 주교들은 이 초인, 우리나라의 사드를 위하여 미사를 드렸고, 찬양하는 글을 읽었으니! 우리는 지금 얼마나 해괴한 시대에 살고 있는가?"

33) 《백치》, *op. cit.*, p.27.

34) *Ibid.*, p.77.

35) *Ibid.*, p.27.

물론 필요한 것이다.[36] 그러나 비약 그 아래에는, 비록 기적적으로 부활은 되었지만 일단은 이미 죽은 주체의 우울한 불안이 종종 진정되지 못한 채로 남아 있다……. 그렇게 되면 작가의 상상 세계 속에는 넘어설 수 없는 고뇌와 찬란한 용서 사이에 교대 행위가 자리잡게 되고, 그 두 가지의 영원한 회귀가 그의 작품 전체에 리듬을 불어넣는다.

도스토예프스키의 감동적인 상상 세계와 고통받는 그 등장인물들은 특히 이러한 용서라는 사랑(amour-pardon)의 어려움, 말하자면 그 불가능성을 암시한다. 용서로서의 사랑의 필요성, 그리고 불가능성에서 시작된 이러한 혼란의 가장 압축된 표현을 찾아보게 되는 것은 그의 첫번째 부인 마리아 드미트리에프나의 죽음에 대해 기록한 작가의 노트에서이다. "그리스도의 가르침을 따라 사람을 자기 자신처럼 사랑하기, 이것은 불가능하다. 우리는 개인의 법칙에 따라서 지상에 예속되어 있는가? '자아'가 그러지 못하게 막는다."[37] 그러나 작가에게 절대적으로 필요한 용서와 부활의 인위적 수단은 작품 《죄와 벌》(1866년)에서 명백히 드러나 있다.

슬픔에서 범죄로

라스콜리니코프는 자신의 자화상을 슬픈 인물처럼 그리고 있다. "내 말을 들어 보시오, 라주미힌 (…) 나는 가진 돈을 전부 주었어요. (…) 나는 슬퍼요, 너무 슬퍼요! 마치 여자같이……. 정말이오……."[38] 그래서 그의 어머니도 그를 멜랑콜리 환자라고 생각했다. "알고 있니, 두니아, 내가 너

---

36) 이런 점에서 우리는 도스토예프스키가 재정 러시아를 지지하던 몽매주의의 화신인 독제적 인물인 검찰총장 콘스탄틴 포비도노스체프와 맺은 친자 관계를 상기할 수 있다. Cf. Tsvetan Stoyanov, 《천재와 그 보호자 Le Génie et son tuteur》, Sofia, 1978.

희 둘을 유심히 관찰했었어. 마치 두 방울의 물처럼 너는 그 애를 닮았어. 얼굴뿐만 아니라 마음까지도 꼭 같애. 너희 둘(라스콜리니코프와 여동생 두니아)은 똑같이 멜랑콜리 환자들이고, 침울하고 화를 잘 내지. 두 사람 모두 자존심이 강하면서 고상해."[39]

이러한 슬픔이 어떻게 범죄로 바뀌는가? 도스토예프스키는 여기서 우울증적 역동성의 기본 양상을 자세히 검토하고 있다. 그것은 자아와 타인

---

37) 《문학 유산》, t. 83, 1971, pp.173-174, du 16 avril 1864. 도스토예프스키의 성찰은 계속된다. "오직 그리스도만이 그 일을 할 수 있다. 그런데 그리스도는 영원한 존재이고 사변적 이상이다. 인간은 그리스도를 갈망하고, 자연 법칙을 따라 갈망해야 한다. 그 사이 인간의 이상처럼 육신을 가진 그리스도가 오신 후, 개인의 탁월하고 숭고한 발전이 다음과 같은 경지에 도달해야 한다는 것이 아주 명백하게 드러났다. (⋯) 말하자면 인간은 자신의 개인성을 이용하고 그 '자아'를 무의미한 것으로 만들어, 그것 전부를 모든 사람들에게 그리고 한 사람 한 사람에게 완전히 또한 철저하게 주는 한 방식이다. 이것은 최상의 기쁨이다. 이처럼 '자아'의 법칙은 인류의 법칙과 하나가 되고, 그리하여 그 두 가지의, 즉 '자아'와 '모두'의 융합 속에서 (⋯) 서로 상호적인 제거가 실현되고, 그와 동시에 인간 각자는 개인적인 발전의 목표에 도달하게 된다.

"그것은 정확히 그리스도의 천국이다." (⋯)

"그러나 내 생각에는 목표에 도달하면서 모든 것이 소진되고 소멸된다면, 다시 말해 인간의 생명이 그 목적이 실현되고 난 후에는 지속되지 않는다면 이 숭고한 목표에 도달하는 것은 완전히 부조리하다. 따라서 천국 같은 미래의 삶은 존재한다."

"그런 삶은 어디에, 어느 별에, 어떤 중심 속에 존재하는가. 그 중심은 우주적인 통합 가운데, 하느님 속에 있는 최종적인 중심인가——우리는 그것에 대해 아는 바가 없다. 오로지 우리가 알고 있는 것은 한 인간이라고 아마도 부를 수 없을는지도 모르는 미래 존재의 미래의 본성에 대한 윤곽뿐이다. (따라서 우리가 앞으로 어떤 인간들로 존재할 것인지 전혀 생각이 떠오르지 않는다.) 도스토예프스키는 이러한 고찰을 계속하면서 대타자들과의 애정 어린 융합 속에서 '자아'의 경계가 소멸되는 유토피아적인 통합은 긴장과 갈등을 만들어 내는 성욕의 정지로서 실현될 것이라고 예견한다. "거기에는 완전히 통합되고, 영원히 즐기고 만족하는 존재가 있다. 그 존재에게는 더 이상 시간이 존재하지 않는 것 같다." 다른 존재에 대한 사랑으로 '자아'를 희생하기의 불가능('나와 마샤')은 고뇌의 감정과 죄악 상태를 만들어 낸다. "그리하여 인간은 끊임없이 고뇌의 시련을 겪어야 하고, 그 고뇌는 '법'의 수행이라는 천국 같은 향락에 의해서, 다시 말하면 희생에 의해서 균형이 잡힌다."(*Ibid.*)

38) 《죄와 벌》, *op. cit.*, p.242.

39) *Ibid.*, p.291.

사이의 요동, 타인에 대한 증오심을 자아에게도 투사하기와, 그 반대로 자아의 가치설하를 타인에게로 되돌리기이다. 어느것이 먼저일까? 증오일까, 가치절하일까? 고뇌에 대한 도스토예프스키의 변호는 앞서 살펴보았듯이 도스토예프스키가 자기 경시, 자기 비하, 혹은 조숙하고도 제압적인 초자아의 엄격한 감시하에서의 일종의 마조히즘을 중시한다는 사실을 상정하게 한다. 이러한 관점에서 범죄는 우울증에 대한 방위적 반응이다. 왜냐하면 타인을 살해하는 것은 자살을 면하게 해주기 때문이다. 라스콜리니코프의 '이론'과 범죄 행위는 이러한 논리를 완벽하게 증명한다. 마치 떠돌이 거지처럼 빈둥대며 살아가는 그 침울한 대학생은 우리가 기억하듯이 '인산을 보통 사람과 이상한 사람들로 분류하는' 논리를 만들어 낸다. 말하자면 보통 사람은 생산에 봉사하고, 이상한 사람들은 '사회 내에서 새로운 파롤을 발설하는 소질과 재능'을 가지고 있다. "두번째[카테고리]에서는 모두가 법을 위반한다. 그들은 파괴자들이거나, 아니면 그들의 능력에 따라서 파괴를 시도하는 사람들이다."[40] 그 자신도 이 두번째 카테고리에 속하는 것일까? 바로 이것이 숙명적인 물음이다. 이 물음에 그 멜랑콜리 환자 대학생은 파괴적인 행위를 대담하게 **거행하거나, 혹은 하지 않으면서** 거기에 대답하려고 노력할 것이다.

살인 행위는 우울증 환자를 욕망하는 유일한 대상과 대결시킴으로써 수동성과 낙담에서 구출해 준다. 그 대상은 그에게 '나폴레옹처럼 행동하기'[41]라는 법과 지배자에 의해 육화된 금지물이다. 도전받게 되어 있는 압제적이면서 선망을 불러일으키는 이 법의 상관물은 하찮은 것, 기생충에 지나지 않는다. 누가 기생충인가? 살인의 희생자 노파인가, 아니면 일시

---

40) *Ibid.*, p.313.
41) *Ibid.*, p.328.

적으로 살인범이 되어 극히 흥분하였으나 그 자신이 아무것도 아닌 인간, 가증스러운 인간이라는 것을 마음속 깊이 인식하고 있는 멜랑콜리 환자 그 대학생 자신인가? 계속 혼란스럽다. 그래서 도스토예프스키는 그 우울증 환자와 증오받은 대상의 동일화를 아주 훌륭하게 명시한다. "그 노파는 단지 우연에 지나지 않았어……. 나는 더 빨리 정열을 구축하고 싶었던 거야. 나는 인간을 죽인 것이 아니라 한 가지 원리를 죽인 거야."[42] "모든 것이 여기에 있으니, 강행하기만 하면 돼! (…) 건물을 기반에서부터 흔들고, 모든 것을 파괴하여, 악마에게 보내기……. 그때 나, 나는 그렇게 감행하고 싶었고, 그래서 그녀를 죽였어. (…) 나는 깊이 생각한 다음에 행동으로 옮겼고, 또한 바로 그것이 나를 망쳐 놓았어. (…) 그게 아니면, 예를 들어 내가 인간이 한 마리의 기생충이냐고 자문하게 된다면, 그건 나에게는 한 마리만 있는 것이 아니기 때문이야. 그런 질문을 마음속 깊숙이 던지지 않는 사람, 그런 생각을 곰곰이 하지 않고 자기 앞만 보고 길을 가는 사람에게는 인간이 기생충에 지나지 않지. 나는 소냐를 궤변 없이 죽이고 싶었고, 나 자신을 위하여, 오직 나를 위해 죽였어. (…) 결국 나도 다른 사람들처럼 기생충인지, 아니면 인간인지를 되도록 빨리 알아야만 했을까? 내가 장애물을 넘어설 수 있는지 없는지를."[43] 드디어 "바로 내가 살인을 저질렀어. 그녀가 아니라 나 자신이 말이오."[44] "결국 나는 돌이킬 수 없는 한 마리의 기생충에 지나지 않아……. (…) 왜냐하면 나는 내가 무참하게 죽인 기생충보다 더 야비하고, 더 비열하니까."[45] 그의 여자 친구 소냐도 똑같은 결론에 도달한다. "아! 당신은 당신 자신

---

42) *Ibid.*, p.328.
43) *Ibid.*, pp.477–478.
44) *Ibid.*, p.479.
45) *Ibid.*, p.329.

으로 무엇을 했나요, 무엇을 했냐구요?"[46]

어머니와 누이: 어머니 혹은 누이

과소평가와 증오, 자아와 타인의 역전할 수 있는 두 극(pôles) 사이에서 행위로의 이행이 단정하는 것은 주체가 아니라 법과 고뇌를 동시에 배제하는 편집증적 태세이다. 도스토예프스키는 이러한 파국적인 움직임에 두 가지 치유책을 구상한다. 즉 고뇌와 용서에 호소하기이다. 이 두 가지 움직임은 동시에 일어나고, 또 그것을 가능하게 하는 것은 은밀하고도 난해한 계시인데, 이는 도스토예프스키의 복잡하게 얽힌 이야기 속에서 포착되기는 어렵지만, 그러나 작가가…… 그리고 독자가 몽유병적인 명석함을 가지고 감지하게 되는 하나의 계시이다.

의미가 없는 것 아니면 '기생충' 같은 이 '질병'의 흔적들은 침울한 그 대학생의 어머니와 누이에게로 집중되어 있다. 사랑받는 동시에 미움받고, 마음을 끄는 동시에 거부감을 주는 이 여인들은 그가 살인을 하고 반성을 하는 결정적인 순간에 그를 만나고, 그래서 마치 두 개의 피뢰침처럼 두 여인은, 그의 열정의 원천이 아니라면 적어도 애매모호한 그의 열정을 그녀들 쪽으로 끌어당기는 존재이다. 그리하여 "그 두 여자는 그에게 덤벼들었다. 그러나 그는 마치 갑자기 목숨을 빼앗긴 사람처럼 계속 얼어붙은 채 미동도 하지 않았다. 참아내기 힘든 어떤 생각이 벼락처럼 그를 내리쳤기 때문이었다. 그래서 그 여자들을 포옹하기 위해서 그는 두 팔을 벌릴 수도 없었다.——"아니야, 할 수가 없어." 그의 어머니와 누이

---

46) *Ibid.*, p.470.

가 그를 포옹하며 키스해 주었고, 소리내어 웃다가 눈물을 흘리며 울었다. 그는 한 발작 앞으로 내딛으며 비틀거렸고, 그러다가 정신을 잃고 땅바닥에 나뒹굴었다."[47] "나의 어머니, 내 누이를 내가 얼마나 사랑했던가. 어떻게 해서 지금 나는 이 두 여자를 증오하고 있는가? 맞아, 내가 신체적인 미움으로 이 두 여자를 증오하고 있어. 내 곁에 그 두 여자가 있는 것도 나는 견딜 수 없어. (…) 홍! 그녀[그의 어머니]는 나와 똑같아야만 해. (…) 아! 지금 나는 그 노파를 얼마나 증오하고 있는지 몰라! 그녀가 다시 살아난다면 내가 다시 죽여 버리겠다는 심정이야!"[48] 착란 상태에서 토해 낸 이 마지막 언사에서 라스콜리니코프는 천박해진 그 자신과 자기 어머니, 살해된 노파 사이에서 혼돈을 일으키고 있음을 잘 보여 준다. 무엇 때문에 이런 혼돈이 생기는 것일까?

그 비밀을 조금이나마 밝혀 주는 것은 스비드리가일로프-두니아의 에피소드이다. 라스콜리니코프가 노파의 살인자라는 것을 알게 된 그 '방탕한' 인간은 그의 여동생 두니아를 원한다. 비탄에 빠진 라스콜리니코프는 또다시 살인을 작심하는데, 이번에는 자신의 누이를 구하기 위해서이다. 누구와도 나눌 수 없는 자기의 비밀을, 이룰 수 없는 근친상간적인 애정을 지키기 위하여 살인을 하고 법을 위반하는 것일까? 그러하다는 것을 그는 거의 알고 있다. "오! 만일 내가 고독하게, 전혀 감정도 없고, 내 스스로 누구도 사랑하지 않는 외로운 사람일 수 있었다면. 만사가 다르게 진행되었을 텐데."[49]

---

47) *Ibid.*, pp.243-244.
48) *Ibid.*, p.329.
49) *Ibid.*, p.583.

제3의 길

용서는 낙담과 살인 사이의 유일한 해결책, 제3의 길처럼 나타난다. 용서는 관능적인 해명에 뒤이어 일어나고, 성적인 열정을 억압하는 이상화 운동이 아니라 그 이상화를 관통하는 운동처럼 나타난다. 묵시록에 나오는 천국의 천사는 소냐라는 이름을 가졌고, 그녀는 물론 비참한 자기 가족을 돕겠다는 연민과 걱정으로 창녀가 되었지만, 어쨌든 창녀임에는 틀림이 없다. 그녀가 겸허함과 자기 희생이 격앙되어 라스콜리니코프를 유형지로 따라갔을 때, 종신형 죄수들은 그녀를 '따뜻하고 상냥한 우리 어머니'[50]라고 불렀다. 다정하지만 부정한, 게다가 창녀이기도 한 어머니와의 화해는 그녀의 '과오'를 넘어서, 그리고 그런 과오들이 있음에도 불구하고 이처럼 자아와의 화해의 조건처럼 나타나고 있는 것이다. '자기(soi)'가 수용 가능하게 되는 것은 그것이 그 이후부터 압제자의 지배 권한 밖에 자리잡기 때문이다. 용서받고 용서해 줄 수 있는 어머니는 이상적인 누이가 되고, 그래서…… 나폴레옹을 대신한다. 이렇게 해서 모욕당하고 호전적인 그 영웅은 마음의 안정을 되찾을 수 있다. 지금 우리는 작품의 마지막 부분인 목가적인 장면에 와 있다. 청명하고 따스한 하루, 햇살로 넘쳐흐르는 대지, 시간은 정지되어 있다. "거기에는 시간이 마치 아브라함과 그의 양떼들의 시대에서 멈춘 것 같았다."[51] 비록 그가 7년간 형무소에 남아 있지만 이제부터는 고뇌가 행복과 연결되어 있다. "그러나 라스콜리니코프는 새사람이 되었다. 그는 자신의 전 존재를 통해서 그

---

50) *Ibid.*, p.608.
51) *Ibid.*, p.611.

런 사실을 깨닫고, 또한 느끼고 있었다. 소냐로 말하자면, 그녀는 오직 그를 위하여 살아가고 있었다."[52]

이 결말 부분이 쓸데없이 추가된 것처럼 보이는 것은, 글쓰기를 승화시키는 활동에서 이상화의 기본적인 중요성을 알지 못해서일 것이다. 라스콜리니코프와 다른 이름을 가진 악령들을 통해서 작가가 자세히 이야기하고 있는 것은 그 자신의 억제하기 힘든 극작술이 아닐까? 상상 세계는 기이한 장소이고, 그곳에서 주체는 자기 동일성을 위태롭게 만들고, 악과 죄 혹은 상징 불능증의 문턱에 도달할 때까지 자신을 상실한다. 이는 그런 것들을 관통하여…… 어느 다른 곳에서 그것들을 증언하기 위해서이다. 두 개로 분할된 공간인 상상 세계는 오직 이상에 굳게 연결되어 있는 것에만 집착하고, 이상은 파괴적인 폭력이 행사되기보다는 말해지는 것을 정당화시킨다. 바로 이것이 승화이고, 승화는 구원, 즉 신이 내린 **기증(pardon)**을 필요로 한다.

구원의 초시간성

용서는 초시간적이다. 용서는 결과와 원인, 벌과 죄의 연쇄를 깨뜨리고, 행위들의 시간을 정지시킨다. 이러한 비시간성 속에 하나의 기묘한 공간이 열리는데, 이것은 욕망하고 살해하는 야성적인 무의식의 공간이 아니라 그 반대이다. 즉 사정을 잘 알고 있는 승화이고, 폭력을 알지 못하는 것이 아니라 폭력을 다른 곳에서 받아들이는 사랑의 조화이다. 용서의 초시간성 속에서 시간과 행위의 정지와 직면하게 된 우리는 오직 신만이

---

52) *Ibid.*, p.612.

용서할 수 있는 사람들을 이해하게 된다.[53] 그런데 기독교에서는 죄와 벌의 성스러운 중단은 **무엇보다도** 인간들의 일이다.[54]

용서의 이러한 초시간성을 강조해 보자. 초시간성은 고대 신화에서 말하는 '황금 시대'가 아니다. 도스토예프스키가 그 '황금 시대'를 생각했을 적에, 그는 자신의 몽상을 스타브로긴(《악령》) · 베르실로프(《미성년》)를 통해서, 그리고 '우스꽝스런 인간의 꿈'(《작가의 일기》, 1877년) 속에서 알려 주었다. 그는 클로드 로랭의 그림 〈아키스와 갈라테이아〉를 매체로 삼고 있다.

홀바인의 〈죽은 그리스도〉에 진정으로 대응하는 이 그림은 젊은 목동 아키스와 바다의 요정 갈라테이아의 순정적인 사랑을 그리고 있다. 갈라테아의 공인된 애인 폴리페모스의 성난, 그러나 잠시 분노를 억제한 시선 아래로 전개된 이 전경은 근친상간의 '황금 시대'를 나타내고, 나르시시즘적인 전(前) 오이디푸스기의 천국을 상징한다. '황금 시대'는 시간 외적이다. 왜냐하면 '나르시시즘의 아르카디아'[55] 속에 들어 있는 아들의 전지전능함에 대한 환몽에 침잠되면서, 그는 아버지를 죽이고 싶은 욕망에서 벗어나기 때문이다. 다음 인용문은 스타브로긴이 그것을 어떻게 느꼈는지를 보여 준다. "드레스덴 미술관에는 클로드 로랭의 그림이 있는데, 그 그림은 내가 알기로는 〈아키스와 갈라테이아〉라는 제목으로 카탈로그에 실려 있다. 나는 그것을 〈황금 시대〉라고 불렀고, 왜 그렇게 불렀

---

53) Hannah Arendt가 지적한 것처럼 "패배자들의 목숨을 구해 주는 로마의 원칙(parcere subjectis)은 그리스인들에게는 전혀 알려지지 않은 지혜이다." in 《근대적 인간의 조건 *Condition de l'homme moderne*》, Calmann-Lévy, Paris, 1961, p.269.

54) 다른 예문들 중에서 〈마태복음〉, 제6장 14-15절은 다음과 같다. "너희가 사람의 과실(過失)을 용서하면 너희 천부께서도 너희 과실을 용서하시려니와 너희가 사람의 과실을 용서하지 아니하면 너희 아버지께서도 너희 과실을 용서하지 아니하시니라."

55) A. Besançon의 표현에 의함. 《제물로 바쳐진 러시아 황태자 *le Tsarevitch immolé*》, Paris, 1967, p.214.

는지 그 이유를 알 수가 없다. (…) 바로 그 그림을 내가 꿈속에서 보았고, 하나의 그림으로서가 아니라 실제로 살아 있는 한 장면으로 보았다. 그림 속에서와 마찬가지로 그곳은 그리스 에게 해 한쪽 구석이었고, 그래서 나는 3천 년 이상을 거슬러 내려간 것 같은 느낌을 받았다. 애무하는 듯한 푸른 파도, 작은 섬들과 암벽, 꽃이 만발한 바닷가 저 멀리 매혹적인 파노라마, 석양의 유혹이…… 언어로는 그 전경을 도저히 묘사할 수가 없다. 바로 여기가 인류의 요람이다. 그리고 이러한 생각이 나의 영혼을 우정어린 사랑으로 가득 채웠다. 이곳은 지상의 낙원이었다. 말하자면 신들이 하늘에서 내려와 인간과 결합하고 있었고, 이곳에는 신화의 원초적인 전경이 펼쳐져 있었다. 여기는 아름다운 사람들이 살고 있었다. 그 사람들은 행복하고 순진하게 잠에서 깨어나고 잠이 들곤 했다. 숲 속에는 그들의 즐거운 노랫소리가 울려 퍼졌다. 주체하기 힘들 정도로 풍성한 그들의 에너지가 사랑 속에, 소박한 기쁨 속에 넘쳐흘렀다. 그래서 나는 그들을 기다리던 미래를, 그들 역시 의심치 않던 무한한 가능성을 알아보면서 느낌으로 감지하고 있었다. 그러자 내 마음은 그런 생각으로 전율을 느꼈다. 오! 내 마음이 떨리고, 결국 내가 사랑할 수 있게 되어서 얼마나 행복했는지! 햇님은 작은 섬들과 바다 위에 빛을 쏟고 있었고, 그의 아름다운 자식들로 기쁨을 누리고 있었다. 감탄할 만한 광경이여! 숭고한 환상이여! 모든 꿈 중에서도 가장 이룰 수 없는 꿈, 그러나 인간이 자기의 전력을 다 쏟아부었고 모든 것을 희생하였던 꿈. 그 꿈의 이름으로 인간이 십자가에 못박혀 죽었고, 예언자들을 죽였다. 이런 꿈 없이는 백성들은 살고 싶어하지 않을 것이고, 그런 꿈 없이는 그들이 죽을 수조차도 없을 것이다. (…) 그러나 바위와 바다, 기울어진 석양 광선——이 모든 것이 난생 처음으로 내가 문자 그대로 눈물에 젖어 잠에서 깨어나 두 눈을 떴을 때, 아직도 생생하게 눈에 보이는 것 같았다. (…) 그러자 문득 빨간

색 작은 거미 생각이 떠올랐다. 태양이 지금 이 순간처럼 기울어진 광선을 쏟아내고 있는 사이에, 나는 제라늄 잎사귀에서 지켜보았던 똑같은 거미를 보게 되었다. 날카로운 그 무엇이 내 속을 파고들었다. (…) 바로 이 것이 어떻게 그런 일이 일어났었는지를 정확히 말해 준다."[56]

'황금 시대'의 몽상은 실제로 죄책감의 부인이다. 사실상 클로드 로랭의 그림을 본 다음에 즉시 스타브로긴이 꿈속에서 본 것은 뉘우침의 작은 동물 거미였다. 이 거미는 억압적이고 보복적인 법의 지배를 받는 불행한 의식의 거미줄 속에 그를 붙잡아두었고, 그 법에 대항하여 그는 정확히 범죄로써 저항했다. 죄책감이라는 거미는 폭행당하며 자살한 소녀 마트리오샤의 이미지이나. 스타브로긴은 〈아키스와 갈라테이아〉와 거미 사이에서, 퇴행에 의한 도피와 결국에는 죄의식을 갖게 하는 범죄 사이에서 가로막혀 있는 것 같다. 그에게는 사랑을 명상할 수 있는 길이 없으며, 그는 용서의 세계와도 무관한 사람이다.

물론 스타브로긴, 베르실로프, '황금 시대'를 꿈꾸는 우스꽝스런 '사내'의 가면 뒤에 숨은 것은 도스토예프스키이다. 그러나 라스콜리니코프와 소냐 사이에 전개되는 용서의 장면을 묘사할 적에 도스토예프스키는 더 이상 가면을 빌리지 않는다. 《죄와 벌》의 용서라는 에필로그를 알리는 그 기이한 형상의 기교를 담당하고 있는 자는 다름 아닌 예술가이자 크리스천인 그 사람, 즉 화자이다. 라스콜리니코프와 소냐 사이에 전개된 장면은, 순정적인 사람의 기쁨과 그것을 스며들게 만드는 낙원적인 광채를 통하여 〈아키스와 갈라테이아〉의 장면을 떠올리지만 그러나 클로드 로랭의 작품도, '황금 시대'도 따르지 않는 장면이다. 사실 그 장면은 지옥 한복판, 시베리아 유형지 안에, 도형수의 헛간 근처에 자리잡고 있는

---

56) 《악령》, *op. cit.*, pp.733-734.

클로드 로랭, 〈아키스와 갈라테이아〉. Gemäldegalerie, Dresde. Photo © collection Viollet.

기이한 '황금 시대'이다. 소냐의 용서는 근친상간적인 연인의 나르시시즘적 퇴행을 환기시키지만, 그러나 그 퇴행에 몰입되지는 않는다. 라스콜리니코프는 소냐가 빌려 준 복음서에서 나자로의 이야기를 읽는 데 몰두하면서 행복한 사랑의 중간 휴지를 뛰어넘는다.

　용서의 시간은 추적의 시간도 아니고, 신화적인 동굴의 시간도 아니다. "폭염의 절정에 떠 있는 태양도 겨울의 추위도 느끼지 못하는 생기 넘치는 암석의 둥근 천장으로 덮인"[57] 용서의 시간은 죄가 중단된 시간이고, 그 시효의 시간이기도 하다. 그것은 죄를 인식하고 잊지 않지만, 그 끔찍함에 눈을 감지 않으며, 새로운 출발을 믿고, 한 개인의 새로운 삶을 믿는 시효이다.[58] "라스콜리니코프는 헛간에서 나와, 제방 위에 쌓아 놓은 나뭇더미 위에 앉아 넓고 황량한 강을 바라보기 시작했다. 그 높다란 물가에서부터 이 지방의 광대한 풍경이 펼쳐졌다. 저 멀리 반대편 물가에서 노랫소리가 들려 왔고, 메아리는 그 죄수의 귀에 울려 퍼졌다. 거기, 햇빛이 넘쳐나는 무한히 넓은 초원에는 여기저기 유목민들의 천막들이 보일 듯 말 듯한 검은 점들처럼 눈에 들어왔다. 거기에는 자유가 있었고, 거기에는 유형지의 사내들을 전혀 닮지 않은 사람들이 살고 있었다. 마치 시간이 아브라함과 그 양떼들의 시대에 정지된 것 같았다. 라스콜리니코프는 미동도 하지 않고, 두 눈을 고정시킨 채 멀리 떨어진 그 정경을 바라보고 있었다. 그는 더 이상 생각은 하지 않았다. 그는 몽상하고, 명상에 잠겨 있었지만, 동시에 막연한 불안이 그의 가슴을 짓누르고 있었다.

　갑자기 소냐가 자기 옆으로 왔다. 그녀는 소리 없이 다가와 그의 옆에

---

57) Ovide, 〈아키스와 갈라테이아 Acis et Galatée〉, in 《변신 *Métamorphoses*》.

58) H. Arendt는 성 루가에게 있어서의 '용서'라는 그리스어의 의미를 상기시켰다. 즉 'aphienai, métanoein——되돌려보내다, 자유롭게 하다, 생각을 바꾸다, 되돌아오다, 다시 길을 가다.' *op. cit.*, p.170.

앉았다. (…) 그녀는 사랑스럽고 행복한 표정을 지으며 그 죄수에게 미소를 보냈으나, 하던 버릇대로 단지 수줍어하며 한 손만 내밀었다. (…) 별안간, 그리고 그 죄수도 어떻게 그런 일이 일어났는지 알지 못하게, 어떤 눈에 보이지 않는 힘이 그를 그 아가씨의 발 밑에 무릎을 꿇게 했다. 그는 그녀의 무릎을 끌어안으면서 눈물을 흘리기 시작했다. 첫 순간 그녀는 너무도 놀랐고, 얼굴은 죽은 사람처럼 창백해졌다. 그녀는 벌떡 일어나 몸을 떨면서 그를 쳐다보았다. 그러나 동시에 그녀는 모든 것을 이해했다. 무한한 행복이 그녀의 두 눈 속에서 빛났다. 그가 자기를 사랑했다는 것을 알았고, 그 사실을 의심할 필요가 없었다. 그는 끝없는 사랑으로 그녀를 사랑하고 있었다. 말하자면 이윽고 오랫동안 기다렸던 순간이 다가온 것이었다."[59]

이러한 도스토예프스키적인 용서는 다음과 같은 말을 전하는 것 같다.

나의 사랑으로 나는 당신을 역사의 시간에서 배제하고, 당신을 어린아이로 취급한다. 그것은 내가 당신이 지은 죄의 무의식적인 동기를 인정하고, 당신에게 당신 자신의 변화를 가능하게 해준다는 것을 의미한다. 무의식이 죄/벌의 순환 속에 죽음의 욕동이 벌리는 영원한 회귀가 아닌 새로운 역사 속에 기재되기 위해서는 무의식이 용서의 사랑을 통과하여, 용서의 사랑으로 전이되어야 한다. 나르시시즘과 이상화의 자원들은 무의식에게 그 흔적들을 각인하여 원형을 바꾸어 놓는다. 왜냐하면 무의식은 언어로서 구조화되지 않았지만 '타자'의 모든 흔적들처럼 구조화되었기 때문이다. 그 흔적들 속에는 특히 전(前)언어적 자기 관능성으로 이루어진 가장 원초적인, '세미오틱적인' 흔적들이 포함되는데, 그 전언어적 자기

---

59) 《죄와 벌》, *op. cit.*, p.611. 도스토예프스키의 대화와 사랑에 대해서는, Cf. Jacques Rolland, 《도스토예프스키. 타자의 문제 *Dostoïevski. La Question de l'Autre*》, éd. Verdier, 1983.

관능성을 나에게 복원시켜 주는 것은 나르시시즘적인 체험이거나, 아니면 사랑의 체험이다. 용서는 **무의식을 갱신**한다. 이유는 용서가 나르시시즘적인 퇴행에 대한 권리를 '역사'와 '파롤' 속에 기재하기 때문이다.

그리하여 '역사'와 '파롤'은 수정이 된다. 그것들은 전방을 향한 선상적 도피가 아니고, 죽음과 복수라는 반복의 영원한 회귀도 아니다. 그것들은 치명적인 욕동의 행로이고, 그리고 사랑—새로운 삶의 여정이다.

사랑의 힘으로 역사적인 추적을 중단하면서, 용서는 애정 관계에 내재하는 나르시시즘적인 만족감과 이상화에 고유한 새로운 삶을 가져올 수 있는 잠재력을 찾아낸다. 그리하여 용서는 주체성의 두 가지 영역을 동시에 참작한다. 그것은 욕망과 죽음을 통하여 시간을 정지시키는 **무의식의 영역**과 그 이전의 무의식과 역사를 보류하고, 타인과의 새로운 관계 속에서 인격의 재구성을 개시하는 **사랑의 영역**이다. **나의 무의식은 다른 누군가가 나의 행위를 심판하지 못하도록 내게 해준 이 선물 너머에 다시 기재할 수 있다.**

용서는 행위를 깨끗이 씻어 주지는 않는다. 용서는 행위 밑에 깔린 무의식을 일깨워서 그것에게 또 하나의 연인, 즉 자유로운 사랑 속에서 나의 진실을 심판하지 않고 들어 주고, 그리고 바로 그런 이유로 다시 태어나게 해주는 또 하나의 연인을 만나게 한다. 용서는 무의식의 어두운 초시간성의 빛나는 위상이다. 이는 무의식의 초시간성이 법을 바꾸고, 사랑에의 집착을 타인과 자기를 거듭나게 하는 원칙처럼 채택하는 위상인 것이다.

미학적인 용서

우리는 그와 같은 용서의 중대성을 받아들일 수 없는 두려움을 가지고,

그리고 그런 두려움을 통해서 파악한다. 이 중대성은 심판하지 않고 계산하지 않지만, 그러나 결말을 짓고 재구성하기를 시도하는 분석적 청취에서 감지될 수 있는 것이다. 용서의 나선적 시간성은 글쓰기의 시간 속에서 실현된다. 도저히 잊어버릴 수 없는 나의 폭력과 나의 절망의 극작법을 내가 **글로 쓸** 수 있는 것은 새로운 타인, 혹은 새로운 이상에게 새롭게 전이하기를 통해 나의 무의식에서 **분리되어** 있는 것이다. 글쓰기 행위 그것 자체에 은밀히 깔린 이 분리와 재개의 시간은 무의식의 지옥만을 드러내 보일 수 있는 이야기의 주제 속에 반드시 나타나지는 않는다. 그러나 그 시간은 《죄와 벌》의 에필로그처럼 소설적인 모험을 신소설(nouveau roman)을 통하여 다시 태어나게 만들기 전에 중단시키는 말미의 기교 속에서도 나타날 수 있다. 잊혀지지 않았지만 용서를 통하여 의미를 지니게 된 죄, 글로 씌어진 흉악함, 이것들은 아름다움의 조건이다. 치욕을 기억하고 그것을 사랑의 담론의 불안정한, 음악화된, 또다시 관능화된 기호들을 통해서 여과시키는 용서 이외의 아름다움이란 없다. 용서는 미적(美的)이다. 그래서 용서의 역학에 밀착된 담론들(여러 종교, 철학, 이념)은 그 궤도 속에 미적인 것의 개화를 전제 조건으로 삼는다.

이러한 용서는 출발점에 **의미가 존재한다**라는 하나의 의지, 전제 혹은 도식을 포함하고 있다. 여기서는 반드시 무의미의 부인이다. 절망에 대항하는 편집광적인 흥분이 문제되는 것은 아니다(비록 많은 경우, 이런 경향이 지배적일 수도 있지만). 의미의 이러한 긍정과 기재의 몸짓인 용서는 그 속에 마치 안감을 집어넣듯이 의미의 침식, 우울함, 그리고 비열함을 지니고 있다. 그런 것들을 포함하면서 용서는 그것들을 이동시키고, 결속시킨다. "하나의 의미가 있다"——이것은 매우 전이적인 몸짓이고, 한 명의 타인을 위해 그리고 그 타인에 의해 제3자를 존재하게 하는 몸짓이다. **용서는 우선 한 형식의 배치처럼 표명된다.** 그 배치는 행위적 표출, 행동,

포이에시스(poïesis), 즉 창조의 효과를 지니고 있다. 이는 굴복당하고 모욕당한 개인들 사이의 관계를 형성하기, 즉 집단의 조화를 만들어 내기이다. 이는 또한 기호들의 형식화, 즉 주석 없이, 설명 없이, 이해도 없이 작품의 조화를 만들어 내기이다. 기술과 기교이다. 이러한 행동의 '원초적' 양상은 어째서 용서가 말과 지성에 이르기 전에 상처받은 감동과 신체에 도달할 수 있는 힘을 가졌는지를 명확히 밝혀 준다. 그러나 이 체제는 원시적인 것을 전혀 갖지 않았다. 용서가 함축하고 있는 지양(Aufhebung)의 논리적 가능성(무의미 **그리고** 의미, 가능한 한 자기의 허무(néant)를 통합하는 긍정적인 도약)은 주체가 자기 희생적인 이상과 굳게 연결되어 있는 결과이다. 용서의 영역에 들어 있는 자──용서해 주는 자와 용서받는 자──는 사랑하는 아버지, 상상의 아버지와 동일화될 수 있고, 궁극적으로는 새로운 상징법을 위하여 그 아버지와 화해할 준비가 되어 있는 사람이다.

부인은 그러한 지양의 작용, 혹은 자기 동일화적인 화해와 깊은 관계가 있다. 용서와 예술 작품이 그러하듯이 이 새로운 관계의 긍정 명제를 향하여 고뇌 속을 관통하는 부인은 도착적인, 마조히즘적인 쾌락을 마련한다. 그러나 시니피앙을 폐기하고, 우울증 환자의 공허한 말로 안내하는 부정하는 부인과는 대조적으로,[60] 여기서는 또 다른 절차가 작용하여 상상적인 삶을 보장한다.

여기서는 승화에 필요 불가결한 용서가 문제이다. 용서는 주체를 이상적인 존재의 심급을 갖춘 완전한 (현실적·상상적, 그리고 상징적) 자기 동일화 작용으로 이끌어 간다.[61] 항상 불안정하고, 미완성 상태에 있고, 그러

---

60) Cf. 제2장, pp.62-69.
61) Cf. 자기 동일화에 관해서는 본인의 저서 《사랑의 역사 *Histoires d'amour*》, Denoël, Paris, 1983, pp.30-51.

나 줄곧 삼중으로 된 (현실적·상상적, 그리고 상징적인) 자기 동일화 작용의 놀라운 책략을 통해서 용서하는 자의——예술가의——고통스런 육체는 급격한 변화를 겪는다. 이는 조이스가 말하는 '화체(transsubstantiation; 성찬의 빵과 포도주의 실체가 예수의 피와 살의 실체로 변화하기)이다. 이 변화는 그에게 제2의 인생을, 형식과 의미의 삶을 살아가게 하고, 그 삶은 그것과 무관한 사람들이 보기에는 약간 열에 들떠 있거나 아니면 인위적인 모습을 하고 있지만, 주체의 생존을 위한 유일한 조건이다.

동양과 서양: '아들을 통해서' 아니면 '아버지와 아들에 의해서'

　기독교가 수세기 동안 발전시켜 온 용서라는 개념의 가장 명백한 원천은 복음서의 성 바울[62]과 성 누가[63]에게로 거슬러 올라간다. 기독교 교단의 바탕을 이루고 있는 모든 원칙과 마찬가지로 그 개념은 성 아우구스티누스에게서 전개되지만, 그러나 '아버지의 온정(eudoxia)' '자애(eus-plankhna)' 그리고 아랫사람에 대한 관대('아들이 우리의 수준으로까지 자신을 낮추기'; synkatabasis)라는 실체를 발견하게 된 것은 성 요한네스(8세기)에게서이다. 거꾸로 이러한 개념들은 동방정교회 기독교의 특이성을 **아들을 통해서(Per Filium)/아버지와 아들에 의해서(Filioque)**의 분열로까지 이르게 한 것으로 해석될 수 있다.[64]

　도스토예프스키 작품 속에서 강력하게 표현되고, 그의 소설에 고유한

---

62) 〈에베소서〉, 4장 32절 "서로 인자(仁慈)하게 하며 불쌍히 여기며 서로를 용서하기를 하느님이 그리스도 안에서 너희를 용서하심과 같이 하라."

63) "이는 우리 하나님의 긍휼을 인함이라, 이로써 돋는 해가 위로부터 우리에게 임하여."(〈누가복음〉, 1장 78절)

내적 체험에 서양 세계에서는 너무도 놀라운 이러한 신비로운 감동적 표현(pathos)을 부여하는 교리에 충실한 정통 신앙이 들어 있다고 한 신학자가 깊이 있게 단정한 것 같다. 그가 바로 '새로운 신학자' 성 시메온(999-1022)이다.[65] 이 **실문법증 환자**(agrammatos)의 기독교 개종 이야기는 성 바울적이라고 불리는 문체에 속한다. "항상 눈물을 흘리면서 나는 '알지 못하는' 당신을 찾으러 길을 떠났습니다. 나는 만사를 잊었습니다……. 그러자 당신이 나타났습니다, 눈에 보이지 않고, 잡을 수도 없는 당신이……. 내 생각에는, 오 주여, 부동의 당신이 움직이고, 변하는 것이 없던 당신이 변하고 있었습니다. 형상이 없던 당신은 하나의 형상을 갖고 있었습니다……. 당신은 너무도 찬란하게 빛나고 있었고, 모든 점에서 내 앞에 완벽한 전체의 모습을 드러내 보여 주시는 것 같았습니다."[66] 성 시메온은 삼위일체를 상이한 세 가지 페르소나의 융합처럼 이해하였고, 빛의 은유를 통하여 그것을 강렬하게 서술하였다.[67]

빛과 세 가지 위격, 단일성과 출현 —— 바로 이런 것이 비잔틴적인 논리이다.[68] 이 삼위일체는 즉시 그것이 지닌 인류학적 등가물을 시메온에게서 찾아낸다. "영혼 없는 정신과 말을 가진 인간이 존재하는 것이 불가능한 것처럼 '성령' 없는 '아버지'를 가진 '아들'은 생각하는 것 또한 불

---

64) Per Filium/Filioque의 대립은 삼위일체의 삼위격의 관계에서 시작된다. '성령은 아버지에서 출발한다'로 되어 있는 것을 서로마의 서방교회에서는 일찍부터 '아버지와 아들에 의해서'로 시작하도록 수정하여, 샤를 대제 통치하(9세기경)에서는 사도신경에 qui ex Patre Filioque procedit로 명시하였다. 동로마 동방교회에서는 '아들을 통해서 아버지에게까지'에서 시작한다고 믿고 'Filioque'에 전면적으로 반대하는 입장을 취하면서 콘스탄티노플 총주교 포티우스는 서방교회를 이단이라고 공격하였다. [역주]

65) Cf. saint Syméon le Nouveau Théologien, 《작품집 *Œuvres*》, Moscou, 1890(en russe), et 《기독교의 근원 *Sources chrétiennes*》, 51.

66) O. Clément, 《동방기독교의 비약 *L'Essor du christianisme oriental*》, P.U.F., Paris, 1964, pp.25-26에서 재인용.

가능하다. (…) 왜냐하면 당신 자신의 정신은 당신의 영혼과 마찬가지로 당신의 지성 속에 들어 있고, 당신의 모든 지성은 당신의 말 속에 들어 있으며, 그리고 당신의 모든 말은 당신의 정신 속에, 분리되거나 혼동되지 않은 채 존재하기 때문이다. 바로 이것이 우리 안에 계신 하느님의 모습이다."[69] 이러한 사고 방식에서 신자는 '아들'과 함께 '성령'과 융합함으로써 신격화된다. "나는 혼란 없이, 변함 없이 나와 함께 계신 유일한 '성령'임을 감사드립니다. 무엇보다 당신은 하느님이시지만, 나에게는 당신이 모든 것에서 전부입니다."[70]

우리는 여기서 '동방정교회의 독자성'을 다루고 있다. 이 독자성은 수많은 제도적·정치적 논쟁을 거쳐 11세기에 공표되었고, 1204년 서방교회에 의한 콘스탄티노플의 탈취에 의해서 교회 분리가 완료에 이르게 된다. 솔직히 신학적인 면에서는 포티우스[71]보다는 시메온이 서방교회의 **아버지와 아들에 의해서(Filioque)**에 대립되는 **아들을 통해서(Per Filium)**라는

---

67) "하느님이신 빛, 아드님이신 빛, 성령이신 빛——이 세 가지 빛은 한 가지 동일한 빛이다. 이 빛이 모든 빛의 원천인 한 그것은 영원하며, 분리할 수 없고, 분명하며, 창조된 것이 아니라 처음부터 존재해 있었고, 유한하고, 광대하며, 불가시적인 빛이다."(《강론 Sermon》, 57, in 《Œuvres》, Moscou, 1890, t. II, p.46) "빛 속에 거주하시는 하느님과 하느님의 거주지인 빛 자체 사이에는 차이가 없다. 하느님의 빛과 하느님 사이에는 차이가 없기 때문이다. 거주지와 거주자인 빛과 하느님은 동일한 것이다"(《강론》, 59, Ibid., p.72) "하느님은 빛이고, 영원한 빛이다. 그래서 하느님의 빛은 복수적 위격(모습, 얼굴)으로 희미하게 불가분한 그 본성을 통해서 우리에게 밝혀진다……. '아버지'는 빛이요, '아들'은 빛이요, '성령'도 빛이다. 그리고 이 세 가지는 동일한 본질, 동일한 가치, 동일한 영광을 가진, 복잡하지 않은, 단순한 유일한 빛이다."(《강론》, 62, Ibid., p.105)

68) "왜냐하면 '삼위일체'는 세 가지 원리로 된 단일성이기 때문이다. 그리고 이 단일성은 복수적 위격(얼굴, 모습)으로 된 삼위일체라고 부른다……. 이 위격들 중 어느것도 단 한 순간도 다른 위격보다 앞서 존재하지 않는다……. 그 세 가지 모습은 기원을 갖고 있지 않으며, 서로 함께 영원하고, 서로에게 본질적이다."(《강론》, 60, p.80)

69) 《강론》, 61, ibid., p.95.

70) 〈신의 사랑의 찬가에 대한 서문 Préface des hymnes de l'amour divin〉, PG 612, col. 507-509, O. Clément의 앞의 책, p.29에서 재인용.

71) Photius(815년경-891년)는 콘스탄티노플의 총주교이자 동방교회의 성인. [역주]

동방교회 교리를 공식화하였다. '성령'을 강조한 그는 이 강력한 영물학 (pneumatologie)의 '아버지' 안에서 그 기원을 발견하기 때문에, '성령' 속에서의 삶과 그리스도 안에서의 삶이 동일함을 확언한다. 그렇지만 그와 같은 아버지의 심급은 단순히 권위의 원칙이나 단순한 기계적인 원인이 아니다. '아버지' 안에서 '성령'은 그 내재성을 상실하고, 하느님의 왕국과 동일화되기 때문이다. 하느님의 왕국은 발아시키고, 꽃을 피우고, 자양분이 있는 성적 변용을 통해서 정의된다. 이러한 변용은, 많은 경우 동방교회의 특성으로 간주되고 있는 우주적 에너지론(論)을 넘어서, 명명할 수 있는 것의 한계에 자리잡고 있는 '쇼즈'와의 공개적인 성적 융합을 내포한다.[72]

이러한 역학 속에서 '교회' 그 자체는 왕국의 모습을 지닌 하나의 제도 이상으로, 마치 **기체적인 신체**(soma pneumatikon), 즉 하나의 신비처럼 나타난다.

이러한 세 가지 위격 사이, 그리고 신자와 삼위일체 사이의 황홀경에 빠진 동일화는 '아들'의 (혹은 신도의) **자립성**이라는 개념으로 인도하지 못하고 각자가 타인에 대한 영물학적인 **의존**에 도달하게 되는데, 그것을 나타낸 것이 Filioque('성령'은 '아버지'와 '아들'로부터 오신다)에 대립되

---

72) 내 개인의 이름으로 내가 말하는 것이 아니라, (내가 방금 찾아낸) 보물 그것 자체의 이름으로, 다시 말하면 나를 통하여 다음과 같이 말씀하시는 예수 그리스도의 이름으로 나는 말을 한다. "나는 부활이요 생명이니."(《요한복음》, 11장 25절) "나는 겨자씨 한 알 같으니."(《마태복음》, 13장 31-32절) "나는 진주를 구하는……."(《마태복음》, 13장 45-46절) "나는 누룩과 같으니라."(《마태복음》, 13장 33절)(《강론》, 89, p.479) 시메온은 어느 날 '지독히 흥분하여 말을 토해 내는' 상태에서 하느님께 말씀드렸고, '뜨거운 눈물'을 흘리며 그 빛을 맞아들였으며, 자신의 경험 속에서 그는 성서가 진주로(《마태복음》, 13장 45-46절), 한 알의 겨자씨로서(《요한복음》, 24장 6-42절), 누룩으로(《마태복음》, 13장 33 절), 생명수로(《요한복음》, 4장 6-42절), 불로(《히브리서》, 1장 7절 등), 빵으로(《누가복음》, 22장 19절), 신방으로(《시편》, 18편 5-6절), 신랑으로(《마태복음》, 25장 6절; 《요한복음》, 3장 29절; 《묵시록》, 21장 9절) 묘사한 하느님의 왕국 자체를 재인식했노라고 고백하였다.

는 Per Filium('성령'은 '아버지'로부터 '아들'을 통해서 오신다)라는 표현이다.[73]

　그 당시 삼위일체와 신앙의 내부에서 일어난 이 신비로운 운동을 합리적으로 설명하기는 불가능하다. 그 운동에서 '성령'은 페르소나로서의 그 가치를 상실하지 않은 채 다른 두 가지 위격과 융합하고, 그와 동시에 그것들이 지닌 개별적 동일성이나 권위의 가치를 넘어서 한없이 깊고 현기증나는 혹은 성적인 심연을 그것들에게 부여한다. 그 심연 속에는 상실과 황홀경의 심리적 경험이 자리잡고 있다. 이러한 논리를 합리적으로 설명할 필요가 있을 경우, 라캉이 '현실계' '상상계' '상징계' 사이의 통일성과 **그리고** 차이의 은유로서 사용한 보로메아의 매듭(noeud borroméen)이 그러한 논리를 생각할 수 있게 한다. 그런데 정확히 말하자면 그러한 논리는 고대 후기의 새로운 주체성을 당시에 존재하던 이성에 종속시키기보다 오히려 그 주체성을 묘사하는 것에 열중했던 11세기에서 13세기까지의 비잔틴 신학자들의 의도는 아니었던 것 같다. 그 반면에 보다 이론적인 사람들이었고, 아리스토텔레스를 발견하였던(한편 동방교회는 아리스토텔레스에게서 많은 영향을 받았으면서도 그로부터 거리를 둘 생각만을 하고 있었다) 서방교회의 신부들은 이원론(dyade)으로 분리될 수 있는 단일 지적 본질을 하느님 안에서 찾아내면서 '삼위일체'를 논리화했다. 즉 '아버지'는 '아들'을 낳고, '아버지'와 '아들'이 함께 '성령'을 출발시켰다는 것이다.[74] 1098년 바리(Bari)의 종교회의에서 캔터베리 대주교 앙셀

73) "'성령'은 '성령' 자체가 원하지 않았던 의미에서 주어지고 보내어진 것이 아니다. '성령'은 **'삼위일체'의 한 위격인 '아들'을 통하여,** '아버지'의 선의에 속하는 것을 마치 '성령' 자체의 의지인 것처럼 수행한다는 의미에서 주어지고 보내어진다. 왜냐하면 '성 삼위일체'는 위격들을 통하여 '아버지' '아들' '성령'의 페르소나로 불리는데, 그것은 본성으로, 본질로, 의지로 떼어 놓을 수 없는 것이기 때문이다. 그러므로 이 세 가지는 유일한 신이고, 그 이름은 '삼위일체'이다."(《강론》, 62, p.105)

름의 삼단논법에 의해서 발전된 이 아버지와 아들에 의해서(Filioque)의 논증은 그 다음 토마스 아퀴나스에 의해서 다시 채택되어 전개된다. 이 논증은 한편으로는 교황청의 정치적·정신적 권위를 안착시킨다는 이점과, 다른 한편으로는 '아버지'와 동등한 능력과 권위를 가진 '아들'과 동일화된 신도 개인의 자립성과 합리성을 확립시킨다는 이점을 가지게 된다. 그리하여 평등 안에서, 따라서 성과와 역사성 속에서 획득하게 된 것은 **자기 동일성**의 경험의 차원에서, 동일성의 영원한 불안정이라는 의미에서 상실되어 버릴 수도 있다.

그 대신 자립과 평등보다는 오히려 차이와 자기 동일성이 결국에는 희열과 신비의 근원이 된 이 동방의 '삼위일체'와 결합된다. 동방정교회는 여러 가지 대립을 넘어서 '삼위일체'의 위격 하나하나가 서로 연결되고, 다른 모든 위격들과 동일화되어 있는 충만, 즉 관능적 융합의 의미를 찬미하면서 '삼위일체'를 수호하고 가꾸어 나간다. 동방정교회적인 '삼위일체'의 이러한 '보로메아적' 논리에는 신도의 심적 공간이 환희, 혹은 죽음을 향한 매우 과격한 열광의 충동 쪽으로 열려 있다. 이러한 환희와 죽음은 오직 신의 사랑의 단일성 속에 융합되기 위해 변별된다.[75]

이러한 심리학적인 배경을 토대로 성화상 예술에서 그리스도의 죽음과 '예수 수난'을 표현하는 데 있어서 비잔틴 식의 상상 세계의 대담성과, 고뇌와 자비를 탐색하는 동방교회 식의 담론의 경향을 이해하여야 한다. 단일성은 상실될 수 있고(그리스도의 단일성은 골고다 언덕에서, 신도의 단

---

74) Cf. Olivier Clément, op. cit., p.74.

75) 세 가지 위격의 고통스럽고도 향락하는 상호 침투 속에서 자아의 개인성은 생물학적이고 사회적인 삶에 필요·불가결한 경계로 포착될 수 있지만, 그러나 그것은 타인에 대한 사랑과 용서의 경험을 못하게 막는다. 이 점에 관해서는 아내 마리아가 죽었을 때 도스토예프스키가 했던 자아-경계의 주제에 대한 성찰을 참조할 것(이 책의 제7장 주 37)을 참조하자).

일성은 굴욕 혹은 죽음 속에서), 그러나 삼위일체를 잇는 결속 매듭 속에서 그 단일성은, 소멸과 출현이라는 그 영원한 순환을 회복하기 전에, 온정과 자비 덕분에 일시적인 일관성을 되찾을 수 있다.

.

'나'는 '아들'이고 '성령'이다

이 의미 속에서 신학적이고 심리학적인, 그리고 회화적인 몇 가지 사건들을 상기해 보자. 이 사건들은 동서 교회의 분리를 예고할 뿐만 아니라, 나중에 도스토예프스키 식의 담론의 기반이 되는 러시아 정교회의 정신성도 예고한다. '새로운 신학자' 시메온에게 빛은 '고통받는 자애(katany-xis)'와 분리될 수 없고, 이 '고통받는 자애'는 겸손과 흘러내리는 눈물로써 하느님과 통한다. 그것은 즉시 용서받았음을 알고 있기 때문이다. 게다가 예를 들면 고해신부 막시무스(12세기)가 제시한 성체의 영물학적인 개념은 그리스도가 **동시에** 신격화되고 **그리고** 십자가에 못박혔다는 생각과, 십자가 위에서의 죽음은 삶 속에 주입되어 살아 있다는 생각을 갖게 해준다. 이것을 근거로 하여 화가들은 십자가 위에서의 그리스도의 죽음을 표현하기를 정당화한다. 왜냐하면 죽음은 살아 있는 것이고, 죽은 육신은 교회를 통해서 상(像)으로, **그리고** 현실로 보존될 수 있는 썩지 않는 신체이기 때문이다.

11세기 이후로 기독교의 건축과 성상학의 도식론은 사도들에게 둘러싸여 그들에게 술잔과 빵을 대접하는 그리스도의 재현이 풍요로워졌다. 성 요한네스 크리소스토무스[76]의 표현을 빌리면 '대접하고 대접받는' 그리스도를 재현하였다. 올리비에 클레망이 주장했듯이 모자이크 예술도 빛의 현전과 은총과 자비의 선물의 현전을 강조하였고, 동시에 성모 시리즈와 '예수 수난' 의 도상 표현을 통하여 신도 각 개인이 성서의 인물들과 동일화할 수 있게 하였다. 은총의 빛을 받고 있는 이 주관주의는 그리스도의 '수난' 이라는 표상 속에서 그것이 지닌 특별한 표현법 중 하나를 찾아내게 된다. 말하자면 인간처럼 그리스도도 괴로워하며 죽었음을 표명하는 것이다. 그런데 그리스도의 굴욕과 고통이 '성령' 속의 '아들' 에 대한 자애로운 연민 속에 잠겨 있기 때문에 화가는 그것을 표현해 낼 수 있고, 그리고 신도는 그것을 볼 수 있다. 마치 그리스도의 '부활' 이 **죽음을 볼 수 있는 것**으로 만들고, 동시에 한층 더 비장한 것이 되게 만드는 것처럼. '수난' 의 장면들은 1164년 콤네누스 왕조가 세운 네레치의 마케도니아적인 교회에서 전통 전례 시리즈에 첨가되었다.

그런데 고전적인 혹은 유대적인 전통에 비해서 이처럼 앞섰던 비잔틴 도상 예술은 그후에 침체되고 만다. 문예 부흥은 라틴 세계의 것이었다. 그리고 정치적 · 사회적 원인들이나 타민족의 침입만이 도식화 경향에 있던 동방교회의 회화 예술이 쇠퇴하는 데 기여한 것은 아니었다. 확실히 '삼위일체' 에 관한 동방의 개념은, 그것이 개인을 권위에 종속시키지 않을 때 개인에게 자립성을 덜 부여하고, 또한 개인이 '예술적 개성' 으로 꽃피울 수 있도록 격려하지 않는 것도 사실이다. 그렇기는 하지만 덜 화려하면서도 더 치밀한, 따라서 통제하기가 쉽지 않은 언어 예술의 우여곡절 속에서 이러한 도약은——알려진 후진성에도 불구하고——하나의 보너스처럼, 특히 러시아 문학 속에서 고뇌의 연금술의 증류(distillation)와 함께 완전하게 이루어졌다.

비잔틴의 도약이 있은 다음, 그리고 남쪽 슬라브 민족들(불가리아인, 세

---

76) Saint John Chrysostom(347년경–407년): 그리스의 교부로 동방정교회의 최고의 설교자. 그의 웅변은 7세기 이래로 '황금의 입' 이라고 불렸다. (역주)

르비아인)의 도약이 있은 후에 뒤늦게 등장한 러시아 교회는 그것이 지닌 영물학적이고 신비적인 경향을 강조하게 된다. 이교도적이고 디오니소스적인, 그리고 동양적인 기독교 이전의 전통은 러시아를 통과한 비잔틴 정교회에게 한번도 도달하지 못했던 절정기를 각인한다. 즉 마니교에서 영감을 받은 신비적 종파인 '비밀결사(khlysty)'가 있었고, 이것은 신도와 그리스도의 완전한 융합에 도달할 목적으로 과도한 고뇌와 관능에 특권을 부여하였다. 그리고 지상에서의 신의 출현이라는 사상도 있었다. (이것은 모스크바를 콘스탄티노플 다음의 '제3의 로마'라고 하는 생각과 몇몇 사람들이 주석을 붙이고 있는 '제3의 국제 도시'와도 연결이 된다.) 사랑이라는 구원에 대한 찬미가 있었고, 그리고 특히 고뇌와 환희의 교차점에, 그리스도 안에 깃든 자애(oumiliénié)의 위격에 대한 생각도 있었다. '수난'의 고통을 맛본 사람들(strastotierptsy),' 말하자면 실제로 학대받거나 굴욕을 당했으면서도 악에 대해 오직 용서로써 응답하는 사람들의 심적 충동도 있었다.──이러한 것들이 러시아 정교회 논리의 가장 절정적이고 구체적인 표현들에 속한다.

러시아 정교회의 논리를 알지 못하면서 도스토예프스키를 이해할 순 없을 것이다. 그의 대화주의, 그의 다성성[77]은 다양한 원천에서 흘러 들어온 것이 확실하다. 러시아 정교의 신앙이라는 원천을 무시한다면 잘못된 생각일 것이다. 러시아 정교의 삼위일체의 개념(모든 주체성이 그것이 지닌 모순들을 최대한으로 전개하게 하는 보편화된 영물학에서 볼 수 있는 세 가지 '페르소나'의 차이와 단일성)은 이 작가의 '대화주의'뿐만 아니라, 고뇌와 **그리고** 용서에 대한 찬양에 영감을 불어넣고 있다. 이러한 관점에서, 도스토예프스키의 세계에서 존재하고 있는 압제적인 아버지의 이미

---

77) Cf. M. Bakhtine, 《도스토예프스키의 시학 *Poétique de Dostoïevski*》, *op. cit.*

지, 프로이트가 그 속에서 간질의 원인과 유희적 방탕(도발에 대한 열정)의 원인을 알아보았던[78] 아버지의 이미지는 비잔틴의 삼위일체에 고유한 관대한 아버지상(像)과 함께, 그분의 다정함과 용서와 함께 균형이 잡힌다.──이 점은 정신병 환자 도스토예프스키가 아니라 예술가 도스토예프스키를 이해하기 위해서는 반드시 알아야 한다.

말해진 용서

작가의 입장(position)은 파롤의 조정(position)이다. 왜냐하면 상징적 언어 구성은 용서를 감성적 충동, 자비, 인간적인 연민으로서 흡수하고 대신하기 때문이다. 예술 작품이 하나의 용서라고 말하는 것은 이미 심리학적인 용서가(그것은 과소평가하는 것이 아니라) 특이한 행위, 즉 명명하기와 구성하기의 행위 쪽으로 퇴장함을 상정한다.

그러므로 우리는 오직 용서가 작용하고, 고갈되는 모든 영역을 개방함으로써만 어째서 예술이 용서인가를 이해할 수 있을 것이다. 우리는 도스토예프스키의 경우 러시아 정교의 신앙에 근거를 두고 있는 타인들, '등장인물들' 그리고 자기 자신의 고뇌와 자애와의 심리학적 · 주관적인 동일화의 영역에 대한 이해부터 시작할 것이다. 그 다음에는 당연히 성 토마스가 이해한 것처럼(이번에는 **아버지와 아들에 의해서**(Filioque)의 내부에서) 초개인적인 창조의 산물로서의 구원의 유효성을 논리적으로 현실화하는 것이 필요할 것이다. 끝으로 우리는 이러한 구원의 흔들 굴대를 작품의 다성성을 넘어서, 미적 수행이라는 유일한 윤리 속에서, 정열을 아

---

78) Cf. S. Freud, 〈도스토예프스키와 부친 살해 Dostoïevski et le parricide〉, *op. cit.*

름다움으로 즐김에서 관찰하게 될 것이다. 잠재적으로 부도덕한 용서-수행의 제3단계는 그러한 순환 운동의 출발점으로, 즉 이방인을 위한 타인의 고뇌와 자애로 되돌아온다.

주는 행위는 충동을 해소한다

성 토마스 아퀴나스는 '하느님의 자비'를 하느님의 정의와 연결시킨다.[79] "하느님의 정의는 그 존재의 적절성을 주시하고, 그 적절성에 맞추어 하느님은 자신에게 빚진 것을 그 자신에게 되돌려 준다"라고 강조한 다음, 성 토마스는 '하느님의 법인 예지의 관념에 적합한' 것이 진리라고 이해하면서, 그러한 정의의 진리를 확립하는 데 정성을 쏟았다. 자비 그 자체에 관해서 그는 '자비를 일종의 슬픔이라고 불렀던' 성 요한네스 다마스크누스의 매우 인류학적이고, 따라서 심리학적인 의견을 지적하기를 잊지 않았다. 성 토마스는 성 요한네스의 의견과는 차이를 보이면서 자비는 '하느님을 슬프게 하는 감정이 아니라 (…) 하느님이 조절하시는 한 가지 효과'라고 생각하였다. "그러므로 하느님에게는 타인의 비참함에 대한 슬픔이 일어날 수 없다. 그러나 이러한 비참함을 멀리하기는 비참함을 통하여 그 어떤 본성의 결여·과오를 이해하기 때문에, 특히 그분에게 걸맞다."[80] 완성을 위해 결여를 메움으로써 자비는 하나의 증여가 된다. "그리스도가 너희에게 베풀었듯이 너희들도 서로서로 베풀어라(아니면 이렇게도 번역이 된다: '은혜를 베풀어라' 혹은 '용서하여라')." 결여의

---

79) Questions 21, 《신학대전 *Somme théologique*》, 제1부.
80) *Ibid.*, 인용자의 강조.

부족함을 메운 용서, 덤으로 받는 무상의 선물. 나는 너에게 나를 주고, 너는 나를 받아들이니, 내가 너 안에 있다. 정의도 아니고 부정(injustice)도 아닌 용서는 판정을 넘어선 '정의의 충만'일 것이다. 바로 이것이 성 야곱에게 "자비는 판정을 이긴다"[81]라는 말을 하게 했다.

　인간의 용서가 하느님의 자비와 견줄 수 없음은 사실이지만, 전자는 후자의 영상을 모범으로 삼으려 노력한다. 판단에 위배되는 선물이자 봉헌물인 용서는 이 신학자가 말하는 유효하고도 효과적인 자비라는 이러한 신성과 잠재적 동일화를 상정한다. 그러나 슬픔을 벗어나고 싶어하는 신의 자비와는 달리, 인간의 용서는 타인을 향해 나아가는 길에 아주 인간적인 비애를 거두어들인다. 구원은 그 근원인 결여와 마음의 상처를 인정하면서, 그것들을 이상적인 선물——약속·계획·기교——로 채워 주고, 그리하여 모욕당하고 상처받은 인간을 완성의 차원에 끼워넣어 거기에 속한다는 확신을 그에게 심어 준다. 사랑은 무엇보다도 판단을 초월하여 슬픔을 떠맡고, 그러는 동안에 슬픔은 이해되고, 들리게 되고, 개진되는 것이다. 우리가 우리 자신을 용서할 수 있는 것은 우리의 말을 들어주는 그 누구 덕분에, 우리의 결여나 마음의 상처를 우리가 속해 있다고 확신하는 이상적인 차원으로 지양함으로써이다. 그리고 이때 우리는 우울증으로부터 보호를 받게 된다. 그러나 우리의 안전에 대한 원초적 보증인, 자애로운 부성, 결함 없는 이상성과의 동일화라는 이 좁은 길을 다시 한 번 통과하지 않고서 어떻게 결여를 통하여 그 이상적 차원에 속한다는 것을 확신할 수 있단 말인가?

<hr />

81) 성 토마스가 한 인용, *ibid*.

글쓰기: 부도덕한 용서

텍스트나 해석을 창조하는 자는 누구보다도 감정 토로를 초월한 토마스적인 자비의 매우 **논리적**이고 **능동적**인 심급에 감동하게 된다. 그는 행동에서 심급의 정의로운 가치와 더 나아가서는 행위의 올바름에 동참한다. 주체의 말을 그가 느끼는 연민에게 적절한 것으로, 또한 그런 의미에서 정확한 것으로 만들면서 용서하는 이상에 주체의 동참하기가 완수되고, 그리고 자기 자신에 대해서와 마찬가지로 다른 사람들에 대한 효과적인 용서도 가능하게 된다. 감동과 행위의 경계 영역에서 글쓰기가 일어나게 되는 것은 오직 기호들의 효율성이 생기기 위하여 정동(affect)이 부정되는 그 순간을 통해서이다. 글쓰기는 **정동**을 **효과** 속으로 통과시킨다. 성 토마스는 그것을 '순수 현실태(actus purus)'라고 했다. 글쓰기는 다양한 정동을 운반하고, 그것들을 억압하지는 않는다. 글쓰기는 정동이 승화할 수 있는 출구를 제공하고, 한 타인을 위하여 정동을 상상적이고 상징적인 제3의 묶음으로 옮겨 놓는다. 글쓰기는 용서이기 때문에 그것은 변형이고, 옮겨 놓기이며, 번역이다.

그 순간부터 기호들의 세계는 그 고유한 논리를 강요한다. 그 세계가 마련해 주는 환희, 수행과 수용의 환희는 간헐적으로 이상과 정의의 모든 가능성을 말살시킨다. 배덕주의는 이러한 절차의 숙명이고, 도스토예프스키는 그것에 정통해 있다. 글쓰기는 악과 깊은 관계를 맺고 있고, 그것은 시발점에서(전(前)텍스트에서, 그 대상들에서)뿐만 아니라 종결에서, 모든 타자성을 배제하는 글쓰기 세계의 절대주의 안에서도 그러하다. 도스토예프스키를 자신의 종교와 그 원칙인 용서에 열렬하게 집착하도록 부추긴 것은 아마도 미적인 효과가 외부 없는 열정 속에——가상적 자기

소비에 의한, 미(美)의 압제에 의한 희열과도 같은 죽음의 폐쇄 위험 속에
──갇혀 있다는 것을 의식했기 때문이다. 삼중 운동의 영원한 회귀는 다
음과 같이 시작된다. 즉 고뇌와 연결된 자애, 작품의 논리적 정당성과 적
절함, 절대적인 작품의 위격과 불안이다. 그리고 또다시 용서를 받기 위
해 용서의 삼중 논리가 재가동된다……. 멜랑콜리의 지배력에게 살아 있
는──관능적인, 부도덕한──의미를 부여하기 위해서 우리에게는 그러
한 논리가 필요하지 않을까?

8

고통의 병: 뒤라스

"고통은 내 삶에서 가장 중요한 것들 중의 하나이다."
〈고통〉

"어린 시절에는 내 어머니의 불행이
꿈의 자리를 차지하고 있었다고 내가 그에게 말했다."
〈연인〉

묵시록의 백색 수사학

1914년 이후에 발레리가 선언한 것처럼, 우리가 죽음을 피할 수 없는 존재일 뿐 아니라 우리 자신에게 죽음을 과할 수도 있는 존재임을 지금 서양 문명은 알고 있다.[1] 아우슈비츠와 히로시마는 마르그리트 뒤라스가 말한 것처럼 '죽음의 병'이 우리의 가장 음험한 내심을 구성하고 있음을 밝혀 주었다. 군사 영역과 경제 영역이 정치적·사회적 관계와 마찬가지로 죽음에 대한 열정으로 지배당하고 있다면, 죽음은 지금까지 고귀했던 정신의 왕국에까지 나타나서 통치하고 있다. 실제로 사고와 언어의 위기, 표상의 일대 위기가 표명된 셈이다. 우리는 지난 세기들에서 그와 비슷한 위기들(로마 제국의 붕괴와 기독교의 각성, 페스트 혹은 전란으로 황폐했던 중세 시대)을 찾아볼 수 있고, 아니면 그 원인들을 경제적·정치적·법적인 좌절 속에서 찾을 수도 있을 것이다. 그러나 파괴력의 강렬한 힘이 개

---

1) Cf. 〈정신의 위기 La crise de l'esprit〉, in 《Variétés》, I, Gallimard, Paris, 1934.

인과 사회의 외부와 내부에서 오늘날만큼 명백히 피할 수 없는 것으로 나타난 적은 없었다. 자연과 생명 그리고 재산의 파괴는 무질서의 재발 혹은 단순히 보다 명백한 표명으로 가중되어 가고 있고, 그 무질서의 진단은 정신의학에 의해서 세련되게 다루어지고 있다. 말하자면 정신병·우울증·편집증·경계례·거짓 인격 등이 그것이다.

정치적·군사적 대변동은 끔찍하고, 그 폭력(강제수용소나 원자폭탄의 폭격)의 잔혹성으로 인하여 사유에 도전하는 것과 마찬가지로 정신적인 자기 동일성의 폭발과 그와 똑같은 강도 높은 폭력적인 폭발은 파악하기 힘든 것으로 남아 있다. 이미 발레리는 그런 사실에 충격을 받아, (제1차 세계대선의 결과에서 생겼을 뿐 아니라 거슬러 올라가면 '신의 죽음'에서 유래한 허무주의의 결과로 생긴) 이러한 정신의 재난을 물리학자가 관찰하는 것에 비교하였다. "백열화된 화덕 속에서는 우리에게 눈이 있다 해도 아무것도 보지 못할 것이다. 빛나는 어떤 불평등성도 존재하지 않을 것이고, 공간 내의 여러 개의 점들도 구별해 내지 못할 것이다. 갇혀 있는 이 어마어마한 에너지는 불가시성에, 감각이 없는 평등성에 도달할 것이다. 이런 종류의 평등성은 완벽한 상태의 무질서에 지나지 않는다."[2]

그 이후 인격·도덕·종교 혹은 정치의 정체성에 충격을 가하는 불가시의 위기는 문학과 예술이 거는 가장 중요한 도박 중의 하나로 자리잡게 된다. 종교적인 동시에 정치적인 위기인 이러한 위기는 그 근원적 표현을 의미 작용의 위기 속에서 찾아낸다. 그때부터 명명하기의 어려움은 '문학 속의 음악'(말라르메와 조이스는 그것을 믿는 신자였고 심미주의자였다)에 귀착했을 뿐 아니라 비논리성과 침묵에 이르게 되었다. 초현실주의의 유희적이지만 항상 정치 참여적이었던 여담에 뒤이어, 제2차 세계대전이라

---

2) *Ibid.*, p.991. 인용자의 강조.

는 현실은 그 어떤 이념적 혹은 미학적 울타리가 더 이상 저지할 수 없을 것 같았던 죽음과 광기의 폭발로써 의식을 확대하였다. 여기서는 그 폭발의 피할 길 없는 내밀한 영향력을 심적 고뇌 속에서 찾아냈기 때문에 정신적인 억압이 문제였다. 이 억압은 계속 눈에 보이지 않고, 표상할 수 없는 것으로 존재하면서 피할 수 없는 긴급한 일처럼 감지된다. 어떤 의미에서일까?

고뇌와 정신적인 죽음의 미세한 굴곡을 포착하고 싶을 때 '무(無)'에 대해 이야기하는 것이 가능하다면, 우리는 여전히 나치 독일이 사용한 가스실, 원자폭탄, 혹은 강제수용소와 마주하면서 무에 대해 말할 수 있는가? 제2차 세계대전의 세계에서 눈길을 끄는 죽음의 폭발 양상도, 정신병원에서 종종 일어나는 역시 눈길을 끄는 사태로 추락하는 의식적 자기 동일성과 이성적 행동 양식의 붕괴 등도 당면 문제가 아니다. 극악무도하고 고통스런 그러한 광경들이 해를 입히는 것은 바로 우리의 지각 장치와 표상 장치이다. 너무도 힘이 센 파도에 혹사당하고 파괴되었기에 우리의 상징 수단은 거의 망연자실하고 대경실색한 상태에서 텅 비어 있다. 침묵의 저변에서 '무'라는 단어가 떠오른다. 그것은 내적이고 외적인, 가늠할 수 없을 정도로 거대한 무질서 앞에서의 다소곳한 방어이다. 그 어떤 재난도 이만큼 세상의 종말같이 상궤를 벗어난 적이 없었고, 이처럼 초라한 상징 수단이 그것에 대한 표현을 책임진 적이 없었다.

몇몇 종교적 움직임이 느낀 것은 그와 같은 잔학성 앞에서는 오직 침묵할 수밖에 없고, 그리고 죽음은 살아 있는 파롤에서 떨어져 나와 회개를 맴도는 근심의 균열과 말해지지 않은 것 속에서 오직 간접적으로만 상기될 수 있다는 것이었다. 아첨하기 위해 하는 말은 아니지만, 그런 움직임에서 우리의 마음을 끈 것은 유대교였다. 이 사실은 전쟁 초기에 유대인 배척주의와 대독 협력에 직면한 모든 세대의 지식인들의 죄책감을 드러내 보여 준다.

묵시록의 새로운 수사학만이 극악무도하고, 침묵을 맹목적으로 강요하는 이 잔학성의 비전을 떠올리는 데 무(無)가 필요한 것으로 생각되었다. (묵시록의 어원 아포칼립소(apocalypso)는 실제-예증(dé-monstration), 시선을 통한 탈-은폐(dé-couvrement)를 의미하고, 진리의 철학적인 폭로인 알레테이아(aletheia)와 대조를 이룬다.) 이 새로운 묵시록의 수사학은 외관상으로는 대립되고, 빈번히 서로 보완적인 두 가지 극단적인 수단으로 실현되었다. 그것은 영상의 과잉과 파롤의 억제이다.

한편 잔학성을 특히 잔혹하게 나타내는 것이 영상 예술이다. 영화는 그 세련됨이 어떠하든간에 묵시록적인 것을 표현하는데 최고의 예술로 남아 있다. 그만큼 영상은 이미 성 아우구스티누스가 이해했던 것처럼 '우리를 공포 속에서 걸어가게 하는'[3] 힘을 가지고 있다. 다른 한편 언어적·회화적 예술은 '그 원천의 불안하고도 무한한 탐구'[4] 쪽으로 가고 있다. 하이데거에서 횔덜린과 말라르메를 상기시키는 블랑쇼에까지, 그리고 초현실주의 작가들을 통하여[5] 우리가 확인하게 되는 것은 시인이——현대 세계에서는 정치적 지배로 인하여 그 수가 감소되고 있음이 확실한——순진하게 외적 대상의 표상을 공격하기보다는 언어라는 시인에게 고유한 거처로 회귀하여 그 표현 자료들을 펼쳐 보이고 있다는 사실이다. 멜랑콜리는 이 새로운 수사학의 은밀한 추진력이 된다. 말하자면 이번에는 불만을

---

3) "인간은 쓸데없이 걱정을 하고 있는데, 그러나 인간은 영상 속에서 걷고 있다."(Saint Augustin, 〈영상 Les images〉, 《삼위일체론 De la Trinité》, XIV, IV, 6)

4) Cf. Maurice Blanchot, 〈문학은 어디로 가고 있는가? Où va la littérature?〉, in 《Le Livre à venir》, Gallimard, Paris, 1959, p.289.

5) 로제 카유아(R. Caillois)는 문학에 있어서 '무의식의 탐험이라는 기법들' 즉 '우울·혼란·불안 같은 개인적인 정동 체험을 주석을 붙이거나 주석 없이 보고하기'를 권장했다. 〈문학의 위기 Crise de la littérature〉, 《Cahiers du Sud》, Marseille, 1935. 인용자의 강조.

극복하지는 못하지만, 거의 임상적인 방법으로 그 불만을 신중하게 따라가 보는 것이다.

이러한 영상/파롤의 이분법 속에서 상스러운 공포나 쾌락의 외적 도식을 펼쳐 보이는 것은 영화의 영역이다. 다른 한편 문학은 내면화되어, 사고의 위기를 따라서 세계에서 물러난다. 문학 자체에 고유한 형식주의로 전도되고, 그런 점에서 실존주의자들의 열광적 사회 참여와 절대 자유주의적인 젊은이들의 성애관보다 더 명철한 전후의 현대 문학은 그렇지만 험난한 길로 들어섰다. 전후의 현대 문학이 추구한 불가시적인 것에 대한 탐구는, 아마도 형이상학적으로는 단어들의 최후의 정확성에까지 강렬한 공포에 충실히 남아 있겠다는 야망이 동인이 되어 지각할 수 없는 것이 되고, 점차적으로 반사회적인 것, 반현시적인 것이 되었다. 뿐만 아니라 그 탐구는 화려하게 보여 줄 만한 것이 없기 때문에 흥미없는 것이 되고 말았다. 한편으로는 매스미디어 예술이, 다른 한편으로는 신소설의 모험이 이 두 가지 가두리를 잘 설명해 주고 있다.

어설픔의 미학

마르그리트 뒤라스의 실험은 블랑쇼가 원했던 것처럼 '작품의 기원을 향한 작품'의 실험이라기보다는 발레리가 말한 '무'와의 대결에 더 가깝다고 생각된다. 이 '무'를 혼란스런 의식에게 강요하는 것은 제2차 세계 대전의 공포였고, 또 그것과는 별도로, 그러나 그와 동시적으로 겪게 되었던 생물학적인 요소, 가족, 타인들로부터 받게 된 감추어진 충격에서 비롯된 그녀 개인적인 심적 불안이다.

뒤라스의 글쓰기는 그 원천을 글 밑에 숨은 음악성에서 혹은 서술적 논리의 붕괴 속에서 찾으면서 자기 분석을 하지 않는다. 형식적인 탐구가 있다 해도 그것은 자기 안에, 그리고 세계 속에서 침묵하고 있는 공포와의 대결에 종속되어 있다. 이 대결은 글쓰기를 한편으로는 **어설픔**의 미학으로, 다른 한편으로는 **정화되지 않은 문학** 쪽으로 이끌고 간다.

문학이 이용하는 수사학과 일상 언어의 통상적인 표현 방법은 언제나 약간 축제 분위기에 젖어 있는 듯하다. 이러한 축제 분위기에 젖은 표현법을 좌절시키고, 왜곡시키고, 속박하여 균형을 잃게 만들지 않고서 어떻게 고통의 진실을 말할 수 있겠는가?

그러나 이처럼 흐트러지고, 청각적 울림의 매력을 상실한 문장들은 매혹적이다. 이 문장들의 동사는 주어를 밍킹하고 있는 짓 같다. ("그녀의 우아함은 휴식을 취할 때와 잠을 잘 때 불안스러웠다"고 타티아나는 말했다.)[6] 아니면 그 문장들은 숨을 헐떡거릴 정도로 달리면서 목적어와 형용사 끝에서 갑자기 방향을 바꾼다. ("그리고 나서 계속 아주 조용한 상태로 남아 있으면서, 그녀는 또다시 먹을 것을 요구했고, 창문을 열어서 잠을 잘 수 있게 해달라고 했다."[7] 그리고 "그것은 눈에 띄는 그녀의 마지막 사실들이다."[8])

우리가 종종 부딪히게 되는 것은 최후의 순간에 덧붙인 추가물인데, 이 것들은 첨가되리라고 예상치 않은 문장 속에 쌓여 있으면서 모든 의미와 놀라움을 안겨 준다. ("……완전히 자라지 않았고, 우울한, 정숙치 못한, 그래서 소리를 내지 않는 소녀들을 사랑하던 그의 욕망."[9] "그들의 결합은 무감각으로 이루어졌고, 일반적이고, 순간적으로 그들이 파악하는 방식으로 이루어졌다. 무엇을 더 좋아한다는 것은 배제되었다."[10]) 또한 우리는 지나치게

---

6) Cf. Marguerite Duras, 《롤 V. 스탱의 환희 *Le Ravissement de Lol V. Stein*》, Folio, Gallimard, Paris, 1964, p.15.

7) *Ibid.*, p.25.

8) *Ibid.*

9) *Ibid.*, p.30.

박식하고 과장된 단어들, 혹은 그 반대로 지나치게 평범하고 진부한 어휘들이 인공적이고 병적으로 경직된 장엄함을 서술하는 장면과도 부딪힌다. "나는 알지 못해요. 단지 내가 아는 것은 삶의 부동성에 대해서지요. 따라서 삶이 무너질 때 난 그것을 알아요."[11] "당신이 눈물을 흘린 것은 오직 당신 자신을 위해서였지, 당신들을 갈라 놓고 있는 차이를 통해서 그녀와 재결합하기의 엄청난 불가능성에 대해서는 아니었지요."[12]

여기서 문제가 되는 것은 발화된 담론이 아니라 해체되었기 때문에 과대평가된 파롤이다. 그것은 마치 우리가 화장을 지웠거나, 아니면 아무렇게나는 아니지만 극복할 수 없으나 마음을 사로잡고, 도발적인 쾌락으로 가득한 어떤 질병 때문에 강요되어 옷을 벗은 것과도 같다. 그러나 아마도 그래서 이처럼 왜곡된 언어(parole)가 색다른, 예상치 못한, 그리고 특히 고통스런 울림으로 다가온다. 거북스런 매력이 독자인 당신을 작중인물이나 이야기하는 여성의 의식 상실 속으로, 그 허무 속으로, 비극적인 절정도 아름다움도 없는 질병의 무의미 속으로, 긴장만이 남은 고통 속으로 끌어들인다. 어설픈 문체는 무디어진 고통의 담론일 것이다.

이처럼 침묵에 가깝거나 아니면 재치 넘치는 언어의 과장과, 고뇌에 대해 팽팽하게 줄이 쳐 있는 듯이 긴장된 언어의 허약함을 보충해 주는 것이 영화이다. 연극 공연, 특히 영화의 영상 수단에 도움을 청하기는 필연적으로 관객의 입맛에 따른 연상 작용, 의미와 감정의 풍부함 혹은 빈약함의 통제할 수 없는 과잉 쪽으로 향하게 된다. 영상이 언어적인 문체의 약점을 회복시켜 줄 수는 없다는 것이 사실이지만, 영상은 어설픈 문체를

---

10) *Ibid.*, p.60.

11) *Ibid.*, p.130.

12) Cf. Marguerite Duras, 《죽음의 병 *La Maladie de la mort*》, Éditions de Minuit, Paris, 1982, p.56.

말로 표현할 수 없는 것 속에 잠기게 해준다. 말하자면 '무'는 결정할 수 없는 것이 되고, 침묵은 몽상하게 한다. 시나리오 작가가 통제하게 되는 집단 예술인 영화는 저자(텍스트 내에 점점 더 포착하기 힘든 플롯 깊숙이 병적인 비밀을 끊임없이 보호하고 있는 저자)의 사소한 지시에 필연적으로 사람들의 눈길을 끄는 육체, 몸짓, 배우의 음성, 무대 장치, 조명, 제작자들, 그리고 보여 주는 것을 직업으로 삼는 모든 사람들의 입체감과 배합을 첨가한다. 뒤라스가 영화를 이용하여 비가시적인 것의 현란함에까지 흥행적인 힘을 사용하면서 언어의 생략과 소리의 암시로써 그 힘을 사로잡으려 했다면, 그녀는 또한 언어의 축약을 치유하는 영화가 지닌 매력의 잉여분을 위하여 영화를 이용하고 있다. 그리하여 등장인물들의 매력을 증식시킴으로써 그 인물들의 비가시적인 병은 스크린상에서 연기할 수 있는 것이 되면서 전염성은 줄어든다. 말하자면 영화로 찍힌 우울증이 생소한 기교를 드러내는 것이다.

이제 우리는 뒤라스의 작품을 너무 예민한 남녀 독자들에게 읽게 해서는 안 된다고 하는 그 이유를 이해할 수 있다. 그들에게는 영화와 연극 작품을 보러 가게 하자. 그들이 똑같은 고통의 병을 만나게 되겠지만, 영화와 연극에서는 그 병이 보다 누그러지고, 완화되고, 보다 자위적이면서도 인위적인 것으로 만드는 몽상적인 매력으로 꾸며져 나타나기 때문이다. 이는 하나의 협약이다. 반대로 책은 광기를 가까이에서 따라가게 한다. 책은 광기를 멀리서 보여 주지 않는다. 책은 거리를 두고, 싫든 좋든 간에 언젠가는 광기에서 벗어날 수 있으리라는 희망을 가지고 고뇌하려고 광기를 관찰하거나 분석하지 않는다……. 정반대로 텍스트는 죽음의 병을 길들이지 못하고, 그 병과 일체가 되어 있다. 텍스트는 거리도 없고, 도피의 전망도 없이 그 병과 의기투합하고 있다. 병과 밀착되어 있는 이 소설들을 다 읽고 나도 어떤 정화(purification)가 우리를 기다리지 않는다. 병의 회복의 정화도, 피안의 약속도, 밝혀진 아픔에 추가된 쾌락이라는 보너스를 구성하는 문체나 아이러니 같은 매혹적인 아름다움마저도 우리를 기다리고 있지 않다.

카타르시스 없이

치유도 없고, 신도 없고, 가치도 없으며 근본적인 파열의 장(場)에 자리 잡고 있는 병 그것 자체의 아름다움 이외에 다른 아름다움을 갖지 못한 예술이 한번도 이처럼 카타르시스적인 가능성을 적게 가져 본 적은 없을 것이다. 의심의 여지없이, 그리고 바로 그래서 예술은 전통적으로 예술적인 재능과 연결된 은총과 용서보다 마법과 저주의 영역에 속한다. 고통과 죽음의 병과의 공모, 암울하면서도 동시에 방심하기 때문에 경솔한 공모가 뒤라스의 텍스트에서 드러나고 있다. 그것은 우리의 광기를, 의미와 인격, 그리고 생의 자기 동일성이 붕괴하는 위험스런 그 기슭을 엑스레이 사진으로 찍게 한다. '백일하에 드러난 신비'는 모리스 바레스가 클로드 로랭의 그림에 대해 묘사한 말이다. 뒤라스와 함께 우리는 백일하의 광기를 맛보게 된다. "나는 의식이 멀쩡한 상태에서 미쳐 버렸다."[13] 우리는 지금 소멸의 순간에 명석함이 동반하는 의미와 감정의 무(無)에 참석해 있다. 그리고 우리가 마주하고 있는 것은 고통과 환희의 최소단위 기호이자 최후의 기호인 심적 마비의 차가운 무의미 속에서, 비극도 없고 영광도 없이 분명하게 무력화된 우리 자신의 비탄이다.

---

13) Cf. Marguerite Duras, 《연인 L'Amant》, Éditions de Minuit, Paris, 1984, pp.105-106.

클라리스 리스펙토르(1924-1977)도 용서의 미학을 공유하지 못하는 고통과 죽음의 계시를 제시한 바 있다. 그녀의 《폐허의 건설자》[14]는 도스토예프스키와 대조적이라고 생각된다. 라스콜리니코프처럼 한 여성을 죽인(그러나 이 경우는 자기 아내를 죽인) 살인범 리스펙토르의 주인공은 다른 두 명의 여성, 즉 정신적인 여성과 관능적인 여성을 만난다. 그 두 여자가 주인공을——마치 《죄와 벌》에서 소녀가 도형수에게 한 것처럼——살인에서 해방시켜 주지만, 그를 구제해 주지도, 용서해 주지도 않는다. 그보다 더 악질적으로 그 여자들은 그를 경찰에 넘긴다. 그런데 이 결말은 용서의 이면도 아니고, 처벌도 아니다. 운명의 피할 수 없는 평정이 주역들을 덮치고, 냉혹하면서도 다소 여성적인 감미로움으로 소설은 막을 내린다. 이러한 감미로움은 주체 속에 퍼져 있는 아픔을 냉철하게 비쳐 주는 거울인 뒤라스의 환멸을 느낀 어조를 상기시킨다. 도스토예프스키의 세계와는 반대로 리스펙토르의 세계가 용서의 세계는 아니라 해도, 그 세계에서 생기는 것은 주역들 사이의 공모와 암묵이고, 그들을 이어 주는 끈은 헤어짐을 넘어서 존속하고, 일단 소설이 끝나면 비가시적이고 사람을 반기는 환경을 조성한다.[15] 뿐만 아니라 정화의 가치를 지니고, 독자에게 위기를 면하게 하는 유머가 악의 음흉한 전개를 넘어 저자의 잔혹한 이야기를 관통한다.

뒤라스에게는 그런 것이 없다. 죽음과 고통이 텍스트의 거미줄이다. 그

---

14) Cf. Clarice Lispector, 《폐허의 건설자 *Le Bâtisseur de ruines*》, 프랑스어 역. Gallimard, Paris, 1970.

15) "두 사람은 서로 쳐다보기를 피하면서 자신들이 보다 광대한 정보, 이따금 비극에서 적절하게 묘사되는 정보를 파고들었다고 느꼈다. (…) 그들은 방금 용서의 기적을 다시 한 번 안수했기 때문에, 이 보잘것없는 장면으로 서로 거북해진 두 사람은 불편해서 서로 쳐다보기를 피하고 있다. 용서하기에는 아름답지 못한 것들이 많다. 그러나 비록 우스꽝스럽고 누더기처럼 기워 놓았지만 부활의 몸짓이 일어났다. 일어날 것 같지 않은 일들이 일어나고 있다."(《폐허의 건설자》, *op. cit.*, pp.320-321)

래서 그러한 매력에 굴복하는 공범인 독자는 불행하다. 실제로 그런 독자는 그같은 죽음과 고통 속에 머물러 있을 수가 없기 때문이다. 발레리·카유아 혹은 블랑쇼가 말한 '문학의 위기'는 여기서도 절정에 달하고 있다. 문학은 자기 비판도 아니고, 비평도 아니다. 뿐만 아니라 불가능한 대상이나 찾아낼 수 없는 시간의 화산 위에서 춤을 추는 겉모습이 시시한 잔치에서 남과 여를, 진실과 거짓을 교묘하게 뒤섞는 일반화된 양가성도 아니다…… 뒤라스에게 문학의 위기는 글쓰기로 하여금 의미의 온갖 뒤틀림 안에 남아 있게 하고, 그렇게 해서 병을 적나라하게 보여 주는 데에 있다. 카타르시스가 없는 이러한 문학은 그 문학을 동원하는 병을 만나고, 인정하며, 그것을 동시에 퍼뜨린다. 이 문학은 임상적 담론의 숨겨진 이면이다──임상적 담론에 아주 가깝지만 그 병의 부차적인 이득을 향유하는 이 문학은 병을 기르고 길들이면서 절대로 그것을 고갈시키지 않는다. 이러한 불안에 충실하면서부터 우리는 양자택일이 영화의 신낭만주의 속에서, 아니면 이념적인 혹은 형이상학적인 전언과 명상을 전달하는 배려 속에서 발견될 수 있음을 이해하게 된다. 《그녀는 말했다, 파괴하라고》(1969년)와 사랑과 죽음의 테마를 극도로 압축한 《죽음의 병》(1982년) 사이에는 13년간의 영화와 연극, 그리고 해설의 세월이 이어졌다.[16]

그리하여 《연인》(1984)의 관능적인 이국 정서는 암묵적인 죽음에 의해 극도로 지친 사람들과 언어를 대체하고 있다. 여기서 전개되는 것은 뒤라스에게서 떠나지 않은 고통스럽고 치명적인 동일한 열정, 지각하면서도 억제된 열정이다. ("그녀는 그를 사랑하지 않는다고 대답할 수 있었을 것이다. 그녀는 아무 말도 하지 않는다. 문득, 그 순간, 그녀는, 그가 그녀를 알지

---

16) 뒤라스는 영화 시나리오 열아홉 편과 희곡 작품 열다섯 편(그 중 세 편은 각색되었다)을 남겼다.

못하고, 그녀를 이해하지 못할 것이며, 그 많은 도착 증세를 이해할 방법이 그에게는 없다는 것을 깨닫는다.")[17] 그러나 지리적이고 사회적인 사실주의, 식민지의 비극과 점령기의 불안을 말해 주는 저널리스트적인 문체, 어머니의 실패와 증오를 묘사한 자연주의는 어린 창녀의 달콤하고도 병적인 쾌락을 적시고 있다. 이 어린 창녀는 부유한 성인 중국 남자의 비탄에 빠진 관능성에 처절하게 자신을 내맡기지만, 그래도 숙달된 화자의 끈질긴 의지를 지니고 있다. 불가능한 꿈으로 남아 있으면서 여성적인 쾌락의 즐김은 어떤 지방색과 하나의 이야기 속에 뿌리를 내리고 있다. 그 이야기는 물론 먼 데서 온 것이지만, 한편으로는 제3세계의 유입과 다른 한편으로는 가족 살육의 현실성이 그때부터는 사실임직한 것으로, 또한 기이하게도 가깝고 친근한 것으로 만들어 간다. 《연인》과 함께 고통은 신낭만주의의 사회적이고 역사적인 공명(consonance)을 얻어내고 있고, 이 공명은 그 작품에게 성공을 보장하고 있다.

뒤라스의 전 작품은 어쩌면 《연인》 이전에 볼 수 있는 광기를 금욕주의적으로 충실히 따르고 있지는 않다. 그렇지만 그 중 몇몇 텍스트는 우리에게 그 광기의 절정을 관찰할 수 있게 해준다.

사랑의 히로시마

히로시마가 역사에 존재했기 때문에 인위적인 히로시마는 있을 수 없다. 원자폭탄 앞에서 비극적 기교나 평화주의적인 기교도 있을 수 없고, 감정의 손상 앞에서 수사학적인 기교도 있을 수 없다. "우리가 할 수 있는

---

17) 《연인》, *op. cit.*, p.48.

모든 것은 히로시마에 대해서 말하는 것이 불가능함을 말하는 것이다. 히로시마에 대한 인식은 마치 정신을 유혹하는 전형적인 미끼처럼 선험적으로 설정되었기 때문이다."[18]

신성모독, 그것은 히로시마 그 자체, 즉 치명적인 사건이지 그 반향은 아니다. 텍스트는 "혐오스런 것들로 혐오감을 묘사하기로 작정을 했다. 왜냐하면 그것은 일본인들 자신에 의해 저질러졌기 때문이다." 그래서 텍스트는 "잿더미의 흉측함을 재생시켜 그것이 하나의 사랑으로 기록되게 할 것인데, 그 사랑은 불가피하게 특이하고 '경탄할 만한' 것이다"[19]라고 제시한다. 따라서 핵폭발은 사랑 그 자체에 침투하고, 핵의 파괴적 폭력에 의해 사랑은 불가능한 것인 동시에 무척 에로틱한 것이 되고, 죽음을 면할 수는 없지만 동시에 불가사의한 매력을 지닌 것이 된다. 이는 간호사로 분장한 배우 엠마누엘 리바가 그러한 열정의 절정을 연기해 보여 준 것과 같다. 텍스트와 영화는 처음 예상한 것 같은 핵폭발의 버섯구름의 이미지로 시작되지 않고, 한 쌍의 죽어가는 사람일 수도 있는 한 쌍의 연인이 서로 얼싸안은 육체의 단편들로 시작된다. "그들 대신에 우리 눈에 보이는 것은 절단된 육체들——머리와 엉덩이 높이로——꿈틀거리는——사랑에, 아니면 고통에 사로잡혀——연달아 잿더미로, 이슬로, 원자폭탄을 맞아 죽음으로 뒤덮인——그리고 완료된 사랑의 행위가 내뿜는 땀방울로 뒤범벅이 된 육체들이다."[20] 사랑이 죽음보다 더 강한가? 그럴 수도 있다. "언제나 그들의 개인적 이야기는, 그만큼 짧다 해도 히로시마보다 우세할 것이다." 그런데 그렇지 않을 수도 있다. 왜냐하면 '그'는 히

18) Cf. Marguerite Duras, 《나의 사랑 히로시마, 간략한 줄거리 *Hiroshima mon amour, synopsis*》, Folio, Gallimard, Paris, 1960, p.10.
19) *Ibid.*, p.11.
20) *Ibid.*, pp.9-10.

로시마 사람이지만 '그녀'는 느베르 출신으로, 그곳에서 "그녀는 광기 어린 악의 때문에 미쳐 있었다." 그녀의 첫 애인은 독일 병사였고, 독일 군 점령 지역이 해방될 때 그는 살해되었으며, 그녀는 머리를 삭발당했다. '어리석음의 절대와 혐오'로 인해 살해된 첫사랑이었다. 역으로 히로시마의 끔찍함은 그녀를 프랑스적인 비극에서 해방시켜 주는 것 같았다. 원자무기의 사용은 혐오가 교전국들의 한쪽에 제한된 것이 아니라는 것을 증언하는 것 같았다. 말하자면 혐오는 수용소도 정당도 가지고 있지 않지만 절대적으로 맹위를 떨칠 수 있다는 것이다. 혐오에 대한 이러한 초월성이 사랑에 빠진 그녀를 거짓 죄책감에서 구출해 낸다. 그때부터 그녀는 자신의 '무익한 사랑'을 히로시마에까지 연장시킨다. 그들이 행복하다고 말하는 결혼 생활 너머에서, 두 주인공의 새로운 사랑은——강력하고도 마음을 사로잡는 진솔한 사랑은——역시 '희생'될 것이다. 즉 이쪽 느베르, 다른 쪽 히로시마, 그 양쪽의 참사를 막아내면서. 명명할 수 없는 침묵 속에서 사랑이 제아무리 강렬하다 해도 이제부터 사랑은 유보되고, 산산이 부서져 원자처럼 분열된다.

그녀에게 사랑한다는 것은 바로 죽은 자를 사랑하는 것이다. 그녀의 새 애인의 육체는, 그녀가 하루 낮과 하루 밤을 자신의 몸으로 감싸고 있었고, 그 피를 맛보았던 첫사랑의 시체와 혼동된다. 더구나 정열은 일본인 애인이 강요하는 불가능한 것에 대한 취향으로 인해 더 강화된다. 시나리오 작가의 지시에 따라 서구화된 얼굴과 '국제적인' 면을 지닌 일본인임에도 불구하고 그는 이국적인 남자, 아니면 느베르에서 죽은 사랑하던 독일인의 이미지와 혼동될 정도로 다른 세계, 저세상의 타인으로 남아 있다. 그러나 매우 적극적인 일본인 기술자인 그에게도 역시 죽음의 각인이 찍혀 있다. 왜냐하면 그와 같은 나라 사람들이 최초의 희생자가 된 원폭으로 인한 죽음의 정신적인 상처 자국을 지니고 있기 때문이다.

죽음을 짊어진 사랑인가, 아니면 죽음에 대한 사랑인가? 불가능한 것이 된 사랑인가, 아니면 죽음을 위한 시간증적(nécrophile) 열정인가? 내 사랑은 하나의 히로시마이다. 그것이 아니라면 히로시마의 고통이 나의 에로스이기 때문에 내가 히로시마를 사랑하는가? 《나의 사랑 히로시마》는 그러한 양의성을 간직하고 있는데, 이것은 아마도 사랑의 전후(戰後) 해설판일 것이다. 사랑에 대한 이러한 역사적 해설이 죽음에 대한 사랑의 심오한 양의성과 온갖 열정이 지닌 치사적 후광을 밝혀 주지 않는 한……
"그가 죽었지만 그녀는 여전히 그를 욕망한다. 그녀는 죽은 그를 더 이상 원할 수가 없다. 텅 비어 헐떡이는 육체. 그녀의 입술은 축축하다. 그녀는 상스러울 정도로 외설적인 정욕에 빠진 여자의 포즈를 취하고 있다. 어느 장면에서보다 더 외설스럽다. 추잡하다. 그녀는 죽은 남자를 욕망하고 있는 것이다."[21] "사랑은 삶에서 보다 더 편안하게 죽을 수 있게 한다."[22]

죽음 속에서의 사랑의 내면적 폭발과 사랑 속에서의 죽음의 내면적 폭발은 참을 수 없는 광기의 고통 속에서 그 절정을 이룬 표현에 도달한다. "가족들은 내가 죽은 것으로 간주했다. (…) 나는 미칠 지경이 되었다. 악감 때문에. 내가 어머니의 얼굴에 침을 뱉었던 것 같다."[23] 살해되고 살해하는 이 광기는 '그'의 죽음이 '그녀'에게 흡수되는 것에 지나지 않는다. "사람들은 그녀가 죽었다고 생각할 수도 있었다. 그 정도로 그녀는 그의 죽음으로 인하여 죽어가고 있었다."[24] 그들의 경계성을, 그들의 언어를, 그들의 존재를 융합시키는 이 주인공들의 동일화는 뒤라스의 작품 속에 나타나는 지속적인 형상이다. 그 남자처럼 죽지 않고, 죽은 그들의 사랑

---

21) *Ibid.*, pp.136–137.
22) *Ibid.*, p.132.
23) *Ibid.*, p.149.
24) *Ibid.*, p.125.

을 존속시키는 그녀는 죽은 여자처럼 되어간다. 왜냐하면 다른 사람들의 시간에서 분리되어 그녀는 암코양이들의 짐승 같은, 영원한 시선을 가졌기 때문이다. 그녀는 미쳤다. "느베르에서 상사병에 걸려 죽었다."(…) 그 죽은 육신과 내 몸 사이에 전혀 차이점을 찾을 수 없었어요……. 그의 몸과 내 몸 사이에서 내가 찾아낼 수 있었던 것은 울부짖는…… 닮은 모습뿐이었어요, 아시겠어요?"[25] 동일화는 빈번히 일어나고, 항구적인 것이지만, 그러나 상의 슬픔의 대상과의 동일화는 절대적이고 피할 수 없는 것이다. 바로 그런 점에서 상의 슬픔은 불가능한 것이 되어, 그 여주인공을 살아 있는 시체가 살고 있는 지하 납골당으로 변용시킨다…….

사적인 것과 공적인 것

마르그리트 뒤라스의 전 작품은 1957년 알랭 레네 감독의 영화 줄거리를 설정하고 있고, 원폭 이후 14년을 경과한 1960년의 이 텍스트 속에 들어 있다. 모든 것이 그 속에 들어 있다. 즉 고뇌·죽음·사랑과, 그리고 한 여성의 광기어린 우울증 속에서 폭발하는 그것들의 혼합물이. 그러나 특히 주목해야 할 것은 사회-역사적 사실주의(réalisme)와 우울증을 영상으로 찍는 사진술과의 결합이다. 《태평양의 장벽》(1950년)에서 예고되었던 전자, 즉 사실주의는 《연인》에서 다시 모습을 드러내고, 후자, 즉 사진술은 《모데라토 칸타빌레》(1958년)에서 강력하게 드러나면서 그뒤를 잇는 내면적인 삶을 그리는 텍스트의 독점적인 영역이 된다.

역사가 그 이후 슬며시 자취를 감춘다 해도, 《나의 사랑 히로시마》에서

---

25) *Ibid.*, p.100.

역사는 그 원인이고 배경이다. 사랑과 광기의 이러한 드라마는 정치드라마와는 독립된 것으로, 정치적인 사건들의 잔혹성이 어떤 것이든간에 그것들을 초월하는 정욕의 힘을 보여 준다고 하겠다. 뿐만 아니라 관능화된 고통이나 중단된 사랑이 강요될 적에 승리라는 말을 쓸 수 있을는지 모르겠지만, 불가능하고 광기어린 사랑은 그러한 정치적 사건들을 물리칠 수 있는 것 같다.

그러나 뒤라스적인 멜랑콜리는 **또한** 역사의 폭발과 같다. 사적인 고통은 정치적인 혐오를 주체의 정신적 소우주 안에 흡수한다. 히로시마에 온 이 프랑스 여성은 어쩌면 스탕달적인 여성, 말하자면 영원한 여성일 수 있다. 어쨌든 그녀는 전쟁과 나치, 그리고 핵폭탄 때문에 존재하니까……

그렇지만 사생활에 통합됨으로써 정치 생활은 무리의 의식이 종교적으로 정치에 부여하려고 고집하는 자율성을 상실한다. 세계의 분쟁을 일으키는 여러 당파들은 사랑이라는 이름으로 죄의 사함에 상응하는 전적인 단죄에서도 소멸되지 않는다. 독일 청년은 적군이고, 독일에 저항하던 레지스탕스 운동가들의 몰인정에도 그 나름의 논리가 있다. 그리고 일본이 나치 쪽에 가담한 것을 정당화하는 말은 한마디도 없고, 미국의 때늦은 반격의 폭력성에 대해서도 마찬가지이다. 정치적 사건들은 좌익이기를 바라는 정치 의식에 대한 함축 의미와 함께 인식되었기 때문에(주인공 일본인은 물론 좌익계 인간으로 묘사되어야 한다), 미학적인 쟁점도 역시 사랑과 죽음의 문제로 남게 된다. 그것은 결국 공적인 사실들을 광기의 빛 속에 자리잡게 한다.

오늘날 획기적 사건은 바로 인간의 광기이다. 정치는 특히 치사적인 광기의 폭발에 가담하고 있다. 정치는 한나 아렌트에게서와 마찬가지로 인간의 자유가 발휘되는 영역이 아니다. 현대 세계, 세계대전들의 세계, 제3세계, 우리를 움직이는 죽음의 지하 세계는 그리스 도시국가의 개화된 장엄함을 가지지 못한다. 현대의 정치 영역은 압도적으로, 전체주의적으로 사회적이고, 평준화되고, 살인적이다. 또한 광기는 반사회적이고, 비정치적이며, 그러나 역설적으로 자유로운 개체화의 한 공간이다. 광기에 맞선 터무니없고 흉측한 정치적 사건들――나치의 침입, 핵폭발――은 오직 그 사건들이 유발하는 인간의 고통에 의해서만 측정될 수 있도록 서서히 해소된다. 극단적인 경우 정신적인 고통을 고려해 보면, 프랑스에서 삭발당한 사랑에 빠진 여자와 원자폭탄으로 화상을 입은 일본 여자 사이에는 서열이 존재하지 않는다. 고통에 관심을 갖는 이러한 미학과 윤리에게 있어서는 우롱당한 사적 영역이 엄숙한 존엄성을 얻어내고, 이 존엄성은 죽음의 병의 시동 장치라고 하는 중대한 책임을 역사에게 지우면서 공적인 것의 가치를 하락시킨다. 공적인 생활은 그 때문에 심각하게 비현실화되고, 한편 사적인 생활은 역으로 모든 현실 세계를 독점하여, 다른 관심사를 무효화시킬 때까지 중대한 것이 된다. 새로운 세계는 필연적으로 정치적이고 비현실적이다. 우리는 고통스런 신세계의 현실을 살아가고 있다.

근본적인 불안의 이러한 절대 필요에서 시작하여 여러 가지 다른 정치 참여가 동등한 것처럼 나타나고, 도주와 기만적 약점의 전략을 드러내 보인다. "페르난데스가(家) 사람들은 독일 협력가들이다. 그리고 나는 전쟁이 끝난 2년 후, 프랑스 공산당(PCF) 당원이 되었다. 등가성은 절대적이고 결정적이다. 그것은 똑같은 것이고, 도움을 청하는 똑같은 소리, 똑같은 판단의 나약함이고, 개인적인 문제를 정치적으로 해결한다고 생각하는 똑같은 미신이라고 말할 수 있다."[26]

이러한 극한 상태를 바탕으로 하여 우리는 정치적인 것의 관찰은 잠시

---

26) 《연인》, *op. cit.*, p.85.

중단하고, 단지 고통의 다양한 양상들만을 자세히 검토해 볼 수 있을 것이다. 우리들은 살아남아 있는 자, 살고 있고-죽어 있는 자, 우리의 사적 세계의 움푹 파인 곳에 개인적인 히로시마를 감추고 있는 집행유예중인 시체들이다.

현대적 고통의 무게를 인정하면서, 그 고통을 정복한 자들의 승리 속에, 아니면 형이상학적인 조소와 열광 속에, 아니면 관능적 쾌락 속에 고통을 잠기게 하는 한 가지 예술을 상상해 보는 것이 가능하다. 현대인은 어느 시대보다도 무덤을 쳐부수고, 산 자들의 경험 속에서 삶을 승리하고, 그래서 제2차 세계대전의 파괴력이 군사적으로, 정치적으로 진압된 것처럼 보이는 것은 역시 사실이고, 무엇보다 사실이지 않은가? 뒤라스는 다른 길을 택하거나, 아니면 다른 길에 자신을 내맡긴다. 그것은 우리 안에 들어 있는 죽음과 영속적인 상처와 관능적으로, 매혹적으로 공모 관계를 맺으며 관조하기이다.

1985년 작품 《고통》——전쟁중에 씌어진, 다카우 강제수용소의 로베르 L.의 귀환이 주된 이야기인 비밀 일기——의 출판은 생물학적으로, 역사적으로 이러한 고통의 중요한 뿌리내림 중의 하나를 밝혀낸다. 그것은 나치에 의해 강요된 말살과 마주한 죽음에 대항하는 인간의 투쟁이다. 재난에서 살아남은 한 인간이 거의 시체 같은 자신의 몸속에서 삶의 근본적인 힘을 되찾기 위해 정상적인 생활 속에서 벌이는 투쟁이다. 화자인 여성——생과 사 사이의 이 모험의 증인이자 투사——은 내부에서 끌어내듯이, 되살아나 죽어가는 남자에 대한 그녀의 사랑 내부에서부터 그 투쟁을 설명한다. "죽음과의 투쟁은 재빨리 시작되었다. 죽음을 상대하려면 섬세함과 요령·수완을 발휘해야 하고, 부드럽게 다루어야만 했다. 죽음은 사방에서 그를 둘러싸고 있었다. 그러나 어쨌든 그에게 닿을 수 있는 한 가지 방법이 아직도 남아 있었다. 그것은 통로였는데, 넓지는 않아도 거기를 통해서 그와 연락을 할 수 있었다. 여하간 아직도 생명이 그 사람 속에 들어 있었다. 겨우 파편같이 조각난, 여하간 조각이 난 목숨 말이다. 죽음이 공격을 가했다——첫째 날은 39.5도였다. 그러더니 40도. 거기에서 또 41도. 죽음이 그를 질식시켰다——41도. 심장이 바이올린 현처럼 진동했다. 여전히 41도, 그런데도 심장은 떨리고 있었다. 심장이, 심장은 곧 멈출 것이라고 우리는 생각했다. 여전히 41도. 죽음이 맹렬한 공격을 퍼붓지만, 심장은 듣지 않는다. 아니 이럴 수가, 심장이 멈추려 하네."[27]

죽음에 대항하는 신체의 싸움, 신체에 대항하는 죽음의 싸움. 화자는 그 투쟁에 대한 세심하고도 중요한 세부 사항을 정밀하게 묘사하는 데 집착한다. 그녀가 주의 깊게 관찰하는 대상은 '얼이 빠졌어도 숭고한' 얼굴, 뼈, 피부, 창자이고, 더 나아가서는 '비인간적인' 혹은 '인간적인' 똥까지도…… 죽어가는 이 남자에 대한 그녀의 사랑 속에서, 그녀가 고통을 통해서, 그리고 고통 덕분에 그나마 되찾게 된 것은 재난을 면한 생존자 로베르 L.이라는 특이하고 유일한, 그렇기 때문에 영원히 사랑받는 존재에 대한 그녀의 열정이다. 죽음이 죽은 사랑에 다시 불을 붙인다. "로베르 L.이라는 이름을 부르기만 해도 나는 눈물이 난다. 여전히 나는 울고 있다. 일평생 나는 눈물을 흘릴 것이다. (…) 그가 죽어가는 동안 (…) 나는 로베르 L.이라는 이 남자를 제일 잘 안다. (…) 나는 그분을, 오직 그분을 만들어 주는 것이 무엇인지 영원히 감지할 수 있었고, 그리고 이 세상 다른 누구도, 그 무엇도 내가 로베르 L.의 특이한 기품에 대해 이야기하는 것을 감지하지 못한다."[28]

---

27) Cf. Marguerite Duras, 《고통 La Douleur》, P.O.L., Paris, 1985, p.57.
28) Ibid., p.80.

죽음에 반해 버린 고통은 지고한 개별 분화일까?

고통에 대한 개인적 감수성이 이토록 악착스럽게 우리 시대의 비극을 받아들이고, 대다수 사람들의 심적 경험의 중심에 죽음의 병을 심어 놓는 데에는 조국 상실이라는 기이한 모험, 아시아 대륙에서 보낸 어린 시절, 용감하면서도 냉혹한 여교사 어머니가 겪은 어려운 삶의 긴장, 오빠의 정신병, 그리고 모든 사람들의 비참함을 어린 나이에 알게 된 것, 이런 것들이 필요했을 것이다. 억제된 증오의 불길로 이미 타버린 사랑과 희망이 오직 불운에 짓눌린 상태로 모습을 드러내던 어린 시절. "내가 그의 얼굴에 침을 뱉을 참이었다. 입을 열었고, 가래침은 입 속에 남아 있었다. 그런데 그럴 필요가 없었다. 그 조씨라는 자는 재수 없는 녀석이었어, 방파제처럼, 지쳐 죽어가는 말처럼 운이 없었어. 누구의 잘못도 아니고, 단지 불운일 뿐이었어."[29] 증오와 공포의 이러한 어린 시절은 현대사를 바라보는 비전의 근원과 문장(blason)이 되었다. "우리는 어떤 접근도 허용하지 않는 두께로 화석화된, 돌덩어리 가족이었다. 매일 우리는 우리 자신을 죽이고, 누구를 죽이려고 애썼다. 우리는 서로 말을 하지 않을 뿐 아니라 서로 쳐다보지도 않았다. (…) 그처럼 상냥하고 믿을 만한 우리 어머니에게 우리가 한 짓 때문에, 우리는 삶을 증오하고, 우리 서로를 증오했다."[30] "추억이란 핵심적인 공포를 생각나게 하는 것이다."[31] "나는 이미 이런 생각을 할 수 있다고 믿으면서 막연히 죽고 싶다고 느낀다."[32] "(…) 나는 지금 기다렸던, 내 속에서 생긴 슬픔에 빠져 있다. 나는 항상 슬펐으니까."[33]

---

29) Cf. Marguerite Duras, 《태평양의 장벽 Un barrage contre le Pacifique》, Folio, Galli-mard, Paris, 1950, pp.73-74.

30) 《연인》, op. cit., p.69.

31) Ibid., p.104.

32) Ibid., p.146.

33) Ibid., p.57.

미칠 정도로 고통을 갈구하는 뒤라스는 우리가 지닌 가장 집요한, 가장 신앙에 배반적인, 가장 현대적인 설망에 고마움을 드러낸다.

슬픔의 여인

"— 여성은 어떤 것에 마음이 쏠리나요? 부영사가 묻는다.

지배인은 웃는다.

(…)

— 나에게 말하라고 한다면, 난 여성을 슬픔을 통해 포착하겠어요라고 부영사가 말했다."[34]

만일 슬픔이 뒤라스 작품에 등장하는 여성들의 병적 근원이 아니라면, 그것은 근본적인 병일 것이다. 그 중에서 안 마리 스트레테르(《부영사》), 롤 V. 스탱(《롤 V. 스탱의 환희》), 알리사(《그녀는 말했다, 파괴하라고》) 세 명만 예로 들자. 감동이 없고, 퇴색한, 명명할 수 없는 슬픔. 은근한 눈물과 생략이 많은 말들을 쏟아내게 하는 무(無). 고통과 황홀감이 꽤 신중하게 혼합된다. 안 마리 스트레테르에 대해서 부영사는 이렇게 적어 놓았다. "나는 이런 말을 들었어요……. 그녀의 하늘나라, 그건 눈물이라고요." 캘커타 주재의 기이한 대사부인인 그녀는 창백하고 메마른 그녀의 육체 속에 매장된 죽은 여자를 떠돌아다니게 하는 것 같다. "진행중인 삶 속에 들어 있는 죽음, 드디어 부영사가 말했다. 그런데 그 죽음이 결국 당신을 따라잡지 않을까요? 바로 그거예요."[35] 그녀는 세계를 통해서, 그리

---

34) Cf. Marguerite Duras, 《부영사 Le Vice-consul》, coll. L'Imaginaire, Gallimard, Paris, 1966, p.80.

35) Ibid., p.174.

고 자신의 상처투성이 사랑을 넘어서, 어린 시절을 보낸 베니스의 우수에 찬 매력과 좌절된 음악가로서의 운명을 떠돌아다니게 하고 있다. 그녀는 청록색의 베니스와 세상 끝의 도시를 순회하는 은유이자 다른 사람들에게는 총독의 도시인 베니스가 그녀에게 흥분을 자아내는 원천으로 남아 있다. 그러나 안 마리 스트레테르는 '디종·밀라노·브레스트·더블린의' 모든 보통 여자들이 지닌 고통의 화신이다. 별로 영국 여자 같지 않은, 어쨌든 그녀는 보편적인 여자이다. "말하자면 단지 내가 베니스 출신이라고 믿는 것은 어쩐지 좀 단순해요. 도중에 들렀던 다른 장소들의 출신일 수도 있다고 나는 생각해요."[36]

고통은 그녀의 성기(sex)이자 성욕의 중심이다. 그녀가 자기 애인들의 서클을 은밀히, 블루 문(Blue-Moon)이나 그녀의 비밀 저택에 소집하였을 때 그 애인들은 무얼 하는가? "그들은 그녀를 쳐다본다. 검정색 실내가운을 입은 그녀는 메말랐다. 그녀의 눈꺼풀은 짝 달라붙었고, 그녀의 아름다움은 사라졌다. 그녀는 어떤 참기 어려운 안락함에 처해 있을까?

그런데 별안간 샤를 로세트에게 생각지도 못했던 일이 일어났다. 정말 그런가? 그렇다. 그것은 눈물이다. 눈물이 그녀의 두 눈에서 나와서, 아주 작고 반짝거리는 그녀의 두 뺨 위로 흘러내렸다."[37] "(…) 그들은 그녀를 쳐다본다. 커다란 눈꺼풀들이 떨고 있고, 눈물은 흐르지 않는다. (…) 이유 없이 눈물이 난다고 나는 여러분께 말할 수 있어요. 이건 내 몸을 관통하는 고통 같아요. 누군가가 울어야 한다면, 마치 내가 그랬던 것 같아요.

그녀는 캘커타의 사내들이 거기에, 아주 가까이에 확실히 와 있다는 것을 알고 있고, 그녀는 꼼짝도 하지 않는다, 그녀가 움직일 경우……. 아

---

36) *Ibid.*, p.111.
37) *Ibid.*, pp.195-196.

니냐…… 지금 그녀는 계속 울기에는 너무 오래된 고통의 포로가 되었다는 느낌을 주고 있어."[38]

이런 고통은 불가능한 쾌락을 표현한다. 이 고통은 불감증의 비통한 신호이다. 흘러가 버리지 못하는 열정을 붙들고 있는 이 고통은, 그런데 보다 심층에 옛 사랑의 불가능한 상의 슬픔이 갇혀 있는 감옥이다. 전적으로 감각과 **자기 감각**(autosensation)으로 이루어진 옛 사랑은 양도할 수도, 분리할 수도 없는 것이고, 바로 그래서 이름을 붙일 수도 없는 것이다. 자기 관능적 전-대상에 대한 수행되지 못한 상의 슬픔은 여성의 불감증을 고정시킨다. 그래서 불감증에 연결된 고통은 표층에 살아 있는 고통을 알지 못하는 여자, 즉 미지의 여성을 수용한다. 우울증적인 외관을 벗어난 나르시시즘에 고통이 대립시키고 첨가하는 것은 상처받은 정동의 심오한 나르시시즘과 원초적인 자기 관능성이다. 그리하여 우리는 그러한 고통의 근원에서 감당할 수 없는 버림받음을 찾아낸다. 이러한 고통이 밝혀지는 것은 육체 자체가 타인의 이미지 속에서 자신을 알아보는——자기 신체가 자기 이미지의 복제라는 조건하에서——반복의 놀이를 통해서이다.

"나는 아니야" 혹은 버림받기

버림받기(abandon)는 발견이 가져다 준 불가능한 외상을 나타낸다. 그 발견은 **비아**(non-moi)[39]의 존재의 발견이고, 이것은 물론 조숙한 발견일 수 있고, 바로 그래서 성립하기가 불가능한 것일 수도 있다. 실제로 버림받기는 뒤라스의 텍스트 속에 이야기로 남아 있는 것을 구조화한다. 즉

---

38) *Ibid.*, p.198.

여자 애인은 남자 애인으로부터 버림을 받고, 느베르의 프랑스 아가씨의 애인 독일 병사는 죽는다.(《나의 사랑 히로시마》, 1960) 마이클 리처드슨은 공개적으로 롤 V. 스탱을 버린다.(《롤 V. 스탱의 환희》, 1964) 또다시 이 못말리는 연애박사 마이클 리처드슨은 안 마리 스트레테르의 삶에 일련의 풍파를 일으킨다.(《부영사》, 1965) 엘리자베트 알리온은 자신의 사산아를 잃었고, 그 이전에는 그녀를 사랑한 젊은 의사가 있었는데, 그는 그녀가 남편에게 자기 편지를 보여 주자 자살을 시도한다.(《그녀는 말했다, 파괴하라고》, 1969) 《죽음의 병》(1982년)에 나오는 남자와 아가씨, 이 두 사람은 내재하는 상의 슬픔에 사로잡혀 있는 것 같은데, 이 슬픔은 그들의 육체 관계를 병적이고 거리감 있게, 항상 이미 유죄 선고를 받은 것으로 만든다. 결국 프랑스 소녀와 중국 남자는 처음부터 그들의 관계가 불가능하다는 것과 그 관계의 유죄를 확실히 알고 있었다. 그 결과 소녀는 사랑하지 않는다는 것을 확신하고, 그녀를 프랑스로 싣고 가는 귀국선상에서 오로지 쇼팽의 선율에 내맡겨진 자신의 열정의 메아리를 통해서 정신이 혼란해진다.(《연인》)

　남자 애인들과의 이별 내지 실제 죽음을 드러내는 이 피할 수 없는 버림받기의 감정은 역시 내재적이고, 이미 운명지어진 것처럼 보인다. 그 감정은 모성적 형상 언저리에서 시작되고 있다. 느베르의 젊은 여인의 어머니는 남편과 별거한 상태이거나…… 아니면(서술자는 말하기를 주저한다) 유대인으로, 자유 지역구로 떠나왔다. 롤 V. 스탱으로 말하자면, 마이클 리처드슨이 그녀를 버리고 안 마리 스트레테르에게로 떠나게 되던

---

39) "마르그리트 뒤라스의 독특한 힘은 '해방감을 주며 행동하는 매력'과 죽음의 욕동인 '자살 충동' 사이에서 감히 글을 쓴다는 것인데, 이 죽음의 욕동에서 승화라고 부르는 것이 생긴다." Marcelle Marini, 《여성성의 영역 Territoires du féminin(avec Marguerite Duras)》, Éditions de Minuit, Paris, 1977, p.56.

그 운명적인 무도회에 그녀는 자기 어머니와 함께 도착했는데, '자연의 모호한 부정의 문장들(emblèmes)'[40]을 지니고 있는 그 어머니의 우아하면서도 뼈가 앙상한 실루엣은 롤의 미래의 연적이 지닌 우아하고, 치명적이고 접근할 수 없는 메마름을 예고한다. 보다 더 비극적인 것은 《부영사》에 나오는 미친 거지 여자이다. 인도차이나에서 인도로 의식 없이 떠돌아다니는 그녀는 임신을 하고 괴저병에 걸린 상태에서 죽음과 싸우고 있고, 특히 그녀를 자기 생가에서 쫓아낸 어머니와 투쟁중이다. "그녀는 캄보디아어로 몇 마디 말했다. 안녕하세요, 안녕히 계세요. 어린아이에게 그녀는 말을 하곤 했다. 모든 악, 그녀의 뒤틀린 운명의 근원이자 원인인 통레샤프의 늙은 어머니, 그녀의 순수한 사랑에게 말을 한다."[41]

고딕적인 음울한 힘과 함께, 작품 《연인》 속의 여자 애인의 어머니의 광기는 뒤라스의 작품 세계를 가득 채우고 있는 미친 여자들의 한 원형처럼 뚜렷이 드러난다. "내가 보기에 내 어머니는 확실히 미쳤다. (…) 그렇게 태어났어. 유전이야. 어머니는 광기 때문에 병들지 않았고, 광기를 건강처럼 살고 있지."[42] 증오가 딸과 어머니를 욕정의 바이스 관계로 결속시키고, 이 긴밀한 결속은 글쓰기에 홈을 파는 불가사의한 침묵의 근원임을 밝혀 준다. "(…) 그녀를 감금하고, 구타하며, 죽여야 했다."[43] "(…) 내가 내 어머니에 대해 가졌던 사랑을 말했다고 생각하지만, 그녀에 대한 나의 증오에 대해서도 말을 했는지 나도 잘 모르겠다. (…) 그녀는 침묵이 시작되는 문턱 같은 장소이다. 거기에서 일어나는 것, 그것은 바로 침묵, 나의 전 생애를 위한 완만한 작업이다. 나는 아직도 거기, 그 얼빠진

---

40) 《롤 V. 스탱의 환희》, *op. cit.*, p.14.
41) 《부영사》, *op. cit.*, p.67.
42) 《연인》, *op. cit.*, p.40.
43) *Ibid.*, p.32.

아이들 앞에 신비로움과 동일한 거리감을 가지고 서 있다. 나는 글쓰기를 한다고 생각하지만 한번도 써본 적이 없고, 사랑한다고 하면서도 한번도 사랑해 본 적이 없다. 내가 한 것이라고는 오직 닫힌 문 앞에서 기다리는 것뿐이었다."[44] 어머니의 광기에 대한 두려움은 이 여류 소설가로 하여금 어머니를 사라지게 하고, 창녀 같은 딸을 구타하는 어머니의 폭력만큼이나 살인적인 폭력을 통하여 어머니로부터 멀어지게 만든다. 파괴하라라는 말은 《연인》 속의 서술자 아가씨가 말하는 것 같지만, 그것은 어머니의 형상을 지워 버리는 동시에 그녀가 어머니의 자리를 차지하는 말이다. 딸은 어머니의 광기를 대체하고, 어머니를 살해하기보다는 항상 충실히 사랑하는 동일화 작용의 부정적인 환각을 통해서 어머니의 삶을 연장시킨다. "별안간, 거기, 내 가까이에, 어떤 사람이 어머니의 자리에 앉아 있었고, 그 여자는 내 어머니가 아니었다. (…) 어느 누구도 대신할 수 없었던 어머니의 동일성은 사라져 버렸고, 그리고 나에게는 그녀가 되돌아오고, 되돌아오기 시작할 수 있게 할 방법이 없었다. 아무것도 더 이상 어머니의 이미지를 채워 주겠다고 나서지 않았다. 정신이 멀쩡한 상태에서 나는 미쳐 버렸다."[45]

어머니와의 관계가 고통에 선행하는 이야기를 형성한다고 지적하면서 텍스트는 그 관계를 원인으로, 근원으로 지칭하지는 않는다. 고통은 그것 자체로서 충분하고, 원인과 결과를 초월하여, 모든 실체를, 주체의 실체와 대상의 실체를 제거해 버린다. 고통은 대상을 갖지 않은 상태(états in-objectaux)의 최후의 문턱일까? 고통은 묘사에 도달할 수 없는 것이고, 그것은 영감 · 눈물 · 단어들 사이의 여백을 통해서 모습을 드러낸다. "내 마

---

44) *Ibid.*, pp.34-35.
45) *Ibid.*, p.105.

음은 인도에서의 고통으로 격앙된다. 다소의 차이는 있어도 우리 모두에게 그런 일이 생기지 않는가? 우리 속에서 고통이 숨쉬고 있음을 확인할 때에만 이러한 고통에 대해서 말할 수 있다……"[46] 둔중한 동시에 외적인 고통은 초연과 그리고 여성 존재의 어떤 심오한 분열과 혼동되고, 이 분열은 주체의 분할이라는 바로 그 장(場)에서 드러날 경우에는 추월할 수 없는 **권태의 공허감**으로 느껴진다. "그녀가 말하는 것은 단지 롤 V. 스탱으로 존재하기가 얼마나 권태롭고, 시간 낭비인지를 표현하기가 불가능하다는 말뿐이다. 사람들은 노력해 보라고 했다. 그녀는 그 이유를 모르겠노라고 대답했다. 단어를 찾는 데 그녀가 부딪히는 어려움은 극복할 수 없는 장애로 보였다. 그녀는 너 이상 아무것도 기대하지 않는 것 같았다.

그녀가 무엇을 생각하고 있을까? 그녀 자신을? 사람들이 물었다. 그녀는 그 질문의 뜻을 이해하지 못했다. 그녀는 그녀 자신을 당연한 것으로 여기는 것 같았고, 또한 그런 생각에서 벗어날 수 없다는 데서 오는 극도의 무력감을 마음속에 두어서도 안 된다는 것처럼 보였다. 그녀는 하나의 모래사막이 되어 있었고, 그 속에 방랑의 힘이 그녀를 던져 놓아 무엇인가를 추적하게 만들었을까? 알 수가 없다. 그녀는 대답이 없다."[47]

환희: 쾌락은 없다에 대하여

물론 뒤라스 작품의 이러한 여성을 모든 여성으로 간주해서는 안 된다. 그러나 거기에 여성의 성욕에 대한 몇 가지 공통된 특징이 드러난다. 슬

---

46) 《부영사》, *op. cit.*, p.157.
47) 《롤 V. 스탱의 환희》, *op. cit.*, p.24.

픔으로 괴로워하는 이러한 존재 속에서 우리는 **억압**이 아니라 **성적 욕동의 고갈**을 상정할 수 있다. 사랑의 대상——애인 혹은 그 배후에 상의 슬픔으로 남아 있는 견디기 힘든 어머니——을 박탈당한 욕동은 성적 쾌락의 끈 내지는 상징적 동조의 끈을 만들어 낼 수 있는 능력을 빼앗겨서 하얗게 비어 있다. 상실된 '쇼즈'가 그 흔적을 잊혀진 감정에, 그리고 의미 작용을 도난당한 담론 속에 남긴다는 것은 확실하다. 그러나 그것은 부재의 흔적이자, **기본적인 탈관계**의 흔적이다. 그것은 환희——쾌락은 없다——를 야기할 수 있다. 이러한 여성과 그 사랑을 만나 보려면 비밀 지하실에서 그것들을 찾아내야만 한다. 거기에는 아무도 없고, 오직 느베르의 고양이들의 빛나는 눈과 그것들과 뒤섞인 소녀의 파국적인 불안뿐이다. "되돌아가서 그녀를 다시 만날까? 아니야. 그 사람을 빼앗는 것이 눈물일까?"[48]

감추어지고 몰(沒)에로틱한(관계의 끈이 없고, 타인에게서 떨어져 나와 오직 신체 그 자체의 움푹 파인 공동 쪽을 향해서만 몸을 돌리고, 그 육체는 향락의 순간에도 쾌락을 얻지 못하고 사랑하는 자기 죽음 속으로 침몰한다는 의미에서) 이러한 환희는 비밀이 아니라면 적어도 여성적 향락의 한 양상일까? 《죽음의 병》은 그렇게 이해하게 한다. 그 작품 속의 남자는 소녀의 열려진 육체를 다른 방식으로는 접근할 수 없는 성적 차이의 완전한 발견처럼 음미한다. 그렇지만 그 차이는 그에게 치명적이고, 그를 집어삼키는 위험한 것으로 나타난다. 그는 그녀를 죽인다고 상상하면서 그 파트너의 축축한 성기 안에서 잠이 드는 쾌락을 스스로 금한다. "죽음의 병이 생기는 것은 거기, 그녀 속이고, 죽음의 병을 선포하는 것은 바로 당신 앞에 펼쳐진 이 모습이라는 것을 당신은 알게 될 것이오."[49] 반면에 그녀는 죽

---

48) 《부영사》, *op. cit.*, p.201.

음과 친숙하다. 성에 집착하지 않고 무심하지만, 그러나 누구를 사랑하기를 좋아하고 쾌락에 순종하는 그녀는 자기 속에 지니고 있다고 생각하는 죽음을 사랑한다. 더욱이 이러한 죽음과의 공모 관계는 그에게 죽음 너머에 있다는 감정을 안겨 준다. 그녀는 죽음에 속해 있고, 죽음을 떠맡고 있기 때문에 그녀는 죽음을 가하지도, 죽음을 감내하지도 않는다. 죽음의 병에 걸린 사람은 바로 그 남자이다. 그녀는 죽음의 병에 속해 있다. 그래서 그녀는 다르게 처신한다. "(…) 그녀는 두 눈의 초록빛 필터를 통해서 당신을 쳐다본다. 그녀는 말한다. 당신은 죽음의 통치를 예고하시는군요. 죽음이 외부에서 강요될 경우에는 죽음을 사랑할 수 없지요. 당신은 사랑할 수 없어서 눈물을 흘린다고 생각하시는군요. 죽음을 떠맡길 수 없어서 당신은 울고 있어요."[50] 접근할 수 없는 그녀는 그에게 있어서와 마찬가지로 그녀에게 있어서도 '경이로운 불가능성'이라는 사랑을 통하여 다른 사람들에게 죽음을 지니도록 하기 때문에 서술자에 의해서 신격화된다. 고통의 즐김과 관련 있는 여성적인 경험의 어떤 진실이 뒤라스의 작품 속에서는 가까이할 수 없는 여성성의 신격화와 나란히 하고 있다.

그러나 죽음을 위해서일지라도, 신비의 정점에 가까워지는 괴로운 정동과 평가절하된 언어의 이러한 **무인지**(no man's land)에 표현 방법이 결여된 것은 아니다. 무인지도 자기의 고유한 언어, 즉 **중복**(réduplication)을 가지고 있다. 그 무인지가 창조해 내는 것은 고통받는 여성이 말로 표현하지 못하는 것, 그리고 박탈당한 것을 가슴 아파하는 것 같은 정열 혹은 파괴욕을 표명하는 메아리들, 분신들, 그 유사한 것들이다.

---

49) 《죽음의 병》, *op. cit.*, p.38.
50) *Ibid.*, p.48.

쌍들(couples)과 분신. 중복

중복은 차단된 반복이다. 반복된 것이 시간 속에서 연이어 나타날 경우, 반복어법은 시간 밖에 있다. 그것은 공간 안에 남은 잔향(殘響)이고, 원근법도 없고 지속성도 없는 거울놀이이다. 분신은 잠시 동일한 자의 불안정성을 고정시켜서, 그에게 임시적 자기 동일성을 부여할 수 있다. 그러나 분신은 특히 동일한 자에게 심연을 파서 그 속에 생각지도 않았던, 그리고 수수께끼 같은 기저를 열어 놓는다. 분신은 동일한 자의 무의식적 기저이고, 이것은 동일한 자를 위협하고, 그를 삼켜 버릴 수 있다.

거울이 만들어 낸 중복은 '거울 단계'에 고유한 반사적 자기 동일화에 선행한다. 중복은 아무것도 늦출 수도, 부정할 수도, 의미할 수도 없는 욕동에 의해 혼란에 빠진 우리의 불안정한 동일성의 전초(avant-postes)를 지시한다.

시각의 힘 이외에도 그와 같은 응시의 명명할 수 없는 힘이 특권적이고 헤아릴 수 없는 우주처럼 욕망 속에 강요된다. "그는 당황한 시선으로 쉬잔을 쳐다보는 것으로 만족했다. 그는 또다시 그녀를 쳐다보았고, 보충적인 시선으로 자신의 응시력을 증가시켰는데, 보통 사람들은 정열로 인해서 숨이 막힐 때 그렇게 한다."[51] 시선을 넘어서, 혹은 시선 가까이에서 최면 상태에 빠진 정열은 분신들을 본다.

《모데라토 칸타빌레》에 나오는 안 데바레드와 쇼뱅은 그들의 사랑 이야기를 여자가 남자 손에 죽고 싶어하는 열정적인 한 쌍의 이야기일 것이라고 그들이 상상하는 것을 반복해서 꾸며 나간다. 그 두 주인공이 그들보

---

51) 《태평양의 장벽》, *op. cit.*, p.69.

다 앞선 커플의 마조히스트적인 향락을 상상으로 참조하지 않고 존재할 수 있을까? 또 하나의 중복, 즉 어머니와 아들의 중복이 '우아하며 느리게(moderato cantabile)' 연주되도록 이야기의 골조는 짜여졌다. 한 여성의 자기 동일성이 자기 자식에 대한 사랑 속에 빠져 있는 상상이 풍부한 이러한 성찰의 극치를 어머니와 아들이 실현해 낸다. 딸과 어머니가 라이벌이자 적수일 수 있다면(《연인》), 《모데라토 칸타빌레》의 어머니와 남자아이는 탐욕스런 순수 사랑으로 나타난다. 포도주처럼, 그리고 그녀가 술을 마시기 전에도 아들은 안 데바레드의 마음을 빼앗는다. 그녀는 오직 자식을 통해서만——너그럽고 황홀해진——그 자신을 받아들인다. 아들은 은밀히 함축된 사랑의 실망을 대신하고, 그 광란 상태를 드러내 보이는 좌표축이다. 아들은 실망한 어머니가 지닌 광기의 가시적인 형태이다. 아들이 없었다면 그녀는 이미 죽었을는지도 모른다. 아들과 함께 있으면 그녀는 사랑과 실천적이고 교육적인 전개 방식에 도취해 있을 뿐만 아니라, 다른 사람들과 그녀 자신에게서 영원히 추방되어 있어서 고독으로 정신이 혼미해져 있다. 소설의 초반에 자기 애인이 죽여 주기를 바랐던 여자의 일상적이고 평범한 응답처럼 어머니 안 데바레드는 자기 아들에 대한 사랑으로 황홀경에 빠진 자신의 죽음을 살아간다. 욕망의 마조히즘적인 심연을 드러내 보여 주면서 이러한 복합적 형상(어머니-아들/여자 애인-남자 애인/열정적인 죽은 여자-살인자)은 여성의 고통이 어떤 나르시스적이고 자기 관능적인 희열로 지탱되는지를 보여 준다. 물론 그 아들은 그의 어머니의 부활이다. 그러나 역으로 그녀의 수많은 죽음은 아들 속에서 삶을 영위한다. 다시 말하면 명명되지 못한 그녀의 수많은 굴욕과 상처들이 이제 살아 있는 육신이 된 것이다. 어머니의 사랑이 여성적인 고통으로 동요되면 될수록 아이는 괴롭고 예민한 애정을 느끼게 된다…….

《나의 사랑 히로시마》에서 일본인과 독일인 역시 분신이다. 느베르 출신의 젊은 여성의 연애 체험에서 일본 남자는 그녀의 죽은 애인의 추억을 되살린다. 그러나 그 두 남성의 이미지는 혼합되어 환각적 융합 속에서 하나의 퍼즐이 되고, 이 퍼즐은 독일 남자에 대한 사랑이 망각되지 못하여 지금도 존재하고 있고, 그와는 반대로 일본 남자에 대한 사랑은 죽도록 운명지어졌음을 암시한다. 중복과 속성의 교환이 드러나고 있다. 이같은 신기한 상호 침투를 통해서, 히로시마의 참사에서 살아남은 남자의 생명력은 죽음의 운명으로 가려졌고, 다른 한편 독일 남자의 결정적인 죽음은 젊은 여자의 상처받은 열정 속에서 반투명하게 계속 살아 있는 것이다. 그녀가 사랑하는 대상들의 이러한 잔향은 여주인공의 자기 동일성을 분쇄한다. 그녀는 그 어떤 시간에도 속하지 않고, 실체들이 전념시키는 공간에 속한다. 그 속에서 그녀 자신의 존재는 슬픔과 기쁨 사이에서 오락가락한다.

범죄적인 비밀

이러한 중복의 테크닉은 《부영사》에서 그 절정을 이룬다. 사바나케트의 여자 거지의 표현주의적인 광기——이것은 《태평양의 장벽》에 나오는 발병을 앓는 아시아 여인의 테마의 반복이다[52]——에 응답하는 것은 안 마리 스트레테르의 퇴폐적인 멜랑콜리병이다. 아시아 여성의 가슴을 에이는 듯한 가난과 썩어가는 육체 앞에서 베니스 출신 안 마리 스트레테르가 흘리는 눈물은 사치스럽고, 참을 수 없는 변덕처럼 보인다. 그러나 그 두 여자 사이의 대조는, 두 사람의 고통이 끼어들 경우에는 유지되지

---

52) *Ibid.*, p.119.

않는다. 병의 배경에서는 두 여자의 이미지가 혼동된다. 그리고 안 마리 스트레테르의 지극히 순수한 우주는 광기의 차원을 획득하는데, 그 우주는 또 한 명의 여자 방랑아의 각인이 없었다면 그만큼 강력하지 않을 것이다. 이는 두 명의 여류 음악가——피아니스트와 정신착란증 가수, 두 명의 망명자——한 명은 유럽에서 추방되었고, 다른 한 명은 아시아에서 추방된 여자들, 두 명의 상처받은 여인——한 명은 눈에 보이지 않는 상처를 받았고, 다른 한 명은 사회·가족·인류의 폭력으로 인한 타락한 희생물이다……. 이러한 이중주(duo)에는 또 하나의 복제——이번에는 남성인 라호르의 부영사——가 첨가되면서 삼중주(trio)가 된다. 이 부영사는 기이한 인물로, 한번도 솔직히 털어놓지 못한 어린 시절의 원초적 비탄을 지닌 사람으로 추측되고 있고, 그에 대해 알려진 것은 여러 가지 가혹 행위들뿐이다. 즉 그가 학교에서 악취탄을 뿌렸고, 라호르에서는 살아 있는 사람들에게 발포를 했다는 것인데…… 이런 것이 사실일까? 거짓일까? 모든 사람들을 두려워하는 부영사는 안 마리 스트레테르의 공범자가 되고, 그녀의 독특한 냉정함에 걸려들어 괴로워하는 애인도 된다. 왜냐하면 매혹적인 이 여인이 흘리는 눈물까지도 그가 아닌 다른 남자들을 위한 것이기 때문이다. 부영사는 멜랑콜리 환자인 그 대사부인이 할 수 있는 변태적인 변신일까? 그녀의 남성적인 복제, 그녀의 사디즘적인 변종, 말하자면 성관계를 통해서도 자신을 내맡기지 않는 그녀의 행위로의 이행의 표현일까? 동성애자일 수도 있는 그는 불가능한 사랑으로 만족 없는 욕망에 사로잡혀 있는 자신의 성적인 비탄 속에서, 그 남자처럼——법의 테두리 밖에서, 안전한 곳에서——존재하고 싶어하는 한 여인을 사랑하고 있다.

이 세 명의 정신이상자——거지 여자, 부영사, 우울증 환자 대사부인——는 하나의 세계를 꾸미고 있고, 이 세계는 소설 속의 다른 인물들이 대사

부인에게 매우 애착을 느낀다 해도 그들에게서 벗어난 세계이다. 이것은 소설의 서술자에게 심리 탐구의 심오한 토양을 제공한다. 그것은 외교관으로서 처신하기의 표면에 깔려 있고, 몇몇 여성들의 비애가 은밀히 증언해 주고 있는 범죄적이고 그리고 광기를 지닌 비밀의 베일을 벗기는 일이다.

사랑의 행위는 종종 그와 같은 반복의 기회가 되고, 각 파트너는 상대방의 분신이 된다. 이처럼 《죽음의 병》에서는 남자의 치명적인 강박관념이 자기 애인이 죽는 생각과 뒤섞이고 있다. 여자의 '가증스런 유약함'을 향유하는 남자의 눈물은 그녀의 무기력하고 무심한 침묵에 응답하고, 또 그 침묵이 의미하는 것, 즉 고통을 드러내 보인다. 그 남자의 말이 거짓이고, 사물들의 미묘한 현실에 그가 호응하지 않는다고 그녀가 생각하는 것은, 자신의 열정에 관심이 없는 그녀가 그들의 사랑놀이방을 떠날 때 그녀 자신에게로 도주하면서 해제 반응을 일으킨다. 그래서 그 두 인물은 두 가지 음성처럼 '침대 시트의 흰색과 바다의 흰빛 사이의'[53] 두 개의 파도처럼 보이고 만다.

퇴색한 고통은 (마치 바랜 색깔처럼) 이러한 남자와 여자들, 분신들과 복제들을 가득 채우고, 그것들을 만족시키면서, 그들에게서 또 다른 심리를 탈취해 간다. 그렇게 되면 똑같이 박아낸 탁본 같은 이 존재들은 오직 그들의 **고유명사들**——고뇌의 광야에서 응집되는 비교할 수 없고, 침투할 수 없는 검은 다이아몬드들——에 의해서만 개체화된다. 안 데바레드·롤 V. 스탱·엘리자베트 알리온·마이클 리처드슨·막스 토른·슈타인…… 이러한 이름들은 독자가 알지 못하듯이 그런 이름을 달고 있는 사람들도 전혀 알지 못하는 하나의 이야기를 압축해서 기억하는 것 같다.

---

53) 《죽음의 병》, *op. cit.*, p.61.

그러나 그 이야기는 그런 이름들이 지닌 기이한 음조 속에서 지속되고, 결국에는 우리 자신의 무의식적인 생소함에게 저절로 밝혀지면서, 우리 안에서 갑작스레 그러나 친근하게 이해할 수 없는 것이 된다.

사건과 증오. 여자들끼리

어머니들과의 치명적인 공생 관계의 메아리처럼, 두 여자 사이의 열정은 이중화의 가장 강도 높은 형상들 중의 하나이다. 롤 V. 스탱이 자기 약혼자를 안 마리 스트레테르에게 빼앗긴 사실을 알았을 때(그러나 약혼자를 빼앗은 것이 안 마리의 마음을 충족시켜 주지 못하고, 그녀의 위로받지 못하는 슬픔은 《부영사》에서 우리에게 밝혀질 것이다), 그녀는 아무도 접근할 수 없고 지루한 고독 속에 갇혀 있다. "롤에 대해 아무것도 알지 못한다는 것은 이미 그녀를 잘 알고 있다는 것이다."[54] 그러나 몇 년이 지난 다음 모든 사람들이 그녀가 병에서 완쾌되고, 편안한 마음으로 결혼을 했다고 믿고 있을 때, 그녀는 옛 친구 타티아나 카를과 자크 홀드의 사랑놀음을 염탐한다. 그녀는 그 커플을, 특히 타티아나를 사랑한다. 그녀는 타티아나를 대신해서 똑같은 침대에서, 똑같은 품속에 안기고 싶어한다. 이처럼 다른 여자——타티아나는 여기서 첫번째 연적이었던 안 마리 스트레테르의 대체물이고, 최종적으로는 어머니의 대용물이기 때문에——의 열정 속으로의 몰입은 또한 그 반대 방향으로 작용한다. 즉 그때까지 경박하고 노는 것만 즐기던 타티아나가 괴로워하기 시작한다. 이때부터 그 두 여자는, 롤 V. 스탱이 보기에는 이 세상의 회전목마를 조종하는 고통

---

54) 《롤 V. 스탱의 환희》, *op. cit.*, p.81.

의 시나리오 속에 들어 있는 똑같이 박아낸 복사 같은 존재, 복제가 된다. "(…) 만사가 그녀를 둘러싸고 명확해지며, 문득 그녀는 날카로운 생선가시들, 세상 도처에 남아 있으면서 떠도는 잔해들을 목격하게 된다. 이미 생쥐들에게 절반은 갉아먹힌 이 찌꺼기, 이것이 타티니아의 고통임을 알게 된다. 그녀는 당혹해하며 도처에서 그런 감정을, 이러한 기름때 위로 미끄러지듯 지나가게 한다. 그녀는 번갈아가며 가득 찼다가 빠져나가는, 채워졌다가는 텅 비는 시간, 그러다가 다시 항상 쓰일 수 있도록 준비된 시간이 존재할 수 있다고 믿었고, 아직도 그녀는 믿고 있고, 언제나 그것을 믿으니, 결국 그녀는 치유될 수 없을 것이다."[55]

작품 《그녀는 말했다, 파괴하라고》의 거울 속에서 분신들은 증식되어, 파괴라는 주제에서 표류한다. 이 파괴하라는 주제가 일단 텍스트의 본체 속에 표명되면, 그것은 표면으로 떠올라 타이틀을 밝혀 주고, 소설이 무대에 올리는 모든 관계들을 이해할 수 있게 한다. 엘리자베트 알리온은 불행한 사랑과 딸아이의 사산을 겪으면서 우울증에 빠져서, 환자들로 가득 찬 쓸쓸한 병원에서 휴식을 취하고 있다. 그곳에서 그녀는 두 명의 유대인 슈타인과 그의 분신 막스 토르를 만나는데, 그 둘은 영원한 작가 지망생이다. "그것을 글로 쓰지 않는다는 것이 얼마나 강렬한 요구인지 모른다."[56] 두 남자는 동성애자로 상정되고, 두 여자를 통하지 않고서는 기재될 수가 없는 말로 표현하기 힘든 열정으로 맺어져 있다. 그는/그들은 알리사를 사랑하고, 그런데 엘리자에게 매료되어 있다. 알리사 토르는 남편이 슈타인을 유혹하고 있는 엘리자베트를 만나게 되어 매우 기뻐한다는 것을 알게 된다. 그러자 그녀도 바로 그 슈타인이 자기에게 접근하여

---

55) *Ibid.*, p.159.
56) Cf. Marguerite Duras, 《그녀는 말했다, 파괴하라고 *Détruire, dit-elle*》, Minuit, Paris, 1969, p.46.

자기를 사랑하게끔 유혹한다. (이러한 암시적인 골조 속에서 독자는 자유롭게 이자(二者) 관계를 구성해 볼 수 있다.) 그녀는 분신들이 꾸며내는 이러한 만화경의 세계에서 막스 토르가 행복해한다는 것을 알게 되자 깜짝 놀란다——슈타인과 함께, 물론 엘리자베트 때문이겠지? 그런데 그가 알리사 그녀 자신 때문이라고도 단언할까?——"'파괴하라'고 그녀는 말한다."[57] 이러한 파괴에 완전히 사로잡힌 알리사는 엘리자베트 속에서 자신의 모습을 비춰 보며, 자기 동일성과 붕괴의 애매함 속에서 싱싱해 보이는 젊은 여인 자신의 겉모습 아래로 진정한 광기를 드러내 보인다. "나는 겁먹은 여자예요라고 알리사는 계속 말했다. 버림받지 않을까 두렵고, 미래가 겁나고, 사랑하기가 두렵고, 폭력이, 군중이 무섭고, 낯선 사람, 배고픔, 비참함, 진실이 두려워요."[58]

어떤 진실? 그녀의 진실 아니면 엘리자베트의 진실? "'파괴하라'고 그녀는 말한다." 그런데 그 두 여자는 서로 잘 통한다. 알리사는 엘리자의 대변인이다. 알리사는 엘리자의 말을 반복하고, 그녀의 과거를 증언하고, 미래를 예언한다. 그 미래 속에서 알리사가 보는 것은 반복과 분신뿐이다. 더구나 그녀가 느끼는 각 인물들의 생소함은 시간이 갈수록 각각 그녀 자신의 분신과 타인이 되도록 만들어 나간다.

"엘리자베트는 대답이 없다.

— 어렸을 적에 우리는 서로 알고 지냈어요라고 그녀는 말한다.

우리 가족들은 친한 사이였고요.

알리사는 작은 소리로 반복한다.

— 어렸을 적에 우리는 서로 알고 지냈어요. 우리 가족들은 친한 사이

---

57) *Ibid.*, p.34.
58) *Ibid.*, p.72.

였고요.

침묵.

— 혹시 당신이 그를 사랑한다면, 혹시 사랑했었다면, 당신의 인생에서 한번, 단 한번이라도 당신이 다른 사람들, 슈타인과 막스 토르를 사랑했을 텐데요라고 알리사가 말했다.

— 난 못 알아듣겠어요……. 엘리자베트가 말했다, 그러나…….

— 나중에, 언젠가는 그렇게 되겠지요라고 알리사가 말했다.

하지만 그건 당신도 아니고, 그들도 아닐 거예요. 내가 하는 말에 신경 쓰지 마세요.

— 슈타인은 당신이 미쳤다고 했어요, 엘리자베트가 말했다.

— 슈타인은 무슨 말이든 다 하니까요."[59]

두 여자는 서로 같은 말을 반복한다. 한 여자가 다른 한 여자의 말을 끝내면, 다른 한 여자는 그 말들이 자기들의 공통된 진실을, 자기들의 암묵적 묵계의 한 부분을 진술한다는 것을 알기 때문에 그 말을 부인해 버린다.

이러한 이중성은 여성이라는 사실에서——자신의 이미지를 타인의 이미지로 즉시 착각하는, 히스테리성이라고 불리는 똑같은 하나의 불안정성을 공유한다는 사실에서("그녀는 또 하나의 여자가 느끼는 것을 느낀다"[60]) ——생기는 것일까? 아니면 이중적인 동일한 남자를 사랑해서? 아니면 안정된 사랑의 대상을 갖지 못했다는 사실에서, 어떠한 방향축도 모성적일지도 모르는 만성적 정념을 고정시키고 진정시켜 줄 수 없으므로 그 대상을 포착할 수 없는 반영들의 번쩍임 속에서 분해해 버린다는 사실에서 기인한 것일까?

---

59) *Ibid.*, pp.102–103.
60) *Ibid.*, p.131.

실제로 남자는 그녀를-그녀들을 갈망한다. 자기 아내 알리사를 사랑하지만, 자기가 슈타인의 분신임을 잊지 않고 있는 막스 토르는 꿈속에서 아내를 엘리자베트라고 부른다. 한편 슈타인 자신은 알리사를 꿈에서 만나, 알리사의 이름을 부른다……. 엘리자베트/알리사…… 항상 그 여자들은 "둘 다 하나의 거울 속에 붙잡혀 있다."

"우린 서로 닮았어요, 알리사가 말한다. 사랑할 수만 있다면 우리는 슈타인을 사랑할 텐데.

(…)

— 정말 당신은 미인이야, 엘리자베트가 말한다.

— 우린 여자니까, 알리사가 말한다. 쳐나봐요.

(…)

— 난 당신을 사랑하고, 당신을 욕망해요, 알리사가 말한다."[61]

동음이의(同音異義)의 도움을 받는 이 두 여자 사이에서 일어나는 것은 자기 동일성이 아니다. 최면 상태에 빠진, 경상적인(spéculaire) 인식의 덧없는 순간 너머로, 타인이 될 수 없다는 불가능성이 현기증을 일으킬 정도로 빠르게 확대된다. 최면 상태(그 공식은 **이쪽 여자가 곧 저쪽 여자이다**이다)는 고통을 동반하는데, 그것은 그 두 여자의 육체적 융합은 불가능하고, 그 둘은 절대로 어머니와 그리고 분리될 수 없는 딸이 되지 않는다는 사실을 인정하는 고통이다. 엘리자베트의 딸은 죽었고, 딸은 태어나면서 파괴된 것이다. 그것은 그 두 여성 각각에게 평형을 잃게 하고, 불안정한 자기 동일성을 더욱더 공허하게 만들 수 있다.

최면 상태와 유토피아적 정념의 이러한 혼합물을 만드는 것은 어떤 성분들일까?

---

61) *Ibid.*, pp.99-101.

라이벌과 자기 남자에 대한 질투, 억제된 증오, 매혹, 성적 욕망, 이 모든 종류의 감정이 변덕스런 이 여자들의 행동과 말 속에 슬그머니 끼어든다. 이 존재들은 '엄청난 고통'을 받으며 살아가고 있고, 그것을 말하는 것이 아니라 '마치 노래 부르듯이'[62] 신음한다.

말로 환언할 수 없는 이 욕동의 폭력은 특히 행동 자제에 의해서 여과된다. 그것은 마치 행동이, 기존의 글쓰기 속에서와 마찬가지로 형식화의 노력 덕택에 행동 그 자체 속에 이미 순화된 것 같다. 따라서 증오의 외침은 그 야성적인 가혹 행위 속에 울려 퍼지지 않는다. 그 외침은 음악으로 변용되고, 음악은 (성모 마리아나 모나리자의 미소를 상기시키면서) 지하에, 자궁 속에 있어서 그것 자체가 보이지 않는 어떤 비밀에 대한 지식을 가시화시킨다. 그리하여 음악은 희열에 차 있고 개화되었지만, 그러나 항상 안정을 찾지 못하고, 언어의 한계를 넘어선 고통을 문명에게 전달한다. 이것은 특징이 없는 동시에 파괴적인—— '나무를 부러뜨리고 담벼락을 쳐부수는'——음악이고, 격분을 '숭고한 감미로움'으로, '절대적인 웃음'[63]으로 위축시키는 음악이다.

여성의 멜랑콜리는 다른 여성과의 재회를 통해서, 그 여성이 그 남자의 최적의 파트너라고 상상될 수 있을 때부터 충족되는 것일까? 그게 아니라면 다른 여성을 만나기——만족시키기——가 되지 않는 불가능성을 통하여, 아마도 그 불가능성으로 인하여 여성의 멜랑콜리가 재활성화되는 것일까? 여하간 여자들 사이에서 증오는 내부로 끌어들여서 삼켜진 채 소진되는데, 그 내부에는 시원적 라이벌이 감금되어 누워 있다. 우울증이 표현될 때 그것은 파괴——어머니와의 발광적인 폭력, 여자 친구와

---

62) *Ibid.*, p.126.
63) *Ibid.*, pp.135–137.

함께 우아하게 전복되기――로서 관능화된다.

위압적이고 황폐화된 정신에, 미쳐 버린 어머니가 《태평양의 장벽》안에 강력하게 자리잡고 있으면서, 자기 자식들의 성본능을 결정한다. '희망 그 자체에 절망한 여자.'[64] "의사는 그녀의 발작 원인이 장벽의 붕괴라고 진단했다. 그가 잘못 진단했을 것이다. 하도 많은 한(恨)이, 해마다, 날마다, 쌓여졌으니. 단지 한 가지 원인만이 있는 것이 아니었다. 수천 가지 이유가 있었고, 거기에는 장벽의 붕괴, 세상의 불공정, 개천에서 미역을 감던 자식들의 모습. (…) 그러다가 죽었고, 불행하게 죽은 일, 이 모든 것이 발작의 원인에 포함되어 있다."[65] '불운'으로 완전히 지쳐 버렸고, 딸의 무상의 성행위에 격노한 이 어머니는 빈번한 우울증 발작에 시달린다. "어머니는 마치 자기를 놓아 주지 않는 욕구의 돌진에 휩싸인 것처럼 그녀를 때리기도 했다. 쉬잔은, 그녀의 발치에서 찢겨진 원피스로 반나체가 되어 울고 있었다. (…) 그런데 내가 이 딸을 죽이고 싶다면? 딸을 죽이기가 내 마음에 든다면?"[66]이라고 그녀는 딸에 대해서 말했다. 그러한 열정의 지배하에서, 쉬잔은 아무도 사랑하지 않으면서 자기 몸을 준다. 자기오빠 조제프만은 제외하고. 오빠와 공유하고, 광란적이고 거의 정신착란적인 그의 고유한 방식으로 실현하는 이러한 근친상간적인 욕망은("(…) 내가 그녀와 동침할 때 나는 내 누이와 같이 잤다"[67]) 그 다음에 나올 소설들의 핵심 테마, 즉 분신들에 둘러싸인 사랑의 불가능성을 설정한다.

모성적 증오가 미친 여자 거지(《부영사》)의 착란 속에서 폭발한 후, 《연인》에서 보여 주는 어머니/딸의 파괴 작용이 강요하는 것은 딸에 대한 어

---

64) 《태평양의 장벽》, *op. cit.*, p.142.
65) *Ibid.*, p.22.
66) *Ibid.*, p.137.
67) *Ibid.*, p.257.

머니의 발광이 바로 자기를 낳아 준 어머니를 증오하고 사랑하는 딸이 경탄해 마지않으며 염탐하고 느끼고 재구성하는 '사건'이라는 확신이다. "발작이 일어나면 어머니는 내게 덤벼들었고, 나를 방 안에 가두고, 주먹 질을 하고, 뺨을 때리고, 옷을 벗기고, 내게로 다가와 내 몸과 속옷 냄새를 맡고는 그 중국 남자의 향내가 난다고 말했다······."[68]

이와 같이 포착할 수 없는 분신은 원초적인 사랑의 대상의 집요함을 드러내 보여 준다. 제어할 수 없는 상상적인 그 대상이, 그 지배력과 그 도피성으로, 자매 같고 어머니 같은 가까움으로, 뿐만 아니라 쟁취할 수 없는, 그래서 증오스럽고 가증스런 그 대상의 외재성으로 나를 죽인다. 사랑의 모든 형상들은, 비록 그것들이 항구적으로 남성 현존의 축에 의해 재개된다 해도 자기 관능적이고 황폐하게 만드는 이 대상 쪽으로 집중된다. 남성의 욕망은 중심이 되는 경우가 많지만, 그래도 자존심이 상했으나 엉큼하게 강한 여성들의 수동성에 의해 넘쳐나기도 하고 쓸려가기도 한다.

이러한 모든 남성들은 이방인들이다. 《연인》에 나오는 중국인, 《나의 사랑 히로시마》의 일본인, 그리고 온갖 종류의 유대인들 혹은 뿌리뽑힌 외교관들······ 관능적인 동시에 추상적인 그들은 그들의 열정이 결코 극복하게 해주지 못하는 두려움으로 인해 괴로워하고 있다. 이 격렬한 공포는 산맥의 능선 같고, 고통의 육신을 펼치는 여자들 사이의 거울놀이의 축 혹은 재작동이며, 남자들은 그 육신의 해골이다.

---

68) 《연인》, *op. cit.*, p.73.

거울 저쪽에

충족시킬 수 없는 불만이, 그래도 황홀해져서, 그렇게 형성되어 두 여자를 갈라 놓는 공간 속에 모습을 드러낸다. 어설프게도 우리는 그것을 여성 동성애라고 부를 수 있다. 그러나 뒤라스에게 더욱더 문제가 되는 것은, 일련의 나르시시즘적인 신기루 혹은 서술자 여성에게는 피할 수 없을 것 같아 보이는 최면 상태 속에서 같은 사람이자 다른 사람, 다른 사람이자 같은 사람에 대한 향수어린 탐색이다. 서술자가 들려 주는 것은 이성(異性)을 정복하는 우리의 행위에 선행하는 정신적 시하층이고, 그것은 여러 남·여의 우연적이고 위험한 만남 속에 계속 잠재해 있다. 우리는 거의 자궁 속 같은 이 공간에 주의력을 기울이지 않는 데 익숙해져 있다.

그리고 우리가 잘못한 것도 아니다. 왜냐하면 이 반사의 지하 납골당 안에서는 자기 동일성도, 인연도, 감정도 파괴된다. "'파괴하라'고 그녀는 말한다." 그러나 여성 사회가 반드시 야만적이거나 단순히 파괴적인 것은 아니다. 성관계의 취약함 혹은 불가능성으로 여성 사회는 공범의 상상적 후광을 만들고, 이 후광을 모든 성적 대상과 모든 숭고한 이상을 나르시시즘적인 유동성 속에 빠뜨리기 때문에 약간은 고통스럽고 필연적으로 상의 슬픔에 잠긴 것으로 드러날 수 있다. 이 '공동체의 아이러니' ──헤겔은 여성들을 이렇게 불렀다──앞에서는 가치들도 유효성을 갖지 못한다. 그러나 그 아이러니가 지닌 파괴성은 반드시 유쾌한 것만은 아니다.

고통은 등장인물들의 상호 반사를 통해서 그의 소우주를 전개한다. 등장인물들은, 그들이 지닌 멜랑콜리를 폭력과 착란으로까지 증대시키는 거울 속에서처럼 분신들로 조립된다. 이러한 중복의 극작법은, 거울 속에서 자기 어머니의 이미지를 오직 자기 자신의(진정시키거나 아니면 겁을 주는) 복제 혹은 메아리로 알아보는 어린아이의 불안정한 자기 동일성을 상기시킨다. 마치 타아(alter ego)처럼 그것은 자기를 동요시키는 강렬한 욕동의 음계 속에 응고되어 있고, 아이 앞에서는 분리된 것이지만 절대로 고정된 것이 아니면서 부메랑처럼 적의를 품고 되돌아와서 아이를 엄습할 태세가 되어 있다. 주체의 자립성이 형성되는 자아의 안정되고 확고한 이미지라는 의미에서, 자기 동일성은 나르시시즘적 거울 영상이 '제삼자(Tiers)'의 작업인 환희의 승천으로 끝날 때, 오직 이러한 과정의 끝에 가서야만 이루어진다.

우리 중에서 가장 확실한 사람들도 확고부동한 자기 동일성은 하나의 허구라는 사실을 알고 있다. 뒤라스적인 고통은 이루어질 수 없는 이러한 상의 슬픔을 공허한 언어로, 극도로 세련되게 환기시킨다. 이 상의 슬픔은 그것이 완성될 경우 우리가 지닌 병적인 이면에서 우리를 해방시키고, 우리를 포착하여 우리의 정신적 삶의 위험한 경계선으로 우리를 이끌고 갈 것이다.

현대성과 포스트모던

우리의 질병을 그려내는 문학인 뒤라스의 문학은 현대 사회에서 시작되어 강화된 비탄을 동반을 한다. 그러나 이 비판은 본질적이고 초역사적인 것임에는 틀림이 없다.

그녀의 문학이 한계들을 그려내는 문학이기도 한 것은, 그것이 명명할 수 없는 것의 한계를 펼쳐 보이기 때문이다. 작중인물들의 생략이 많은 담론들, 고통의 병을 요약하는 것 같은 '무(無)'에 대한 집요한 환기, 이런 것들은 명명할 수 없는 감정 상태 앞에서 겪는 언어의 붕괴를 지적한다.

이미 말했듯이 이러한 침묵은 끔찍스런 무질서 한가운데에서, 발레리의 눈이 백열화된 화덕 속에서 보았던 그 '무'를 상기시킨다. 뒤라스는 그것을 언어 속의 음악성을 추구하던 말라르메 방식으로 편곡하지 않고, 또한 이야기가 도망가듯 앞으로 쓸려가는 것을 막으면서 제자리걸음하든가, 아니면 갑작스런 도약으로 돌진하는 통사(syntaxe)를 세련되게 만드는 베케트 방식으로 편성하지도 않는다. 그와 같이 기술된 침묵과 마찬가지로 작중인물들 사이의 반향과 고통의 최후 표명으로서 말할 것이 '아무것도 없음'에 대한 집착은 뒤라스를 의미의 공백으로 이끌어 간다. 어색한 수사학과 결합된 그러한 것들은 혼란스럽고 전염성을 띤 불안의 세계를 구성한다.

역사적으로, 그리고 심리학적으로 이러한 현대적 글쓰기는 오늘날 포스트모던적인 도전에 직면하고 있다. 이제부터의 문제는 오직 '고통의 병' 속에서 철학적인 명상과 마찬가지로 성애적 방어나 기분 전환적인 쾌락을 동시에 복합적인 소용돌이 속으로 싣고 갈 수 있는 **서술적 종합**의 계기뿐이다. 포스트모던은 심층의 불안보다 인간 희극에 더 가까이 있다. 전후 문학 속에서 철저히 탐구된 바 있는 그러한 지옥은 그것이 지닌 지옥 같은 접근 불가능성을 잃었고, 그리하여 이제는 시각화되고 텔레비전으로 방영되는, 결국 그전처럼 비밀스런 것이 아닌 우리의 진실처럼 일상적이고 투명하며, 거의 세속적인 운명――'아무것도 아닌 것'――이 되지 않았는가…? 희극의 욕망은 오늘날――그만큼 잘 알고 있으면서――비극 없는 그러한 진실, 연옥 없는 그러한 멜랑콜리에 대한 근심거리를 은폐하기 위해서 생긴다. 마리보[69]와 크레비용[70]을 상기시킨다.

---

69) Marivaux; 18세기 프랑스 소설가이자 극작가. 섬세한 연애 심리 묘사로 유명하다. 〔역주〕

사랑의 신세계가 역사적 · 정신적 순환의 영원한 회귀 속에서 떠오르고 있다. 근심의 겨울에 뒤이어 찾아온 것은 그 유사한 것(semblant)의 기교이다. 백색의 불안에 뒤이어 패러디의 비통한 오락이 찾아온다. 그리고 그 반대이기도 하다. 결국 진실은, 고통스런 거울놀이 속에서 확고해질 수 있는 것과 마찬가지로 꾸며낸 장식들의 번쩍거림 속에서 제 갈 길을 간다. 정신적인 삶의 경이로움은 무엇보다도 방어와 전략, 미소와 눈물, 태양과 우울증의 교대와 관계가 있지 않을까?

---

70) **Crébillon**; 18세기 전반의 귀족 사회의 인간 모습과 정신을 분석한 프랑스 소설가. 〔역주〕

역자 후기

　인간은 끊임없이 여러 가지 활동을 하고 있고, 그의 모든 활동의 배경에는 의식이 존재하고 있다. 그리고 그 의식 중에는 우울증이나 멜랑콜리 같은 병적인 의식도 들어 있다. 그런데 우리는 우리가 그러한 성향을 가지고 있고, 그러한 성향이 창조적인 힘이 될 수 있다는 사실을 부정하고 그것을 믿으려 하지 않는다. 그러나 크리스테바는 그러한 증세를 시인 네르발의 표현을 빌려 '검은 태양'이라고 부르면서 그 현상들을 다양하고 깊이 있게 분석하고 있다.

　이 저서 《검은 태양—우울증과 멜랑콜리》는 정신분석적인 예술과 문학비평을 보여 주는 책으로서 형식상 모두 8장으로 구성되어 있다. 그러나 내용적으로는 한편으로 정신분석학이 말하는 우울증과 멜랑콜리를 논한 제1장, 언어적인 문제를 다룬 제2장, 우울증과 멜랑콜리 그리고 여성의 문제를 다룬 제3장과 우울증 환자와 미의 세계를 분석한 제4장, 다른 한편으로 화가 홀바인, 시인 네르발, 소설가 도스토예프스키와 마르그리트 뒤라스를 다룬 제5장, 6장, 7장, 8장 등 두 부분으로 나누어져 있다.

　작가와 작품들을 다룬 후자 쪽이 더 큰 비중을 차지하고 있는데, 그것은 구체적인 분석 쪽에 치중하고자 하는 저자의 의도 때문이라고 생각된다. 여하튼 종합 이론을 정리한 제1장과 나머지 장들은 유기적으로 연결되어 있다.

　이 저서를 통하여 우리가 이해할 수 있는 것은 현대인에게, 특히 창조적인 예술가에게 우울증과 멜랑콜리가 상당히 큰 비중을 차지하고 있다는 사실이다. 필자에게는 이해하기 어렵고 번역하기 힘든 부분도 있었지만, 저자의 생각을 옮기는 작업에 성심을 다하려고 노력하였다. 크리스테바의 사상을 종합적으로 이해하고자 하는 독자에게는 우선 필자의 저서 《줄리아 크리스테바의 문학 탐색》(이화여대 출판부)을 권하고 싶다.

2004년 1월 김인환

색 인

김인환
이화여자대학교 불문과 및 동대학원 졸업
1962년 프랑스 정부 초청 장학생으로 유학
소르본대학교에서 현대 불문학 교수 자격증과 프랑스 현대시로 문학박사 학위 취득
현재 이화여대 명예교수
저서: 《줄리아 크리스테바의 문학 탐색》(이대 출판부)
논문: 〈줄리아 크리스테바의 기호학〉〈줄리아 크리스테바의 시적 언어 연구〉
〈줄리아 크리스테바의 정신분석과 문학〉 외 다수
역서: 《언어, 그 미지의 것》(공역, 민음사) 《사랑의 정신분석》(민음사)
《포세시옹, 소유라는 악마》(민음사)
《시적 언어의 혁명》(동문선) 등

문예신서
250

검은 태양

초판발행 : 2004년 1월 26일

지은이 : 줄리아 크리스테바
옮긴이 : 김인환
총편집 : 韓仁淑
펴낸곳 : 東文選
제10-64호, 78. 12. 16 등록
110-300 서울 종로구 관훈동 74번지
전화 : 737-2795

편집설계 : 李姃娃 李惠允

ISBN 89-8038-457-2 94160
ISBN 89-8038-000-3 (문예신서)

【東文選 現代新書】

1 21세기를 위한 새로운 엘리트	FORESEEN 연구소 / 김경현	7,000원
2 의지, 의무, 자유 — 주제별 논술	L. 밀러 / 이대회	6,000원
3 사유의 패배	A. 핑켈크로트 / 주태환	7,000원
4 문학이론	J. 컬러 / 이은경·임옥희	7,000원
5 불교란 무엇인가	D. 키언 / 고길환	6,000원
6 유대교란 무엇인가	N. 솔로몬 / 최창모	6,000원
7 20세기 프랑스철학	E. 매슈스 / 김종갑	8,000원
8 강의에 대한 강의	P. 부르디외 / 현택수	6,000원
9 텔레비전에 대하여	P. 부르디외 / 현택수	7,000원
10 고고학이란 무엇인가	P. 반 / 박범수	8,000원
11 우리는 무엇을 아는가	T. 나겔 / 오영미	5,000원
12 에쁘롱 — 니체의 문체들	J. 데리다 / 김다은	7,000원
13 히스테리 사례분석	S. 프로이트 / 태혜숙	7,000원
14 사랑의 지혜	A. 핑켈크로트 / 권유현	6,000원
15 일반미학	R. 카이유와 / 이경자	6,000원
16 본다는 것의 의미	J. 버거 / 박범수	10,000원
17 일본영화사	M. 테시에 / 최은미	7,000원
18 청소년을 위한 철학교실	A. 자카르 / 장혜영	7,000원
19 미술사학 입문	M. 포인턴 / 박범수	8,000원
20 클래식	M. 비어드·J. 헨더슨 / 박범수	6,000원
21 정치란 무엇인가	K. 미노그 / 이정철	6,000원
22 이미지의 폭력	O. 몽젱 / 이은민	8,000원
23 청소년을 위한 경제학교실	J. C. 드루엥 / 조은미	6,000원
24 순진함의 유혹 〔메디시스賞 수상작〕	P. 브뤼크네르 / 김웅권	9,000원
25 청소년을 위한 이야기 경제학	A. 푸르상 / 이은민	8,000원
26 부르디외 사회학 입문	P. 보네위츠 / 문경자	7,000원
27 돈은 하늘에서 떨어지지 않는다	K. 아른트 / 유영미	6,000원
28 상상력의 세계사	R. 보이아 / 김웅권	9,000원
29 지식을 교환하는 새로운 기술	A. 벵토릴라 外 / 김혜경	6,000원
30 니체 읽기	R. 비어즈워스 / 김웅권	6,000원
31 노동, 교환, 기술 — 주제별 논술	B. 데코사 / 신은영	6,000원
32 미국만들기	R. 로티 / 임옥희	10,000원
33 연극의 이해	A. 쿠프리 / 장혜영	8,000원
34 라틴문학의 이해	J. 가야르 / 김교신	8,000원
35 여성적 가치의 선택	FORESEEN연구소 / 문신원	7,000원
36 동양과 서양 사이	L. 이리가라이 / 이은민	7,000원
37 영화와 문학	R. 리처드슨 / 이형식	8,000원
38 분류하기의 유혹 — 생각하기와 조직하기	G. 비뇨 / 임기대	7,000원
39 사실주의 문학의 이해	G. 라루 / 조성애	8,000원
40 윤리학 — 악에 대한 의식에 관하여	A. 바디우 / 이종영	7,000원
41 흙과 재 〔소설〕	A. 라히미 / 김주경	6,000원

【東文選 文藝新書】

33 農漁俗談辭典	宋在璇	12,000원
34 朝鮮의 鬼神	村山智順 / 金禧慶	12,000원
35 道敎와 中國文化	葛兆光 / 沈揆昊	15,000원
36 禪宗과 中國文化	葛兆光 / 鄭相泓・任炳權	8,000원
37 오페라의 역사	L. 오레이 / 류연희	18,000원
38 인도종교미술	A. 무케르지 / 崔炳植	14,000원
39 힌두교의 그림언어	안넬리제 外 / 全在星	9,000원
40 중국고대사회	許進雄 / 洪 熹	30,000원
41 중국문화개론	李宗桂 / 李宰碩	23,000원
42 龍鳳文化源流	王大有 / 林東錫	25,000원
43 甲骨學通論	王宇信 / 李宰碩	40,000원
44 朝鮮巫俗考	李能和 / 李在崑	20,000원
45 미술과 페미니즘	N. 부루드 外 / 扈承喜	9,000원
46 아프리카미술	P. 윌레뜨 / 崔炳植	절판
47 美의 歷程	李澤厚 / 尹壽榮	28,000원
48 曼茶羅의 神들	立川武藏 / 金龜山	19,000원
49 朝鮮歲時記	洪錫謨 外/李錫浩	30,000원
50 하 상	蘇曉康 外 / 洪 熹	절판
51 武藝圖譜通志 實技解題	正 祖 / 沈雨晟・金光錫	15,000원
52 古文字學첫걸음	李學勤 / 河永三	14,000원
53 體育美學	胡小明 / 閔永淑	10,000원
54 아시아 美術의 再發見	崔炳植	9,000원
55 曆과 占의 科學	永田久 / 沈雨晟	8,000원
56 中國小學史	胡奇光 / 李宰碩	20,000원
57 中國甲骨學史	吳浩坤 外 / 梁東淑	35,000원
58 꿈의 철학	劉文英 / 河永三	22,000원
59 女神들의 인도	立川武藏 / 金龜山	19,000원
60 性의 역사	J. L. 플랑드렝 / 편집부	18,000원
61 쉬르섹슈얼리티	W. 챠드윅 / 편집부	10,000원
62 여성속담사전	宋在璇	18,000원
63 박재서희곡선	朴栽緖	10,000원
64 東北民族源流	孫進己 / 林東錫	13,000원
65 朝鮮巫俗의 硏究(상・하)	赤松智城・秋葉隆 / 沈雨晟	28,000원
66 中國文學 속의 孤獨感	斯波六郎 / 尹壽榮	8,000원
67 한국사회주의 연극운동사	李康列	8,000원
68 스포츠인류학	K. 블랑챠드 外 / 박기동 外	12,000원
69 리조복식도감	리팔찬	20,000원
70 娼 婦	A. 꼬르뱅 / 李宗旼	22,000원
71 조선민요연구	高晶玉	30,000원
72 楚文化史	張正明 / 南宗鎭	26,000원
73 시간, 욕망, 그리고 공포	A. 코르뱅 / 변기찬	18,000원
74 本國劍	金光錫	40,000원

75 노트와 반노트	E. 이오네스코 / 박형섭	20,000원
76 朝鮮美術史研究	尹喜淳	7,000원
77 拳法要訣	金光錫	30,000원
78 艸衣選集	艸衣意恂 / 林鍾旭	20,000원
79 漢語音韻學講義	董少文 / 林東錫	10,000원
80 이오네스코 연극미학	C. 위베르 / 박형섭	9,000원
81 중국문자훈고학사전	全廣鎭 편역	23,000원
82 상말속담사전	宋在璇	10,000원
83 書法論叢	沈尹默 / 郭魯鳳	8,000원
84 침실의 문화사	P. 디비 / 편집부	9,000원
85 禮의 精神	柳肅 / 洪熹	20,000원
86 조선공예개관	沈雨晟 편역	30,000원
87 性愛의 社會史	J. 솔레 / 李宗旼	18,000원
88 러시아미술사	A. I. 조토프 / 이건수	22,000원
89 中國書藝論文選	郭魯鳳 選譯	25,000원
90 朝鮮美術史	關野貞 / 沈雨晟	30,000원
91 美術版 탄트라	P. 로슨 / 편집부	8,000원
92 군달리니	A. 무케르지 / 편집부	9,000원
93 카마수트라	바짜야나 / 鄭泰爀	18,000원
94 중국언어학총론	J. 노먼 / 全廣鎭	28,000원
95 運氣學說	任應秋 / 李宰碩	15,000원
96 동물속담사전	宋在璇	20,000원
97 자본주의 아비투스	P. 부르디외 / 최종철	10,000원
98 宗敎學入門	F. 막스 뮐러 / 金龜山	10,000원
99 변 화	P. 바츨라빅크 外 / 박인철	10,000원
100 우리나라 민속놀이	沈雨晟	15,000원
101 歌訣(중국역대명언경구집)	李宰碩 편역	20,000원
102 아니마와 아니무스	A. 융 / 박해순	8,000원
103 나, 너, 우리	L. 이리가라이 / 박정오	12,000원
104 베케트연극론	M. 푸크레 / 박형섭	8,000원
105 포르노그래피	A. 드워킨 / 유혜련	12,000원
106 셸 링	M. 하이데거 / 최상욱	12,000원
107 프랑수아 비용	宋勉	18,000원
108 중국서예 80제	郭魯鳳 편역	16,000원
109 性과 미디어	W. B. 키 / 박해순	12,000원
110 中國正史朝鮮列國傳(전2권)	金聲九 편역	120,000원
111 질병의 기원	T. 매큐언 / 서 일 · 박종연	12,000원
112 과학과 젠더	E. F. 켈러 / 민경숙 · 이현주	10,000원
113 물질문명 · 경제 · 자본주의	F. 브로델 / 이문숙 外	절판
114 이탈리아인 태고의 지혜	G. 비코 / 李源斗	8,000원
115 中國武俠史	陳山 / 姜鳳求	18,000원
116 공포의 권력	J. 크리스테바 / 서민원	23,000원

東文選 文藝新書 203

철학자들의 신

빌헬름 바이셰델

최상욱 옮김

　바이셰델의 《철학자들의 신》은 철학의 역사를 통해 나타난 신에 대한 다양한 해석들을 다루고 있다. 이를 위해 저자는 철학과 신학의 관계를 분석하고 있으며, 이때 철학적 신학은 철학이나 신학 그 어느 한편으로 경도되지 않아야 함을 강조하고 있다. 이를 통해 저자는 특정한 성향이나 교리에 얽매이지 않은 포용적이고 자유로운 신에 대한 해석을 독자들에게 제시하려고 한다. 그리고 이러한 전제를 바탕으로 저자는 고대 그리스 정신에서의 신에 대한 이해를 출발점으로 하여 교부시대, 중세와 근대, 그리고 니체와 하이데거의 신에 대한 이해를 철학사적인 맥락에서 소개하고 있다.

　이러한 그의 노력은 다른 책이 줄 수 없는 몇 가지 강점을 지닌다. 우선 이 책을 통해 독자들은 '신'이란 단어가 인간의 역사를 통해 변화 혹은 확대되어 왔음을 확인할 수 있다. 그리고 이러한 확인을 통해 독자는 신이란 개념의 의미 역시 인간의 역사적 상황과 사유구조에 걸맞게 드러났음을 이해할 수 있을 것이다. 또한 이러한 이해는 신에 대한 우리의 고착된 확신을 반성하는 기회를 줄 수 있을 것이다. 흔히 우리는 신에 대해 자유로운 사고보다는 무비판적으로 주어진 확신에 안주할 때가 많은데, 이 책을 통해 우리는 신에 대한 인간의 이해가 매우 다양하고 상이했음을 알 수 있을 것이다. 그리고 이러한 앎은 독자들로 하여금 배타적인 신관으로부터 자유로워지는 기회를 제공할 것이다.

東文選 文藝新書 137

구조주의의 역사(전4권)

프랑수아 도스

김웅권 · 이봉지 外 옮김

  80년대 중반 이래 포스트모더니즘의 유행이 불어닥치면서 한국의 지성계는 포스트모더니즘의 이론적 기반을 제공한 포스트 구조주의라는 용어를 '후기 구조주의'와 '탈구조주의'의 둘로 번역해 왔다. 전자는 구조주의와의 연속성을 강조한 것이고, 후자는 그것과의 단절을 강조한 것이다. 그런데 파리 10대학 교수인 저자는 《구조주의의 역사》라는 1천여 쪽에 이르는 저작을 통하여 구조주의의 제1세대라고 할 수 있는 레비 스트로스 · 로만 야콥슨 · 롤랑 바르트 · 그레마스 · 자크 라캉 등과, 제2세대라 할 수 있는 루이 알튀세 · 미셸 푸코 · 자크 데리다 등의 작업이 결코 단절된 것이 아니며, 유기적인 연관을 맺고 있다는 것을 밝힘으로써 이에 대한 하나의 해답을 제시하고 있다.

  그는 지난 반세기 동안 프랑스 지성계를 지배하였던 구조주의의 운명, 즉 기원에서 쇠퇴에 이르는 과정에 대한 전체적인 조망을 통해 우리가 흔히 구조주의와 후기 구조주의라고 구분하여 부르는 이 두 사조가 모두 인간 및 사회 · 정치 · 문학, 그리고 역사에 관한 고전적인 개념의 근저를 천착하여 우리로 하여금 그것들의 정당성을 의문시하게 만드는 탈신비화의 과정에 참여하였다는 것을 밝혔으며, 이런 공통점들에 의거하여 이들 두 사조를 하나의 동일한 사조로 파악하였다.

  또한 도스 교수는 민족학 · 인류학 · 사회학 · 정치학 · 역사학 · 기호학, 그리고 철학과 문학에 이르기까지 프랑스에서 흔히 인간과학이라 부르는 학문의 모든 분야에 걸쳐 이룩된 구조주의적 연구의 성과를 치우침 없이 균형 있게 다룸으로써 구조주의의 일반적인 구도를 제시한다. 뿐만 아니라 구조주의의 몇몇 기념비적인 저작에 대한 심층적인 분석을 통하여 주체의 개념을 비롯한 몇몇 근대 서양 철학의 기본 개념의 쇠퇴와 그 부활 과정을 보여 줌으로써 옛 개념들이 수정되고 재창조되며, 또한 새로운 개념으로 다시 태어나는 과정을 파노라마처럼 그려낸다.

東文選 文藝新書 201

기식자

미셸 세르
김웅권 옮김

초대받은 식도락가로서, 때로는 뛰어난 이야기꾼으로서 주인의 식탁에 앉아 식사를 하는 자가 기식자로 언급된다. 숙주를 뜯어먹고 살고, 그의 현재적 상태를 변화시키고 그의 생명을 위태롭게 하는 작은 동물 또한 기식자로 언급된다. 끊임없이 우리의 대화를 중단시키거나 우리의 메시지를 차단하는 소리, 이것도 언제나 기식자이다. 왜 인간, 동물, 그리고 파동이 동일한 낱말로 명명되고 있는가?

이 책은 우선 이러한 질문에 대한 대답으로서 이미지의 책이고 초상들의 갤러리이다. 새들의 모습 속에, 동물들의 모습 속에, 그리고 우화에 나오는 기이한 모습들 속에 누가 숨어 있는지를 알아서 추측해 볼 필요가 있을 것이다. 크고 작은 동물들이 함께 식사를 하는데, 그들의 잔치는 중단된다. 어떻게? 누구에 의해? 왜?

미셸 세르는 책의 마지막에서 소크라테스를 악마로 규정한다. 이 소크라테스의 초상에 이르기까지의 긴 '산책'이 기식자라는 화두를 중심으로 펼쳐진다. 세르는 기식의 논리를 라 퐁텐의 우화로부터 시작하여 성서·루소·몰리에르·호메로스·플라톤 등의 세계를 섭렵하면서 펼쳐내고 있다. 뿐만 아니라 그는 경제학·수학·생물학·물리학·정보과학·음악 등 다양한 분야를 끌어들여 기식의 관계가 모든 영역에 연결되고 있음을 드러낸다. 특히 루소를 기식자의 한 표상으로 설정하면서 그가 주장한 사회계약론의 배면을 그의 삶과 관련시켜 흥미진진하게 파헤치고 있다.

기식자는 취하면서 아무것도 주지 않는다. 말·소리·바람밖에 주지 않는다. 주인은 주면서도 아무것도 받지 않는다. 이것이 불가역적이고 되돌아오지 않는 난순한 화살이다. 그것은 우리늘 사이를 날아다닌다. 그것은 관계의 원자이고, 변화의 각도이다. 그것은 사용 이전의 남용이고, 교환 이전의 도둑질이다. 우리는 그것으로부터 기술과 사업, 경제와 사회를 구축할 수 있거나, 적어도 다시 생각할 수 있다.

東文選 文藝新書 211

토탈 스크린

장 보드리야르
배영달 옮김

　우리 사회의 현상들을 날카로운 혜안으로 분석하는 보드리야르의 《토탈 스크린》은 최근 자신의 고유한 분석 대상이 된 가상(현실)·정보·테크놀러지·텔레비전에서 정치적 문제·폭력·테러리즘·인간 복제에 이르기까지 현대성의 다양한 특성들을 보여준다. 특히 이 책에서 보드리야르는 오늘날 우리를 매혹하는 형태들인 폭력·테러리즘·정보 바이러스와 관련하여 기호와 이미지의 불가피한 흐름, 과도한 커뮤니케이션, 프로그래밍화된 정보를 분석한다. 왜냐하면 현대의 미디어·커뮤니케이션·정보는 이미지의 독성에 의해 증식되며, 바이러스성의 힘을 지니기 때문이다.

　보드리야르는 현대성은 이미지의 독성과 더불어 폭력을 산출해 낸다고 말한다. 이러한 폭력은 정열과 본능에서보다는 스크린에서 생겨난다는 의미에서 가장된 폭력이다. 그리고 그것은 스크린과 미디어 속에 잠재해 있다. 사실 우리는 미디어의 폭력, 가상의 폭력에 저항할 수가 없다. 스크린·미디어·가상(현실)은 폭력의 형태로 도처에서 우리를 위협한다. 그러나 우리는 스크린 속으로, 가상의 이미지 속으로 들어간다. 우리는 기계의 가상 현실에 갇힌 인간이 된다. 이제 우리를 생각하는 것은 가상의 기계이다. 따라서 그는 "정보의 출현과 더불어 역사의 전개가 끝났고, 인공지능의 출현과 동시에 사유가 끝났다"고 말한다. 아마 그의 이러한 사유는 사유의 바른길과 옆길을 통해 새로운 사유의 길을 늘 모색하는 데서 비롯된 것일 터이다. 현대성에 대한 탁월한 통찰력을 보여 주는 보드리야르의 이 책은 우리에게 우리 사회의 현상들을 비판적으로 읽게 해줄 것이다.

東文選 文藝新書 236

튜 링 인공지능 창시자

장 라세구
임기대 옮김

    수학자이자 논리학자인 앨런 튜링은 오늘날의 정보과학과 인공지능의 창시자로 간주되는 인물이다. 또한 논리학과 생물학과의 관계를 맺게 하려 한 튜링의 공적을 높이 평가하여, 그를 생물학과 철학 이론가로 부르기도 한다.

    우리는 이 책에서 행동하는 인간상을 보여 주었던 튜링의 눈부신 인생 여정을 그려 보고자 한다. 제2차 세계대전 당시 독일 해군이 영국을 포위했을 때, 튜링은 베를린으로부터 무선으로 보내졌던 암호 메시지를 애니그마(Enigma)기를 사용하여 해독하는 데 성공했다. 튜링은 나치의 침략을 막은 공로로 훈장을 수여받게 된다. 전쟁 후 많은 물자 등에서 부족 현상이 심각했음에도 불구하고 그는 컴퓨터 프로젝트를 구상해 내고, 경쟁자인 미국의 프로젝트에 앞서 이미 실용화할 수 있는 상태로까지 발전시켜 놓았다. 1945년부터 튜링은 '두뇌를 구성하는' 프로젝트를 만들었다.

    이 책은 튜링이 저술한 책 전체를 처음으로 제시해 주면서, 오늘날 우리가 살아가는 시대에 튜링이 상당한 기여를 한 기술과 학계를 조금이나마 이해하는 데 보탬이 되고자 한다.

    장 라세구는 철학 교수 자격 소지지이자 문학 박사이다. 그는 국립과학연구센터(CNRS)(ELSAP연구소-캉대학교/고등사법학교, 파리)의 연구원이다.

東文選 文藝新書 242

문학은 무슨 생각을 하는가?

피에르 마슈레

서민원 옮김

　문학과 철학은 어쩔 도리 없이 '엉켜' 있다. 적어도 역사가 그들 사이를 공식적으로 갈라 놓기 전까지는 말이다. 이 순간은 18세기 말엽이었고, 이때부터 '문학'이라는 용어는 그 현대적인 의미에서 사용되기 시작하였다.

　문학이 독자들에게 제공하는 즐거움과는 우선 분리시켜 생각하더라도 과연 문학은 철학적 가르침과는 전연 상관이 없는 것일까? 사드 · 스탈 부인 · 조르주 상드 · 위고 · 플로베르 · 바타유 · 러셀 · 셀린 · 크노와 같은 작가들의, 문학 장르와 시대를 가로지르는 작품 분석을 통해 이 책은 위의 질문에 긍정적인 대답을 하고 있다. 왜냐하면 문학은 그 기능상 단순히 미학적인 내기에만 부응하지 않는 명상적인 기능, 즉 진정한 사유의 기재이기 때문이다. 이미 널리 인정되고 있는 과학철학 사상과 나란한 위치에 이제는 그 문체로 진실의 효과를 창출하고 있는 문학철학 사상을 가져다 놓아야 할 때이다.

　피에르 마슈레는 팡테옹-소르본 파리 1대학의 부교수이다. 주요 저서로는 《문학 생산 이론을 위하여》(마스페로, 1966), 《헤겔 또는 스피노자》(마스페로, 1979), 《오귀스트 콩트. 철학과 제 과학들》(PUF, 1989) 등이 있다.

東文選 文藝新書 239

미학이란 무엇인가

마르크 지므네즈
김웅권 옮김

　미학이 다시 한 번 시사성 있는 철학적 주제가 되고 있다. 예술의 선언된 종말과 싸우도록 압박을 받고 있는 우리 시대는 이 학문의 대상이 분명하다고 간주한다. 그런데 미학은 상대적으로 최근에 태어난 것이다. 왜냐하면 예술에 대한 성찰이 합리성의 역사와 나란히 한 역사이기 때문이다. 마르크 지므네즈는 여기서 이 역사의 전개 과정을 재추적하고 있다.

　미학이 자율화되고 학문으로서 자격을 획득하는 때는 의미와 진리에의 접근으로서 미의 문제가 초미의 관심사가 되는 계몽주의의 세기이다. 그리하여 다양한 길들이 열린다. 미의 과학은 칸트의 판단력도 아니고, 헤겔이 전통과 근대성 사이에서 상상한 예술철학도 아닌 것이다. 이로부터 20세기에 이루어진 대(大)변화들이 비롯된다. 니체가 시작한 철학의 미학적 전환, 미학의 정치적 전환(특히 루카치 · 하이데거 · 벤야민 · 아도르노), 미학의 문화적 전환(굿맨 · 당토 등)이 그런 변화들이다.

　예술이 철학에 여전히 본질적 문제인 상황에서 과거로부터 오늘날까지 미학에 대해 이 저서만큼 정확하고 유용한 파노라마를 제시한 경우는 드물다.

　마르크 지므네즈는 파리I대학 교수로서 조형 예술 및 예술하부에서 미학을 강의하고 있다. 박사과정 책임교수이자 미학연구센터 소장이다.